清 华 大 学
世界法治论坛

法典化时代的法治建设

Rule of Law Construction in the Era of Codification

清华大学法学院
盈科律师事务所 / 编

法律出版社
LAW PRESS · CHINA
北京

图书在版编目（CIP）数据

法典化时代的法治建设／清华大学法学院，盈科律师事务所编. -- 北京：法律出版社，2024. -- ISBN 978-7-5197-9450-7

Ⅰ. D920.0

中国国家版本馆 CIP 数据核字第 202469D6U7 号

法典化时代的法治建设
FADIANHUA SHIDAI DE FAZHI JIANSHE

清华大学法学院
盈科律师事务所 编

责任编辑 吴　昉　胡佳文
装帧设计 鲍龙卉

出版发行 法律出版社
编辑统筹 法律教育出版分社
责任校对 晁明慧
责任印制 刘晓伟
经　　销 新华书店

开本 710 毫米×1000 毫米　1/16
印张 17.75　　**字数** 273 千
版本 2024 年 10 月第 1 版
印次 2024 年 10 月第 1 次印刷
印刷 北京建宏印刷有限公司

地址：北京市丰台区莲花池西里 7 号(100073)
网址：www.lawpress.com.cn
投稿邮箱：info@lawpress.com.cn
举报盗版邮箱：jbwq@lawpress.com.cn

销售电话：010-83938349
客服电话：010-83938350
咨询电话：010-63939796

书号：ISBN 978-7-5197-9450-7　　**定价**：65.00 元

凡购买本社图书，如有印装错误，我社负责退换。电话：010-83938349

编委会

序言

清华大学世界法治论坛由清华大学于 2018 年创办,旨在成为世界法治精英的高端对话平台,展示中国法治建设的坚定决心和伟大成就,推动中国与世界在法治领域的对话交流,为全球法治建设的焦点问题寻求建设性解决方案。往届论坛关注全球化时代的法治基础设施建设、科技进步的法律回应、网络的国际治理体制、国际贸易体系的改革、全球化和科技变革中法学教育的挑战等重要法治问题。

清华大学世界法治论坛由清华大学法学院和盈科律师事务所承办。论坛每年举办一次,围绕焦点议题邀请立法、行政和司法机构工作者,著名法学家、律师和法学院院长等法律精英参与专题讨论,同时邀请在法治领域具有重要影响力的学者、政府官员、法官、企业高管、律所合伙人、投资人等作为论坛的特邀听众。

2020 年 5 月 28 日,《民法典》颁布,自此我国进入了民法典时代,这是我国法治建设的一个重要里程碑。与此同时,环境法、行政法等部门法也在探讨法典化的必要性与可行性。第六届清华大学世界法治论坛以“法典化时代的法治建设”为主题,围绕“民法典施行中的疑难问题”“各部门法的法典化建设”“法典化时代的法学教育”等议题展开。本次论坛为决策者提供建设性建议,为全球贸易发展引发的问题提供合理的参考意见。

目录

上篇　第六届清华大学世界法治论坛会议实录

下篇 第六届清华大学世界法治论坛会议论文

上　篇

第六届清华大学世界法治论坛会议实录

开幕式

主办方致辞

彭　刚(清华大学副校长)

2023 年是《民法典》颁布的三周年。在 2020 年 5 月 28 日,这个值得被铭记的日子里,中华人民共和国拥有了属于自己的第一部法典。法典是系统完整的法律形式,它按照一定的体系将与某一项法律制度有关的法律规则进行抽象和整理,并且按照一定的逻辑完整地编纂到一起。法典化有助于解决和消除法律体系中的冲突和混乱,实现法律规则的统一化、逻辑化和体系化,为公众检索法律条文提供便利。有了编纂《民法典》的成功经验,学界在这三年中掀起了关于行政法、经济法、环境法、卫生健康法等部门法是否也应当法典化的热烈探讨,一场几乎席卷所有部门法领域的法典化运动蓄势待发。如何在这样一个法典化时代进行法治建设,是学界、法律实务界同仁都十分关注的问题。鉴于此,本届清华大学世界法治论坛以“法典化时代的法治建设”为主题,广邀各位宾朋共聚,以期为法典化时代的法治建设贡献智慧。

2023 年也是国际形势动荡不安的一年,虽然最近势头向好,但是我们对整个世界面临的不确定性也已有充分的体会。和平发展与交流来之不易,中国法治建设进程中借鉴人类法治文明的有益成果,中国法典化时代的法治建设离不开对中国法律实践的研究,离不开法学理论的创新,也离不开对世界其他国家法治经验的关注与参考。因此,我们很荣幸能够邀请到多位来自国外的法学家,为我国法典化时代的法治建设提供异国视角。

《民法典》引领我们迈入法典化时代,但编纂《民法典》的先进经验能否以及应当如何为其他部门法所效仿，这是新时代法学研究中特别值得关注的议题。具体到《民法典》本身，《民法典》总则编、物权编、合同编、侵权责任编等具体各分编，以及《民法典》适用和司法实践中的疑难问题，法典化技术的应用与革新等诸多问题，同样值得我们深入探讨。

为使法典精神在我国落地生根，加强法学教育至关重要。法典的生命力源于实践中的贯彻实施，离不开高水平的法律人才队伍建设。实现科学立法、严格执法、公正司法、全民守法，建设法治国家、法治政府、法治社会，必须依赖于高水平的法治人才。习近平总书记指出："高校是法治人才培养的第一阵地。"[1]在法典化时代，我们身处高校和法学院所，必须担负起为国培育优秀法治人才的重任，在法学学科体系、教学体系、课程体系、教材体系的建设过程中，努力提升法学教育的质量和水平，为国家培养造就更多具有坚定理想信念、强烈家国情怀、扎实法学根底的法治人才。

尊敬的各位来宾、各位友朋，法典化时代的开启，昭示着我国法治建设正式迈入了新的纪元。立足新起点，开启新征程。清华大学愿与大家携手并进，共同为我国法典化时代的法治建设贡献智慧、奉献力量，共同应对充满不确定性的未来中的种种风险与挑战，也愿我们能够共同秉持对中国法治发展美好未来的坚定信心与信念，风雨同舟、和衷共济、砥砺前行。

最后，预祝本次论坛取得圆满成功，再次感谢大家！

---

〔1〕中共中央宣传部、中央全面依法治国委员会办公室编：《习近平法治思想学习纲要》，人民出版社、学习出版社 2021 年版，第 136 页。

主旨演讲

许安标（全国人大常委会法工委副主任、
中国法学会副会长、中国法学会立法学研究会会长）

我十分高兴受邀参加2023年第六届清华大学世界法治论坛。在此，我谨代表全国人大常委会法制工作委员会和主任沈春耀先生，向论坛的举行表示热烈祝贺。清华大学是享有世界声誉的一流大学，培养造就一大批杰出人才，取得一大批突出科研成果，清华大学法学院坚持高标准、严要求，聚焦法治理论与实践中的重大问题，为深入全面推进依法治国提供重要智力支持和人才保障。本届论坛以法典化时代的法治建设为主题，对目前正在推进的法典编纂工作具有重要意义。

法律是治国之重器，良法是善治之前提。中国特色社会主义法律体系是中国特色社会主义制度的重要载体、推进国家治理体系和治理能力现代化的重要依托、全面建设社会主义现代化国家的轨道路基。中国特色社会主义法律体系是动态的、开放的，形成之后在实践中与时俱进，不断丰富完善。党的十八大以来，以习近平同志为核心的党中央，将立法作为全面依法治国的基础性工作，统筹谋划推动，作出重要决策部署。全国人大及其常委会坚持以习近平新时代中国特色社会主义思想为指导，深入学习贯彻习近平法治思想，坚持党的领导、人民当家作主、依法治国有机统一，加强重点领域、新兴领域、涉外领域立法，推进科学立法、民主立法、依法立法，完善以宪法为核心的中国特色社会主义法律体系，立法工作取得新成就、新进展。

党的十八大以来，截至2023年10月24日，全国人大及其常委会通过宪法修正案，制定法律77件，修改法律247件，作出法律解释10件，通过有关法律问题和重大问题的决定109件。现行有效法律299件，行政法规600多件,地方性法规13,000余件。统筹运用“立”“改”“废”“释”“纂”等立法方式,打出完善中国特色社会主义法律体系的“组合拳”,切实增强法律制度的针对性、适用性、可操作性,切实增强法律规范的系统性、整体性、协同性、时效性。在此背景下,有关改革开放、经济发展、国家安全、卫生健康、公共文化等重要领域的基础性、综合性、统领性法律相继制定出台。比如,《国家安全法》《网络安全法》《核安全法》《基本医疗卫生与健康促进法》《海南自由贸易港法》。生态环境、教育科技等重要领域的法律进行了全面系统的修改完善,比如《职业教育法》,从原来的40条增加到69条,进一步完善了职业教育的体系、制度、机制,加强保障支持力度,推动培养更多、更优秀的技术技能人才,使职业教育真正“热”起来、“香”起来;修订《行政复议法》,从2017年的43条增加到90条,对行政复议的范围、管辖、受理、审理、决定等全流程均作了修改,对于充分发挥行政复议化解行政争议主渠道作用、提升社会治理效能具有重要意义。制定《数据安全法》《个人信息保护法》《生物安全法》等,新兴领域立法取得突破性进展。统筹推进国内法治和涉外法治,制定《对外关系法》《外国国家豁免法》《反外国制裁法》《出口管制法》等,不断充实加强涉外领域立法。中国特色社会主义法律体系更加科学完备、统一权威。由此,中国特色社会主义法律体系完善形成以下4条清晰的轨迹:一是制定相关领域基础性、综合性法律,统领推动相关领域法律规范体系的完善,如《基本医疗卫生与健康促进法》对医疗卫生领域的重要制度作出原则性规定,为进一步通过不同层次立法建立完善相关制度提供了重要依据;二是填空补缺,补短板强弱项,积极发挥小切口立法优势,使已有的各部门法律规范体系更加系统完善,如制定《国际刑事司法协助法》,确立刑事诉讼领域国际合作制度;三是根据经济社会发展需要,总结实践经验,对已有的法律进行修改完善;四是开展法典编纂,以严密的逻辑体系,对相关领域法律规范进行整合、编订纂修,以系统呈现该领域的法律规范。

同时,践行全过程人民民主重大理念,不断拓展公众有序参与立法的途径和渠道,确保立法项目的确定、起草、审议、通过等各个环节都听取人民群众的声音,真正反映最广大人民的共同意志和利益。加强和改进法律草案向社会征求意见工作,使法律草案二审后再次向社会征求意见成为常态,并多次、定期向公众反馈。

党的十八大以来,截至2023年6月,共有237件次法律草案向社会征求意见,参与人次超过131万,提出意见超过391万条。搭建基层群众参与国家立法的"直通车",设立了32个基层立法联系点,共就172件次法律草案及立法规划计划征集基层群众意见22,000多条,其中有3100多条意见被不同程度采纳吸收。相信今天在座的多数领导专家都参与见证了新时代法律体系形成完善的许多重要时刻。

在这些新成就、新进展中,编纂出台《民法典》是新时代中国特色社会主义法治建设的重大成果,从此开启我国法典编纂的先河,实现了几代人的夙愿。《民法典》具有鲜明的中国特色,汲取了中华优秀传统法律文化;具有鲜明的时代特点,注重将社会主义核心价值观、绿色发展理念融入民事法律规范;具有鲜明的人民特征,切实回应人民的法治需求,对人民群众反映的高空抛物坠物、民间借贷、霸座等突出问题作出针对性规定。《民法典》编纂出台后,习近平总书记先后在中央全面依法治国工作会议、中央人大工作会议上指出,要总结《民法典》编纂的成功经验,在条件成熟的立法领域继续开展法典编纂工作。〔1〕党的二十大报告指出:"必须坚持系统观念……统筹立改废释纂,增强立法系统性、整体性、协同性、时效性。"将法典编纂专门列为一种立法形式,这也意味着全国人大及其常委会立法在法典编纂方面将会产生新进展、新突破。

编制和实施立法规划,对统筹推进立法具有重要指导作用。经深入调研、论证、评估、广泛征集意见,《十四届全国人大常委会立法规划》被提出,规划包括新制定法律项目60件,修改法律项目70件,共计有一、二类立法项目130件。该届立法规划还对法典编纂作出明确安排,列明积极研究推进环境(生态环境)法典和其他条件成熟领域的法典编纂工作。将党的十八大以来生态文明建设理论、制度、实践成果以体系化、法典化的方式进行确认,对于全面贯彻党的二十大精神,贯彻落实习近平生态文明思想和党中央关于生态文明建设的决策部署,推进生态环境治理体系和治理能力现代化,在法治轨道上推进美丽中国建设、全面推进人与自然和谐共生的现代化、携手共建清洁美丽世界,具有重大意义。在全国人大常委会领导下,立法工作

---

〔1〕习近平:《坚定不移走中国特色社会主义法治道路　为全面建设社会主义现代化国家提供有力法治保障》,载《求是》2021年第5期。

机关已开始此项工作。同时,还将积极研究教育法、刑法、行政基本法等领域的法典编纂。我们期待同各位专家学者携手合作,共同推进具有中国特色的法典编纂工作。

最后,预祝本次论坛取得圆满成功,祝大家身体健康、工作顺利!

主旨演讲

张文显(中国法学会党组成员、学术委员会主任)

尊敬的许安标主任、周光权院长、梅向荣主任、主持人,在座的各位嘉宾,上午好!清华大学世界法治论坛已经连续举办了六届,已成为清华大学一张亮丽的学术名片,成为中国法学界进行国内外学术交流的重要平台,在此,我代表中国法学会对第六届清华大学世界法治论坛隆重开幕表示热烈祝贺!

本届论坛的主题是"法典化时代的法治建设",我理解这个主题喻示了我国的法治建设已经进入法典化时代,或者说法典化已经成为中国法治现代化的发展趋势。说到法典化,我们不能不回眸中华法系法典化的辉煌历史,不能不对历史上那些伟大的法典编纂家们表示崇高敬意,不能不对中华法治文明充满无限的历史自信。所以借此机会,我就中华法系的法典文化谈谈几点认识,并对法典化的当代议题进行古今互动。

众所周知,我国形成了世界法治史上独树一帜的中华法系,独树一帜的最重要标志,就是法典化。法典是中华法系的制度表现,法典化是中华法系的鲜明特征,中国是文字古国,我们的祖先早就学会使用文字表达法律,将法律成文化、将成文法律法典化,并逐步形成了有典有册、律例通篇的法典文化和典章化传统。春秋时期,郑国执政子产铸的刑鼎,邓析编著的"竹刑",均具有成文法典的属性。战国时期魏国李悝编纂《法经》6 篇含实体法和程序法,开中华法典化之先河。之后商鞅以《法经》为蓝本,改法为律,制定《秦律》6 篇。自秦朝开始,中国历朝历代的统治者都保持着"法典情结"。倾力编纂法典,布信天下。汉朝以《秦律》为基础制定《九章律》,确立以律、令、科、比为形式的一整套法律制度。三国两晋南北朝时期各朝都编纂法典,其中魏的《新律》和两晋的《泰始律》具有代表性。法典化的鼎盛时期出现在隋唐,隋朝制定《开皇律》,唐朝以《开皇律》为基础,制定《武德律》12 篇 500 条,后又制定了《唐律疏议》30 卷,永徽四年(公元 653 年)颁行全国。唐律和律疏相结合构成了现存中国历史上最早的、最完整的封建法典,是中华法系成熟的标志。《唐律疏议》确立了中华法系的内在逻辑,为《宋刑统》《大元通制》《大明律》《大清律例》等后代的法典基本蓝本。我们的祖先不仅编纂了《唐律》《大明律》等诸法合体的法典,还编纂了《唐六典》等行政法典、《钦定台规》等监察法典。综合法典和单项法典的编纂和实施,为我们创造了法典化范例,其中蕴含的博大精深的法理经义,值得我们永世传承。

中华法系法典化的特色和优势,主要体现在以下四个方面。

第一,以法典维护国家统一、社会稳定、人民安宁。在 5000 多年文明演进中,我国逐步形成了一整套包括朝廷制度、君臣共治制度、郡县制度、土地制度、税赋制度、盐铁专卖制度、科举制度、监察制度、军事制度等在内的国家制度和国家治理体系。自秦朝结束分封制,改设郡县制,统一度量衡,车同轨、书同文、行同伦、国同制,2000 多年来延续统一的中央集权体制和基本法律制度,有效地保障了国家统一、民族融合和社会发展。制定、编纂法典,将制度法律化、体系化,可以捍卫法律权威,在治国理政中发挥极大的规范作用。

第二,以法典适应变法新政。我国历史上经历了数次变法,从战国时期商鞅变法,宋代王安石变法,到明代张居正变法都伴随着法典化进程。战国时期著名政法改革家李悝编纂《法经》,商鞅以《法经》为蓝本制定秦律,都是为了推动改革、推行新政,以法典适应变法新政。其背后的理论逻辑在于任何"变法"和"新政"的出台往往意味着"破旧立新",而无论是"破旧"所蕴含的深刻的社会变革,还是"立新"所需要配备的相应的政策工具和制度工具,都需要以法典的形式加以明确,以防止此过程中可能产生的混乱失序,从而明确具体的制度设计和制度安排。构建系统完备的新法典,往往还能够起到进一步巩固和扩大改革成果的效果,为盛世出现奠定基础、积蓄力量。

第三,以法典推动法律统一。从法律进化的角度看,如果说习惯法向成文法演进是第一次突破,成文法的法典化当为法律进化史上的第二次突破。法典化不是对既有规范的简单罗列和粗糙装订,而是以统一的制式、系统的内容、融贯的机理、和谐的意旨,在既有规范基础上进行集成性创新,需要高超的立法技术支撑。从历史进程看,维护皇权和统治阶级利益的封建社会法律,必然需要把打击犯罪作为立法之重,以刑为主是其本色。但是随着经济关系、家庭关系、社会关系的复杂化,需要在原有律法的基础上,对包括民生、财产、婚姻、继承、诉讼等方面的内容做全面规制,而中华法系圆满地完成了这一历史使命,因时代变化发展需求,呈现出从“诸法合一”到“诸法合体”,再向综合性法典发展,形成了结构合理、内容全面、机理一致的著作法典,足见立法技术之高超。

第四,以法典彰显精湛法律技艺。例如,从《法经》开始的各代表性法典,均以总则与分则为体例,且法典中的定义和界定非常准确,法言法语精湛易懂,力求所定律令、删繁就简、直言其事,可谓大道至简。同时,古代法典中还蕴藏着诸多历久弥新的原创性概念。此外,在法典化的发展过程中,法律解释技术已十分发达,例如《唐律疏议》,以“疏议”的形式对唐律规定作出极为精细的解释,放在今日仍令人惊叹,由此可见中华法系下精湛的法律技艺。

中华法系的法典文化是中华法治文明的表征。在当代中国法典化新时代,我们要逐一研究我国古代法典化传统,挖掘和传承中华法典文化精华,汲取营养,择善而用,推动中国优秀法律文化与当代中国法治建设实际相结合,推动法典文化的创造性转化、创新性发展,不断激活中华法系的无限生命力。

以上观点欢迎大家批评指正,谢谢!

承办方致辞

梅向荣(盈科律师事务所全球董事会主任)

尊敬的许安标主任、张文显会长、王利明会长、周光权院长,还有尊敬的各位专家学者、老师、同学,大家上午好! 我是盈科律师事务所主任梅向荣。作为清华大学1989级汽车系的毕业生,我非常高兴回到母校,代表本次论坛的承办方盈科律师事务所进行致辞。

清华大学世界法治论坛是由清华大学主办,清华大学法学院与盈科律师事务所共同承办的国际性法治论坛。六年来,清华大学世界法治论坛已经成为全球法治精英开展对话的高端交流平台,成为向世界讲好中国法治故事、传递中国法治声音的重要传播平台,不仅展现了世界法治的多样化,还向世界展示了中国法治取得的巨大成就,有力地推动中国与世界的法治建设交流对话。本次论坛的主题是"法典化时代的法治建设",《民法典》是新中国第一部正式颁布实施的法典,是社会生活的百科全书。《民法典》的成功编纂和颁布实施,标志着我国法治建设进入了法典化的时代,并为其他部门法的体系化和法典化提供了借鉴。全国人大常委会立法工作规划之中有关研究启动环境法典、教育法典、行政基本法典等条件成熟的行政立法领域的法典的编纂工作,总结《民法典》编纂立法经验,开展相关领域的法典化编纂和法律体系化研究等表述,更是让大家感受到法典化时代的到来。在这一背景下,今天的论坛就显得非常有意义,刚才我们致辞人也就此作了重要阐述。

国家主席习近平在向第十次上海合作组织成员国司法部长会议致贺信

中强调,中国高度重视法治固根本、稳预期、利长远的保障作用。[1] 律师队伍是社会主义法治工作队伍的重要组成部分,是全面依法治国的重要力量。在法治轨道上推进国家治理体系和治理能力的现代化,中国律师负有重要的责任。党中央十分重视律师工作,习近平总书记多次对律师工作、律师队伍建设作出重要的指示批示,提出广大律师要努力做党和人民满意的好律师。[2] 借此机会,我向各位领导、各位嘉宾、老师汇报盈科律师事务所目前的基本发展情况。

盈科律师事务所成立于 2001 年,作为一家全球化的法律服务机构、联合国南南合作全球智库网络的创始成员之一,我们以“全球视野、本土智慧”的发展理念,不断为法治中国建设贡献自己的力量。如今,盈科律师事务所已经开启国际化、专业化、数智化和碳中和的高质量发展阶段。目前,盈科律师事务所在中国大陆共设 116 家分所,律师人数已经接近 16,000 人,员工超过 21,000 人,是全球执业律师人数位列第一的律师事务所,累计为国内外的 240 万客户提供高质量的法律服务。未来,期待盈科律师事务所始终秉持以客户为中心、以律师为本、律所可持续发展和党和人民满意四项发展原则,在每一个司法案件里努力让人民群众感受社会的公平正义。同时,盈科律师事务所以党建引领,建设世界一流律师事务所为发展的目标,努力为“一带一路”建设、中非合作、中国—东盟自由贸易区建设等打造“全球一小时法律服务生态圈”。这意味着,当海外华人华侨、中资企业、海外留学生、海外旅游者在全球范围遇到法律问题,我们能够在 1 小时内了解其需求,确定谁能解决其问题,1 小时对接到位,未来我们还会通过数智化手段,把法律服务延伸到客户的手机上,无论我们的客户在世界上任何地方遇到法律问题,我们都能提供 24 小时在线的法律服务保障。

最后我想对清华大学法学院表示感谢。我们与清华大学法学院构建了良好的合作关系,我们的战略合作不断增强,比如连续 6 年承办世界法治论坛,我们也愿意在现有合作的基础上,继续扩大与各大法学院在人才培养、学术研究、涉外法律等方面的合作,努力为法治建设作出更大的贡献。

---

〔1〕《习近平向第十次上海合作组织成员国司法部长会议致贺信》,载《人民日报》2023 年 9 月 6 日,第 1 版。

〔2〕习近平:《坚持走中国特色社会主义法治道路 更好推进中国特色社会主义法治体系建设》,载《求是》2022 年第 4 期。

感谢各位领导、各位嘉宾、各位老师一直以来对盈科律师事务所的关心支持,也期待未来我们在各方面的合作能够进一步加强。最后,祝福第六届清华大学世界法治论坛取得圆满成功！感谢大家对盈科律师事务所的关心支持,祝大家工作顺利、身体健康,谢谢大家！

承办方致辞

周光权(清华大学法学院院长)

尊敬的许安标主任、张文显主任、王利明老师、崔建远老师,各位嘉宾,各位老师、同学,大家上午好! 2023年第六届清华大学世界法治论坛主要在线下举行,线上嘉宾是因为各种原因不能前来参加本次论坛的海外法学界同行。在这里,我代表会议承办方之一清华大学法学院,对各位嘉宾的到来表示最诚挚的敬意和谢意!

刚才彭刚副校长代表学校对论坛的举办表示祝贺。许安标主任、张文显主任分别作了致辞和主旨演讲,阐述了法典编纂的工作部署,教育领域基础性立法的发展方向,以及中华法系法典化这一当代议题的古今互动等。其中,法典编纂有关的方向性、宏观性的意见,能够帮助大家了解法典编纂工作的研究进展,以及主要面临的困难等,这些信息对举办好本届论坛非常重要。许安标主任在全国人大常委会法工委分管法典编纂的研究和统筹推动工作。张文显主任在中国法学会为推动《民法典》的出台编纂做出了很多协调和推动的工作。

讨论法典化问题,刚才的几位致辞嘉宾主旨演讲都非常有分量和说服力,主旨演讲的内容丰富,信息量大,有很多新的精神令我们受益匪浅。盈科律师事务所梅向荣主任作为论坛承办方作了致辞,表达了盈科律师事务所一直以来心系法治、支持法学教育发展的情怀。盈科律师事务所除了对清华大学法学院有非常大的支持力度,对西南政法大学、中国政法大学、中国人民大学等高等院校都一如既往地支持,还参与建设鲁东大学盈科法学院。盈科律师事务所一直是法治建设的亲历者、推动者,梅主任还分享了盈科律师事务所国际化发展之路,这些让我们耳目一新,印象极其深刻。

除了刚才的嘉宾主旨演讲,在接下来的不同分论坛中,以尊敬的王利明教授、崔建远教授为杰出代表的法学界权威，还将分别讨论法典化时代的法学教育、《民法典》的理解和适用、法典编纂的技术、法典化时代司法实践的重要问题的思考与讨论，这对在法治轨道上全面建设社会主义现代化国家而言非常重要。

《民法典》编纂走出了一条中国特色的法典编纂之路，积累了许多宝贵经验，这些经验启示使我们深刻认识到，法典编纂是一件很复杂的系统工程，在条件成熟时才能进行法典化立法，相信我们这次论坛能够给条件成熟的领域的编纂法典工作提供力所能及的启示。

清华大学法学院从 1999 年复建以来，在社会各界的关心支持下稳步发展，借助清华大学多学科融合的优势，着力进行交叉学科建设，大力培育研究力量，推动法律和信息技术的交叉融合，学科优势和特色进一步增强，尤其是在海内外同仁的大力支持、最高立法机关的关心、中国法学会尤其是民法学研究会的正确领导下，清华大学民法学科持续得到发展。崔建远教授带领的民法学科一直在清华大学法学院占据重要地位，是法学院的优势学科，在《民法典》编纂过程中，法学院的众多教师积极参与，作出了突出贡献。

崔建远教授担任全国人大常委会法工委立法专家委员会立法专家，《民法典》物权编专家建议稿的负责人；我本人作为全国人大专门委员会的成员，参与了《民法典》的审议；龙俊副教授担任全国人大常委会法工委《民法典》编纂工作专班成员；其他老师以各种形式参与《民法典》的制定。《民法典》出台以后，我们积极开展了宣传普及工作。在未来的其他法典编纂过程中，清华大学法学院将一如既往地投身到科学立法、民主立法、依法立法的生动实践中，为法典编纂贡献力量，通过参与立法活动助推青年教师成长，全面提升法学学科高质量发展。我们深知，虽然我们的民法学科以及法学院的工作取得了一定的成绩，但是和各著名政法院校相比，我们还有很大距离，还需要更多积淀。我们真心诚意地向中国政法大学、西南政法大学、西北政法大学、中国人民大学法学院、北京大学法学院等一流政法院校学习。我们从 2018 年创办了世界法治论坛，旨在为世界法治精英的高端对话提供平台，积极开展国际交流活动，推动国内外法学院校间的合作。从实际效果看，清华大学法学院近 6 年来举办的论坛都取得了预期效果，也恳请各位今后继续关心、支持清华大学法学院。

最后，预祝论坛取得圆满成功，祝各位身体健康、参会愉快，谢谢大家！

平行论坛一

第一单元　各部门法的法典化和法典化时代的法学教育

周光权：本环节的主题为“法典化时代的法学教育”，有5位领导嘉宾依次发言。首先有请西南政法大学校长林维教授。

林维：大家上午好！特别感谢清华大学法学院的邀请，今天我发言的题目是“刑法再法典化的问题”。

我特别强调“再法典化”，原因是从1949年到1979年，再到1997年，刑法学者已经经历过法典化过程。我们一直认为《刑法》就是“刑法典”，上课的时候一直讲刑法的法律渊源，或者法律规范体系包含“刑法典”，包括附属刑法、单一刑法等，我们从来都是“自以为是”地认为《刑法》就是法典。然而在《民法典》通过以后，“法典化焦虑”蔓延到刑法领域，2021年全国政协的一位领导问我对刑法法典化有什么看法，我说：“刑法需要法典化吗？我们现在用的不就是‘刑法典’吗？”刑法法典化再度热议，正是由于民法法典化，或是因为《民法典》的通过实施。考虑到民法内容博大精深，体系纷繁庞杂，在刑法只有一本教材的时候，涉及民法的教材已经有数本。教材体系反映了理论体系和知识体系，也就是说，教材体系的多元反映的是民法的知识体系的多元化以及理论体系的独特性，从这个意义来讲，把法典化用于民法体系当中，确实要比过去所谓的刑法的法典化更加恰如其分，《民法典》的“法典”的称呼是当之无愧的。

问题在于，《刑法》过去形式的立法也是一种“法典”，尽管我们没有将其称为法典。所以刑法学者在讨论的时候一开始用“刑法法典化”，而现在更多称“再法典化”，从“法典化”到“再法典化”，以下两层内涵代表刑法学者心声。

一是为过去的《刑法》正名，尽管过去没有刑法典的立法形式，体例上和名称上也没有叫“典”，但其仍然是统一的刑事立法，是刑事法律规范集大成者，是实质上的法典。

二是再法典化的概念，我们希望之后的刑法立法可以像民法一样被称为法典，可名正言顺称为“刑法典”，而不是现在的“刑法”。事实上，在英文翻译层面，《刑法》（Criminal Law of the People's Republic of China）与《民法典》（Civil Code of the People's Republic of China）的差异不是特别大，这也是不再用刑法“法典化”，而是称“再法典化”的大背景。

由于时间有限，下面我就刑法再法典化应当注意的问题简要讲几点。

我认为法典化最重要的是要做到形式上的统一和内容上的科学。从1949年到1979年第一部《刑法》通过，再到1997年完成《刑法》的修订，法典化始终处于动态发展的阶段。1949年之后，我国刑事法律规范体系是多元的、分散的，位阶相对不高，所有有关刑事责任条款汇集到一个立法体系当中。1979年之后，随着时代背景的演变，新的权利义务关系出现以及新的犯罪现象频发，出现25个单行刑法，导致单行刑法膨胀，以致所谓刑法体系、《刑法》以外的立法膨胀。

1997年《刑法》修订之后，我们从过去多元、分散的规范体系，又重新回归到统一的刑事立法体系。采用刑法修正案立法修改形式，是与过去完全不同的地方，即无论经过多少次修正，始终保持刑法立法体系在形式上完整、统一，通过不断增加附设的条款，在保持《刑法》总体条文不变、总的条文数目不增加的情况下，实现《刑法》内容的扩展。这种形式上的统一，能够保证《刑法》体系的完整性和权威性，从而确保刑事法律规范的一元性和《刑法》的地位。

毫无疑问，内容上的科学更为重要。仅将现有的刑事责任条款统一合并到现有的《刑法》当中，或者在现有的刑法体系里面增加一些新的犯罪，并不是刑法再法典化的主要内容，其完全可以通过修正案加以实现。事实上《刑法》的修正和《刑法》的再法典化，是一个并行不悖、相辅相成的过程，但二者同样都要注意以下几个问题。

第一，如何看待刑法立法的形式。对于立法的统一性或者一元性是否必须替代刑法立法形式的多元性，附属刑法是否有存在的必要，有学者认为,为了保持刑法典统一性进行一元规范体系建设,不应当再有实质性的附属刑法。我个人认为从立法灵活性以及部分法同步性的角度来讲,为了确保立法能够快速适应当前不断变化、快速发展的时代背景,附属刑法立法形式的存在是必要的。

第二,立法理念应当如何变化。立法理念是指刑法立法如何看待犯罪人,如何对犯罪做出一个科学的反映。过去我们认为,罪犯就是敌人,但是如果犯罪人是我们的朋友呢?我们的朋友已经刑满释放出来,他仍然生活在我们的社会当中,甚至我们跟他仍然保持很好的朋友关系。他过去是罪犯,或者现在他就在监狱里。如何看待这些人,如何看待这些罪犯跟普通公民之间的关系,我们是否仍然认为犯罪是社会的敌对行为,具体到不同类型的犯罪人,我们是否都统一地将其作为敌人看待?这是我们要调整的概念。在这样的理念变化下,法律应该如何科学合理地对犯罪做出反映,对罪犯和有前科的公民做合理安排,是在立法当中需要注意的第二个问题。

第三,轻罪立法如何实现。20 年来,刑法日新月异,其中最大的变化是轻罪比例不断增加。2002 年,社会有 69 万个被刑事处罚的人,被判处 5 年以上刑罚是绝对重刑,被判处 5 年以上有期徒刑、无期徒刑、死刑的有 16 万个,到 2021 年,在 171 万个被刑事处罚的人当中,被判处 5 年以上有期徒刑、无期徒刑、死刑的人数反而从 16 万下降到 15 万,这意味着在犯罪总人数增长 270% 左右的情况下,被判处 5 年以上有期徒刑、无期徒刑、死刑的犯罪分子减少了 1 万个左右。这种变化意味着过去重刑结构下的治理方式、治理体系已经不能准确地适应轻罪规模体例。因此,需要调整刑法的治理方式和治理体系,使之能够准确反映并且应对这种变化。

如果不及时调整,甚至有可能使立法政策和司法政策产生差异。一方面,大量扩张轻罪、新罪;另一方面,在司法过程中有企图通过分流方式,将立法当中大量扩张出来的犯罪排除在刑事诉讼程序以外的问题,是迫切需要解决的。

第四,如何通过法典化保障罪刑法定原则的实现。大量模糊条款存在于立法中,随着立法技术的提高、行为判断明确性的增强、公民对权利保障期待越来越高,这种情况下罪状的确定性如何能够通过再法典化得到进一步增强是我们应思考的问题。

第五,如何通过法典化进一步实现罪刑的均衡。不同法律、不同刑法条文罪名,是建立在不同立法的理念背景下的,这种差异,不仅会在司法效率方面产生问题,还会使不同理念下法定刑设计方面产生问题。在此情况下,如何实现已有体系内、已被规定的犯罪之间的法定平衡,以及新增加的犯罪和原来犯罪之间如何做到罪刑相均衡,是否改变过去重刑的结构,都是我们需要思考的。

最后特别感谢清华大学法学院,希望我们能够在刑法再法典化过程当中对以上问题进行深入研究,以便刑法更好保障公民权利,谢谢大家!

周光权:谢谢林维校长! 因为我们是同一个专业,所以我赞同林校长讲的很多观点。接下来有请中国政法大学副校长时建中教授,演讲题目为“法典化、智能化与国际化”。

时建中:感谢周光权院长的邀请,祝贺第六届清华大学世界法治论坛盛大召开。我演讲的题目是“法典化、智能化与国际化”。我期待讨论在智能化、国际化的时代背景下,进行法典化应当注意哪些问题。

刚才在开幕环节,致辞的领导对《民法典》给予高度的评价,致辞甚至用“这是法治建设的标志”“开辟了我们国家法典化的先河”等表述。同时,也介绍了习近平总书记在他重要讲话当中提出总结编纂《民法典》的经验,适时推动条件成熟的立法领域法典编纂工作。

问题是,条件什么时候达到成熟,以及什么时候开始实施,既应从政治层面考量,又应从学术层面考量。任何法律的实施都有时空问题,从时间维度看现在制定法律或者制定法典化法律,是信息文明时代最重要的特征。智能科技是飞速发展的,比如人工智能给社会带来的挑战,在短期内恐怕难以预见,但如果不对其加以控制,防微杜渐,否则这个挑战是没有办法应对的。

从空间角度来看,在农业社会或者农业文明时期,法律管辖几乎是既定的;工业文明时期由于工业的发展和全球资源的配置,法律不能仅仅管辖国内;如果到信息文明时代,全球化程度不断提升,这时国家利益在哪儿,法律就能够管到哪儿,但这必然导致法律之间的冲突。在这个背景下如何处理和平衡前述问题需要认真讨论。

在对法典化本身展开具体讨论之前,我想跟大家分享我的一个基本观点:毫无疑问,中国是全球化的受益者,这是第一句话。第二句话是科技发展至关重要。党的二十大报告再次重申创新是第一动力。以上两个方面是在任何部门法典化过程中都必须关注的问题。

为什么说我们是全球化的受益者,我们看以下的数据。

第一,从 GDP 维度看,1978 年党的十一届三中全会吹响改革号角,当时我国的 GDP 不到 1500 亿美元,如今看来是多么小的数字,国内公司生产总值都比这个要多。2001 年 11 月,我们经过艰苦的谈判加入 WTO,2001 年 GDP 不到 15,000 亿美元,与 1978 年 GDP 相比增长接近 10 倍,全球排第六,排法国之后。2020 年 GDP 超过 100 万亿元人民币,大概是 14 万亿美元,从不到 1500 亿美元到 14 万亿美元,这是一个巨大的变化。我们成为稳定的世界第二大经济体。1978 年,我国 GDP 占全球经济比重不到 1.5%,到 2020 年的时候占比已经达到 18%。由此可见改革开放带来的变化,很重要的一点就是分享全球的红利。

第二,前段时间我去印度参加金砖国家的会议,印度人称印度的数字经济规模位居全球第二。1978 年的时候中国与印度差不多,2001 年的时候我国 GDP 是 95,933 亿元,我们占全球经济比重接近 18%,日本占全球经济比重为 3.2%。印度主张开放、充满活力,人口平均年龄为 30 多岁,人口红利能够持续 30 年。

第三,世界 500 强排名从 1995 年设立榜单,1996 年,中国只有 4 家企业上榜,美国有 130 多家企业上榜。2001 年,中国有 12 家企业上榜。2019 年,中国有 129 家,接近 130 家企业上榜。2023 年可能要比 2022 年稍微下降一点,大概有 140 家企业在榜,这些变化意味着中国个体企业体量不断增加。毫无疑问,随着改革开放,我国的经济个体也在发展。

第四,关注境外投资。改革开放初期我们希望引进境外资金,引进外国的技术、资金、管理经验。当时我们也在往海外走,在 2003 年,中国境外投资只有 21 亿美元,这是目前我能找到的最早的数据,现在中国的个人富豪资产都可能超过 21 亿美元。2005 年,境外投资突破 100 亿美元,2013 年,突破 1000 亿美元,海外利益收获非常大,且遍布全球。在文明的时代,怎么捍卫海外利益?野蛮时代适用丛林规则,毫无疑问,现在不能适用丛林规则,我们有法律规则——你的利益在哪儿,法律就要在哪儿。

2023 年年初,科技发展出现 ChatGPT 3.5 版本,我们还说它对人类问题的回答是“一本正经的胡说八道”,然而 ChatGPT4.0 版本就“可怕”地进化了。除了 OpenAI 开发的 ChatGPT,最新的人工智能成果是谷歌的 Deep-

Mind。在科学细分领域，比如天气预报，预测 10 天之后的天气状况需要大量时间，但是苹果人工智能在一分钟之内就可以预测未来 10 天的天气了，这还不考虑人工智能在军事领域应用的问题。

此外，各位知道中美元首会晤，涉及一个很重要的话题是关于人工智能管控的问题。国家主席习近平访问美国之前，拜登签署法令，进一步限制人工智能芯片向中国出口。我们知道英伟达公司，其最重要的芯片型号为 A100 或者 H100。如果没有芯片，AI 认知大模型几乎没有办法计算、运行，而中国市场规模巨大无法割舍，所以英伟达公司为了进入中国市场故意把版本降低，向中国市场出口。对此，美国人仍然觉得不可以，认为还是能够推动中国人工智能发展，所以还要进行进一步限制。现在，英伟达公司开发了 H200，这个芯片性能比过去的 A100 和 H100 都更加强大，但是我们无法获得。

所以在以上背景下再讨论法典化，我们就必须对《民法典》致以崇高敬意。

《民法典》一共 1260 条，而且 1260 条规定互相不冲突，这需要多么强大的逻辑能力。第十三届全国人大三次会议当中，有 2879 票赞成票，2 票反对票，5 票弃权票，接近 3000 票赞成票，该法典获得高票通过。这里有一个疑问，投赞成票的 2879 个人大代表当中，有多少人大代表把接近 11 万字法典读过一遍？我相信应该是极少数的，在这些人当中有多少说读懂了，我认为也是少数的。这反映了什么问题？法典化过程当中，专家的作用是非常重要的，需要专家有非常合理的知识结构、非常强的能力，更重要的是有足够大的情怀和足够高的格局，如果仅仅满足于自己领域的专业学科，甚至是追求个人定位的话，会带来不太好的影响。因此，法典化过程中必须考虑的一个问题就是跨部门法专家的存在。我在政法大学管了差不多 10 年科研，发现法学知识不能仅靠部门法往下深挖，法学知识应该通过跨部门而产生。在法学内部二级学科之间进行交叉，才能有新的增长点。但是二级学科部门之间存在壁垒，有非常强的门槛以及“歧视”链和“鄙视”链，研究实体法的瞧不起研究程序法的，研究程序法的不懂实体法，即使做到法官的工作，是硕士甚至是博士，大学本科的东西都忘了差不多，还需要重新训练。学科的划分影响到了人才培养，影响到了知识生产，影响到自主知识体系的构建，影响到学科体系的构建。所以说，这是法典化必须思考的一个问题。

《民法典》第 127 条规定："法律对数据、网络虚拟财产的保护有规定的，依照其规定。"换句话讲，这一问题《民法典》本身不管，该条款是转介条款。我认为应当实事求是，如当时确实搞不懂，就暂且不要规定。这就引起另外一个话题——如果是法典化，我们一定要强调这个体系的精致严密，但在这样一个动态的、科技不断进步的社会中，在全球化格局不断重组的背景下，一定有大量无法解决的问题，这些问题在法典化过程当中怎么解决？法典化要追求其完整，追求其体系的逻辑，但一定会有大量没有办法解决的问题，因此，法典化之外一定有法，如果法典之外没法的话法律制度体系将会变得僵化，无法应对整个动态科技变化、动态全球变化。

我再追问几个问题。

第一，法典化的"化"，在中国语境下既体现过程又体现结果。比如，我们要实现现代化，这本身是一个过程，但最后一定要达成"现代"目标。第一个问题为是否所有的部门法都要法典化？要到达什么程度？是否每一个部门法律都要有一部法典？

第二，对于法典化时代，坦率讲，时代是非常大的概念，我们如果用法典作为断代标准的话会产生哪些问题？是否会出现有条件要上，没条件也要上的情况？

第三，关于法典和法治的关系。有法律不一定有法治，有了法典之后同样不一定有法治，不要把法典等同于法治，无论是法律还是法典，如果从推动法治社会构建来讲，都有很长的路要走。

第四，法典、法典化对于法学知识体系的构建，的确十分重要，但是它们之间的互动可能是消极的，可能是积极的，我们要想办法推动积极方面。

周光权：时校长的发言包含的信息量很大。下面有请西北政法大学副校长王健教授，演讲题目为"中国式现代化与法学教育"。

王健：尊敬的主持人周光权院长，还有盈科律师事务所的各位同仁上午好！感谢邀请，很荣幸有机会参加清华大学的活动。这也是我第一次来清华大学新的法学楼，所以充满新鲜和好奇感。借这个机会特别向盈科律师事务所致敬，前些时间，盈科律师事务所向西北政法大学给予了很大的捐助。

我发言的题目是"中国式现代化与法学教育"。这次会议的主题是"法典化时代的法治建设"，"法典化"是关键词。我想，如果我们把法典化理解为把某个法律领域里的经验素材通过一定的方式进行概括，提炼出一般的语言模型，使它成为一个高度体系化、内部有着逻辑关系、融洽的、有机的整体这样一个过程的话，那么“法典化”可说是典型的知识构建过程。

构建中国法学自主知识体系是当前的热点话题，也是尝试重构和彰显中国本位文化的重要组成部分。在此基础上，我有这样一个判断，构建中国法学自主知识体系，我觉得特别重要的一项工作，就是深入研究和全面总结、重新评价中国的传统法律文化，使中华民族最基本的文化元素与当代文化相适应，与现代社会相协调，促进中国传统法律文化的“双创”，紧扣我国发展面临的重大课题，提出体现中国立场、中国本位、中国价值理念的主张和方案。

刚才想到一个例子，比如法典化，如果从重视总结、梳理本国文化遗产的角度来讲，关于法典的这个“典”字，在《民法典》颁布实施过程当中，各种宣传介绍解读当中，只有孙宪忠写了一篇文章谈到这个问题——我们不要这个“典”字行不行？为什么叫“典”？但我感觉他的文章对此还没有完全说透。“典”这个字究竟表达什么意思呢？“典”这个字，典型反映了人类法治文明的进步过程。“典”这个字的象形含义，简单说就是记载经文和法规的简牍的韦编。竹子和木片是人类记载重要事项的材料。我们都知道《汉谟拉比法典》是刻在石头上的，石头是载体。中国古时候把刑书铸在金属上面，史称“铸刑鼎”。此外，还有帛书、丝织品也是我们的书写材料。石刻、金属铸造都工序烦琐，而简牍则便利多了，纸张发明之前，简牍是最便宜的书写记录载体。这也是我们提炼生活经验，总结一般规律规范，凝练出表达模型的一个关键时代。因为记载的东西非常重要，所以用两个鞣皮将竹简和木片的上下拴起来固定住，再把它供在几案之上，这个象形，这就是“典”字含义的原始来源。这表示凡是重要的事项都要把它记录下来，写在简牍之上把它供起来，“典”字从此而来。

关于中国的知识分类和西方的知识分类的相遇对接，进而相互影响，是晚近一二百年之间中国文明发展史上的一件大事。我们传统的知识分类，史学界有人把它概括为经、史、子、集四大类，这是我们传统的知识分类法。传统知识分类体系与我们今天的知识分类体系很不一样。如果研究法学，就要到史部里面去找——但这并不是法学材料的全部。在子部、集部里面还有很多涉及法律思想、学说、观点的材料和案例、事例，所以要分别在经史子集各个部分里面去寻找。现在这个分类法已经退出了历史舞台。取而代之的知识分类体系,是我们熟知的知识分科。知识分科是在20世纪初期正式采用的,其标志是1904年清政府学部颁行癸卯学制。癸卯学制关于大学层面的知识分类主要参照了日本化的西学分类模式,可以说深受日本影响,把整个知识分为文、理、法、医、农、工、商七大部分。这也是我们今天14个学科门类分类法的源头。这个变化是什么?最大的变化是,我们传统的知识分类是以人为中心的,围绕着个人而展开,每个人都有一套从天上到地下包罗万象的知识学问,而人又有其各自所在的地域,所以形成了像关学、洛学、蜀学、闽学等,包括"陕派律学"等概念。总之,中国传统知识分类的最大特点是"以人类学"。西方传统的知识分类以客观的研究对象为分类标准。从"以人类学"变为以客观对象为分类标准,这是中国近现代知识体系发生的重大变化。

大体上讲,探讨中国自主知识体系构建过程,应当细化,不能泛泛而谈。应当详细考察变化过程。这个变化最早开始于明清之际徐光启一辈人和西方对接知识之时。中国最早接触到的西学,是以亚里士多德为代表的政治学、教育学、社会学、伦理学以及法学等。过去我们以为那时传入中国的西学,只有天文、历史、技术和宗教类知识,那是不完整、不全面的。尽管人文社会类知识总体上比较少,但还是有的,只是我们挖掘和了解不够。从知识主体上讲,这个过程经历了一代又一代人的努力和探索。到19世纪,经过梁启超、严复等人的努力,再到20世纪初,现代教育影响一代又一代新人,直到今天,知识主体不断发生变化,而主体的受教育背景,生活时代和生活工作经历,对塑造中国式的知识体系起了极为重要的作用。

考察中国法学自主知识体系构建过程应当重视的知识本体。知识本体的核心是一个一个的术语、词汇、概念、范畴的变化,这需要我们借助历史语言学、社会语言学知识和方法,从词汇和术语入手来观察思想的变化、知识表达方式的变化。这是我们探索自主知识体系最核心、最重要的部分。我们知道,汉语中的"权"和"利"这两个古字,是在经过美国传教士丁韪良与中国学者反复交流之后才建立起"权利"一词的现代概念的。他们把表示威势的"权"字和表示财货的"利"字结合起来,对应作为名词的英文单词"right",并给出了"既指官司所操之权,也指凡人理所应得之分"这个定义。这是一个典型的以中国古字定义外来概念的方式。"权"字含义的界定,为制定民法中的无数术语提供了必不可少的支点,创造出无数个“××权”,这些“××权”在法定化之后,构建起了民法学知识体系大厦。所以词汇是考察自主知识体系构建的重要途径。

此外,知识载体对于探索自主知识体系构建也极为重要。分科知识的表达方式多种多样,从学科分类表、大学教科书到法学会、各种研究机构组织、法学期刊、法学图书分类表、法学词典和各种工具书等,其运作方式、构成方式和特点,都直接反映知识体系的承载样式,都包含极为丰富的内涵。离开这个视角,就无法有效解释中国法学自主知识体系建构的规律和特点,从而无法深入理解和把握构建中国法学自主知识体系的途径和方式。

再次感谢清华大学法学院和盈科律师事务所对本次论坛的支持,祝清华大学法学院未来发展更美好,也祝盈科律师事务所未来更美好,谢谢!

周光权:谢谢王校长,他的发言主要讲了法学自主知识体系的知识主体和载体等一系列很重要的问题。接下来有请沈阳师范大学校长杨松教授,她将主要探讨经济法能否启动法典化的建设。

杨松:谢谢周光权院长的邀请。清华大学世界法治论坛已经举办了6届,这是一个非常有品质的论坛,已经对国内外法学界产生了重要影响。我也在每一次的论坛中学习到很多。我今天的发言题目是“法典化时代经济法体系的发展——兼论我国经济法能否启动法典化建设”,我会从四个方面进行阐述。

第一个方面是《民法典》的时代意义。

2020年第十三届全国人大三次会议上通过了《民法典》,这是我国社会主义法治建设的里程碑事件,标志着我们国家的社会主义市场经济法治体系进一步成熟,我们进入了国家治理的法典化时代。

首先,在制度层面分析,《民法典》共7编1260条,各编依次为总则、物权、合同、人格权、婚姻家庭、继承、侵权责任,以及附则,通篇对人身权、财产权、人格权等作出明确翔实的规定,并规定侵权责任,明确权利受到削弱、减损、侵害时的请求权和救济权等,体现了权利保障的体系思路。被誉为“新时代人民权利的宣言书”。《民法典》不但内容丰富,而且内在逻辑清晰、体系完整,法典化一方面更加有力地促进了民事法律制度的体系化,另一方面也推动了社会主义法治理念、法律之价值的完整和内在统一。所以,我们要从制度价值和规范价值层面理解它的功能和意义。

其次，就方法论意义层面看，《民法典》的颁布实施，进一步巩固了法教义学在我们国家当代法律实践和法学知识体系建设中的方法论基础。法教义学提供了基本的体系化知识和体系化方法，规范法学、注释法学、法解释学的运用仍然是我国法学知识体系建构中的基本遵循。

最后，从国家治理层面看，《民法典》是具有政治意义和社会治理目标功能的。1260 条的《民法典》为国家、社会、公民生活提供了基本准则和尺度，高度综合了社会主义法律制度的基础规范，反映了一个国家社会治理结构、政府职能制度演进、个人权益保障和救济的法律确认，所以我们说《民法典》在国家治理层面看，是国家治理的基准、工具，是社会稳定的制度依托。法典一定是在国家昌盛、社会文明、经济繁荣稳定的情况下才可以颁布的。整个社会价值观统一、精神高度共识，国家才能够制定法典，所以，《民法典》就具有时代性。《民法典》一方面是民商事权利的法律确认，另一方面也是制度基石。所以《民法典》对我们国家整个法治体系的完善意义重大，我们所有的法律人都可以看到这一点。

第二个方面是《民法典》对中国特色社会主义法律体系的贡献。

法典所具有的应然品质，体现为法治理念的时代性和先进性、规范体系的科学性、立法技术的相对成熟以及知识体系和制度体系的完善与自洽。

《民法典》的颁布和实施，为我国其他的部门法的法典化提供了一个可以借鉴的标准。表现在：

其一，法治理念的时代性和先进性。理念是整个《民法典》体现出来的价值共识，其实是可以引领社会的整体的可持续发展价值观。《民法典》方向性的价值体现在法律目的上，原则性的价值体现在法律精神和价值取向原则上，还有规则性的价值，体现在它的具体的权利义务或者法律责任的设计上。以《民法典》为代表的法典体现了这些从目的到原则到规则的整体的价值体系，贯穿法典的各个部分，体现了部门法的价值追求。

其二，规范体系的科学性。权利义务的设置、法律责任的设计，以及纠纷解决机制的设计，需要反映学科和法律部门的内在规律和发展趋势，这种科学性体现在法典上，对其的判断标准就是它的可操作性。这些规定应该具有可执行性、可塑性，包括可仲裁性、可使用性。

其三，立法技术的相对成熟。主要是指法典的编纂体例、结构安排、行文风格等，此处不再展开。

其四,知识体系和制度体系的完善与自洽。它不存在内在的逻辑和内容上的矛盾,应该是一个从概念到规范到制度内在统一和完整、前后一致的体系。《民法典》所具有的上述特点,为我们接下来其他部门法法典化提供了基本标准。

第三个方面是经济法能否法典化问题。

下面讨论经济法到底能否法典化。经济法的法典化,至少有三个因素要考虑,第一个是社会发展的阶段,第二个是整个国家法治体系发展的成熟的程度,第三个是立法技术的成熟程度。

第一,就社会发展的阶段来看。

首先,经济社会发展阶段和政治体制文明的程度。体现在历史趋势与发展阶段上,政治因素是法典能否制定的一个决定性的因素。如果没有社会发展迫切的政治需要,法典的编纂不可能提上议事日程。

其次,当代社会的文明秩序,社会稳定和经济繁荣、文化繁荣程度。《法国民法典》《德国民法典》等,都反映了历史发展的阶段性特点。

最后,民族国家与本体文化的充分体现。只有民族精神、整个社会公认的价值观的统一,才会有稳定的法典的需求。民族精神的彰显,体现了一个国家经济社会发展的时代要求,也和政治文明的程度密切相关。

第二,整个国家法治体系发展的成熟的程度。追求法典化的部门法,其理论基础应该是成熟的,这意味着反映法学发展规律、法学理论自洽和理论创新的建构能够有效地回应司法实践和社会现实,指导法治时代部门法理论的发展。它构成了法典规范的依据,最重要的是它提供了法典应该遵循的先进理念和规范判断的标准。只有部门法基础理论成熟,才能确保法典总则提取的科学性和引领性,更好地避免法典内部章节的矛盾。当然,法典化的部门法和其他的部门法之间也不能够有矛盾,这是判断这个部门法领域的法理是否成熟的重要视角。

第三,立法技术的成熟程度。立法模式、体例结构、学典评注、判例研究、政策法律化等,都是法典推进中要考虑的立法技术问题。进行学典评注和判例研究,有助于法典内容的科学性、理论性和实践指导性,会影响法典的结构模式和体例结构。经济法领域的立法技术怎么样,不仅要关注立法模式和体例结构,还要特别关注政策法律化的问题。经济法就是调整政府和市场关系的法律,它是以社会整体经济利益为价值目标,以国家干预作为基本模式所构成的规范的集合。现代社会的经济法是面向和针对越来越成熟的市场经济发力的,所以民商事法律制度的完善,是经济调控和经济规制法律成熟的前提和基础。我们还要看到,政府在治理经济中的法治化意愿,是国家政治文明的重要构成。经济法追求法典化的关键,应该体现在政府与市场关系中形成的稳定的法治实践和法治文化习惯上。国家经济治理结构的稳定、国家治理逻辑的时代性、经济法治的价值逻辑、经济法治的规范表现,都对经济法的法典化起着至关重要的作用。我们可以概括为国家在经济领域治理的法治化的程度,决定了经济法法典化的根本问题。经济法从萌芽到发展的一系列历史阶段,都彰显出经济法始终伴随着政府与市场关系的博弈而成熟起来的特征。

2013 年党的十八届三中全会在谈到“处理好政府和市场的关系”时,明确指出“使市场在资源配置中起决定性作用和更好发挥政府作用”。对于政府与市场的关系的上述表述,一以贯之地体现在党的十九大报告、党的十九届三中全会报告、党的二十大报告以及党的各项文件中,体现了我们国家已经确立了公认的符合我国国情的经济法治的理念,具有稳定性。

党的十一届三中全会开启了改革开放历史新时期,此后,经济法律规范和制度经历了 40 余年的发展,形成了三个鲜明特色。

其一,经济法的偏于政策性特点。政策需要随着社会发展变化及时调整,这直接影响了经济政策的稳定性,进而引发了立法供给的不充分性。政策和法律的关系是以社会主义市场经济为基础的经济法首先要处理好的,其本质就是经济和法律的关系。国家治理既要用好政策,又要用好法律,两者关系的定位直接反映了经济法的发展阶段和经济法在整个市场经济中的功能定位。经济政策与经济法的运用,能够直接衡量国家的治理水平和社会理性程度。重政策轻法律的现象,或者说以政策代替法律现象,在大量的经济领域法律治理中还是存在的。

其二,经济法的回应性特点。这种回应性特点影响了经济法作为法律的可预见性。经济法律的制定,始终沿着成熟一个制定一个、成熟一个颁布一个的逻辑推进着,是经济法回应市场经济改革的努力和尝试,经济法的变动很好地满足了社会实践的需要。由于缺乏系统性和统筹制定经济法律规范的约束,经济法律规范呈现出分散性和碎片化的特点。尽管经济法是最早提出统筹协调观点的,但它的这种立法的部门化的做法会影响其统筹协调,进而影响经济法的稳定性。

其三,经济法的实践性特点。经济法治基础理论的研究与日益丰富且具有中国特色的市场经济法治实践的成就相比还有很大距离,具有中国特色的经济法基础理论还需要深化、创新和发展,尚未形成自主知识体系和理论体系。在经济法的学理构建上还有很长的路要走。目前来看,经济法的法典化立法尚不存在提供理论支撑。我们需要更好地把握国家经济制度的变迁、经济体制改革进程、经济法的发展阶段,要看到经济法制发展中存在的内生性的不充分不协调问题,比如重实体、轻程序的惯性,影响了经济法的可诉性和经济司法的完善。这反映了经济法尚未形成自主知识体系,导致其基本命题与基本理论的延展是偏于政治逻辑以及经济逻辑,缺乏法律逻辑的,基本概念—基本范畴—基本命题—基本制度建构的法治逻辑自主性尚未有效建立。它需要建构基于法律逻辑的制度体系,经济法的自主知识体系,包括相对完备的理论框架、基本的概念范畴还需要进一步地完善。

总之,经济法政策性强于法律性;经济法的回应性和实践性反映了其现代性;自主知识体系尚在形成,相对完备的理论框架、概念范畴未形成体系化;这种"问题导向"的立法定位,使得某部立法中同时存在多种性质的法律规范,是典型的"综合法",立法整体缺乏统筹协调。以解决问题为出发点的部门立法内容杂糅,这是较为正常的现象。

第四个方面是经济法体系化的建构。

经济法法典化目前还不成熟,但是经济法的体系化构建却是当务之急。体系化的前提是经济法律规范的规律化。经济法根植于我们国家经济改革的实践和经济制度的发展,所以一定要从我们国家经济改革发展的实践当中来提炼这个规律。因为在这个方面确实没有可借鉴的国际经验,从学科的角度说,只有中国等为数不多的国家才有学科意义上的经济法。我们得立足中国的问题、中国的立场,来寻找在经济实践当中经济法的应然状态。在这种政治经济逻辑背后,要找到它的法治逻辑,这样才能找到基础理论成熟的基本逻辑。

经济法以问题为导向的立法,并不是不需要学科理论的深化和体系化,我们要摸索具有经济法特点的理论体系和结构支撑。

第一,经济法体系化构建需要考虑如下内容。

体系化的逻辑准备:经济法作为现代法学理论,应根据概念范畴进行体系化(学科的概念化),这是基础性工作。

体系化的理论基础:自我完备的理论。体系化的立法,需要经济法的基础理论的启蒙和经济法理论在制度规范中的自主证明过程。尽管经济法现在已经延伸到哲学、社会学、经济学,包括政治学等领域,但是尚未形成自我完备的理论。

体系化的知识准备:自主知识体系的构建。经济法以公共产品法益为保护核心,以秩序作为优先的价值追求,以共同体的整体利益作为追求的法益,这种国家性和社会性直接影响到经济法自主知识体系的建设。

体系化的实践准备:适应市场经济需要的能力。社会主义市场经济下的市场,政府干预的有序和有节制,直接影响到我们经济法适应市场经济需要的能力,经济法的实践能力也会影响到经济法的体系化的发展。

第二,经济法体系化的路径选择。应选择特色之路,使经济法部门法法典化,与总论的通则化相结合。

周光权:谢谢杨校长,杨校长刚才讲的结论我觉得十分合理,而且她的论证非常充分,关于经济法的体系性的这些判断,我觉得都非常精准,谢谢杨校长!接下来有请中央财经大学副校长栗峥教授,他演讲的主题是"法学自主知识体系的集成化建构"。

栗峥:感谢主办方。今天我谈论的话题有关如何构建中国自主知识体系。我们拥有14多亿人所创造的中国实践的丰富性,中国正在从丰富的实践中提取经验,为世界提供中国式现代化路径。当下,中国一直在贡献;未来,中国必将贡献得更多。

中国学术就是在这气势恢宏的中国实践中萃取知识性、学术性与理论性特性,将中国实践提纯为中国道理,将中国道理转化为中国理论,将中国理论集成为中国自主知识体系。构建中国自主知识体系,应从四个层面发力。一是提炼标识性概念。这种标识性概念须能对中国生活产生超强解释力,接受生活场景的洗涤;须是众人所沿用的而非学术个体自造的词汇,即经过学术共同体的集体理性选择,接受众人的洗涤;须具有历史维度上的足够沉淀,接受时间的洗涤。二是环绕式话语的生产。通过定位标识性概念,在标识性概念的周围"孕育"出一片具有阐释性的学术话语,让标识性概念辐射出一定面积的话语磁场,通过多种话语磁场之间的相互吸引来形成一种合力,由此形成话语在学术圈层中的凝聚力。三是学术生态的塑造。基于这种凝聚性的话语群，再历经不断地沉淀、不断地累加、不断地迭代，经由若干次的升级，逐渐形成一种稳定的学术生态系统。四是以此自创性的生态系统来实现学术群的集成化，构造一个可持续发展的学科群体系。只有经由从概念到话语到学术到学科等诸体系的系统化营造，才能完成一场真正意义上的自主知识体系的搭建。

中国自主知识体系的建构在未来应当表达出史谱性和广谱性的双重特性。史谱性是指其集成中华文明5000年历史沉淀下来的智慧，是具有内含5000年文明谱系的体系；广谱性是指它被他域国家所尊重、认可，具有世界的辐射性和光照感。构建中国自主知识体系的未来意义，就在于这将决定以汉字为载体的中国学术的知识生产与知识表达在世界学术中的席位和份额。能否获得世界学术中的主持权，能否为世界树立中国的思想、观念、理论与方法，决定着中华文明在世界文明中将处于何种战略地位。这还需要中国学术界不断上下求索的集体努力。

周光权：谢谢栗峥校长，刚才他对构建自主知识体系提出了一系列非常重要的看法，非常好。我们这个环节5位大学校长、副校长结合自己的专业对法典化和法学教育的关系做了非常深刻的论述，特别感谢5位发言人。下一个环节有4位发言人，首先有请北京大学法学院院长郭雳教授发言，他发言的题目是“推进法学教育对外交流合作”。大家欢迎！

郭雳：各位老师、同学，上午好！我很高兴来清华大学参加世界法治论坛，作为隔壁学校的老师来到清华大学参会，感觉离世界法治更近了一步。祝贺清华大学法学院！

我们讲要走进世界的法治，要融入世界的法治，甚至说要引领世界的法治，法学院校在其中扮演的角色非常关键。法学院校既是法学交流合作的重要窗口，又是法治人才培养的第一阵地。近些年来，中国法学院校依托平台优势、智力优势、教育优势，在法学交流合作方面有了很多好的探索。接下来，我想对这些探索进行一个小小的梳理，看看我们做了什么，做对了什么；然后尝试检讨一下，反省这项工作当中还有哪些不足，遇到怎样的挑战；最后简明扼要提一些建议。

关于实践的梳理，主要分为三个方面。第一个方面是构建法学对外交流合作机制。这体现在不同层面，比如教学层面、科研层面、实践层面和工作机构层面。我都可以举出一些实例。在教学层面，以我所在的北京大学法学院为例,现在我们在全球的合作伙伴有120多家,包括著名的大学和机构。在科研层面,今天我们共同参与的论坛就是最好的例证,世界法治论坛已经成功举办了5届,非常有影响力。在实践层面,也可以举出很多例子,比如中国政法大学国际组织青年人才培训项目、武汉大学国际与全球治理人才试验班等。在工作机构层面,北京大学法学院成立了“法学院国际化委员会”,目前由28位成员组成。

第二个方面是加强涉外法治研究和成果宣传。栗峥副校长刚刚对法治理论构建方面做了很精辟的阐述,全国600多家法学院付出很多努力,不少学校获批六部委国家级涉外法治研究基地,像清华大学、北京大学、中国人民大学、中国政法大学。一些学者在重要国际学术组织、海外研究机构担任职务,代表中国法学界积极发声。我们还充分发挥专业教师在交流中的主体作用,设立若干联合研究中心,把中国法学带向全世界。中国的法学学术成就也越来越多地被译成外文,在世界范围内推广。这里面有中华学术外译项目,还有本身就由国外出版社出版的著作。例如北京大学法学院朱苏力老师的多部作品都被翻译成了多种语言,在境内外发行,有些作品还出版于普林斯顿大学出版社,并在《耶鲁法律评论》中被专门评介。这就不再仅仅是“自说自话”,而是形成了真正的学术成果,在世界舞台上发挥影响力。

第三个方面是探索涉外法治人才培养模式。首先是课程体系建设,中国政法大学“国际小学期”系列、厦门大学的涉外法律人才课程模块都是很好的尝试。其次是打造国际化的师资团队,各个学校都在不遗余力地吸引全球范围内的优秀师资。北京大学法学院设立了全球化与法治教授,也增设了全球教席项目,目前已有3位全球化与法治教授,还有22位全球教席的老师,他们同我们常规的师资一道,共同发挥人才培养的作用。最后是实践能力训练,实践能力训练是这几年在法学教育当中的一个薄弱环节,各个法学院校都在加强对涉外法治实践能力的培养。

对此,我认为可以从课上、课后和课外等几个环节来发力。举例来说,在课上环节,中国人民大学和涉外仲裁机构、国际律师事务所、国际组织等合作开课;北京外国语大学聘请英美国家的法学教授、退休法官来华授课;我们北京大学法学院也跟北京大学外国语学院合作,开设了涉外法治语言人才项目。课后环节,各种模拟法庭比赛是大家花比较多力气去参加的,2023年不少代表队取得了不错的成绩。北京大学代表队荣获Jessup全球亚军，是中国高校赛队有史以来取得的最好成绩，兄弟院校也都有不错的表现，希望我们中国赛队的成绩今后越来越好。课外环节，在过去的一周里，北京大学法学院刚刚成功举办了年度“国际周”活动，融合教育论坛、专题讲座、学生沙龙等各类活动，努力从多个方面提升学生们的国际化素养。

以上是对已有工作的一个梳理，接下来谈谈困难和挑战。相关困难和挑战也可以总结为三个方面。

第一，对外交流合作的机制有待完善。坦率说，相比其他的培养工作、其他领域的培养任务，涉外法治人才培养需要更高强度的经费投入，需要更多的资源对接。刚才盈科律师事务所的梅主任表达了非常良好的愿望，表态支持包括清华大学法学院在内的各个法学院的活动，我们也非常欢迎和感谢。当然，这种合作更需仰仗国家有关部门的支持。

第二，本土法学研究成果的数量、质量亟待提高。相比西方学者在国际论坛拥有的强势话语地位，当前我国法学话语权较弱，具有国际学术影响力的本土法学优秀成果数量还不够多。我们希望能够有更多的像周光权院长、林维校长等学术大家以及优秀学术成果进一步涌现，代表中国去发声。

第三，涉外法治人才培养的方式方法尚待改进。总体上，目前人才培养模式还处于国际资源简单叠加的阶段，尚未充分实现个人发展和国家战略需求、普遍规则、教育规律和市场规律的有机统一，导致涉外法治教育门槛比较高，受众较少，成果不是很突出。

此外，我简要提一些改革建议。

第一是国家有关部门应当加强顶层设计，检视优化学科、学位、学制、学分等既有规定，授予各个院校更灵活的办学自主权。在这点上，清华大学和北京大学有自己的优势，但坦率地说，我感觉还可以更加宽松一些，更“活”一些。各个兄弟院校也可以走差异化发展的道路，形成一批具有各自特点的示范项目，大家在这个基础之上去精耕细作、走深走实。

第二是建议强化对于对外交流智力合作的支持。构建具有中国特色、中国风格、中国气派的学科体系、学术体系、话语体系，其中既要讲好解决中国问题的法治经验、阐明指导中国实践的法治理论，又要提供分析域外问题的中国视角、解决共性问题的中国方案。刚才杨松校长、建中校长介绍，他们学校对此有很好的尝试，我们希望这方面的努力能够更多、更好、更深入。

第三是优化对外交流合作的人才供给，坚持问题导向，有针对性地培养具有全球胜任力的涉外法治人才。真正把我们开展的工作和涉外法治人才的成长规律、对外交流的实际需求以及学生自我发展的真实意愿更好地结合起来。

在前进的道路上,北京大学法学院愿意跟各位兄弟法学院一道携手并进!谢谢大家!

周光权:谢谢郭雳院长,我们也非常感谢在推进对外交流合作过程中北京大学法学院给予清华大学法学院的大力支持。郭院长严格控制时间,不太像北京大学风格,有点像清华大学风格。有请北京交通大学法学院李巍涛院长发言,题目为"法典化时代传统法律文化与法学教育的连接"。

李巍涛:各位师友上午好!非常感谢周光权院长和论坛的邀请,很荣幸参加这次盛会。实事求是地讲,看到这个单元的主题以后我有点惶恐,因为本人作为一个法制史学者来讨论部门法典化难免是门外之见。尤其是张文显老师在精辟地梳理了中华法系的法典化特征之后,我的惶恐之情更是难以复加,因为发现即使谈我自己熟悉的领域,也是难以企及这个高度。因此,我只能从传统文化的角度来谈一谈法典化和法学教育。刚才聆听各位前辈的发言我深受启发,为了保证在规定时间内完成,我言归正传。

在新时代背景之下,我国法学教育可能需要面对两个大的转变:第一个转变是从西方中心主义到建构中国特色法学理论体系和推进中国社会实践的转变;第二个转变是从个人功利主义向社会公益主义的转变。这两个转变我们姑且简称为法学教育中的去西方中心主义和去个人功利主义,二者均为社会发展使然。过去几十年中,法学教育、法学研究工作中存在一定的西方因素。这个现象具有其自身的合理性。包容性是中华文明的五大突出特性之一,我们也需要对外来优秀法治文化予以吸收借鉴。梁启超曾用"中国之中国""亚洲之中国""世界之中国"三个阶段作为对中国历史的分期。进入到新时代以来,在座的各位,以及学界的同仁应该都会有感受,我们越来越强烈地感受到,可能需要去迎接一个"中国的世界"这样一个历史的阶段,我们可能要为迎接这一阶段的到来做一些准备,当然这个准备包括在法学教育和法学研究领域的一些工作。部门法的法典化便是一个很好的契机,因为法典是国家意志和价值理念以及法律逻辑的一种集中体现,可以通过法典的引领性来实现法学教育的去西方中心主义和去个人功利主义,以此来更好地推进我们的法治中国建设。而且在法治中国建设的过程当中,我们始终在强调要坚持依法治国和以德治国相结合,我们也强调要坚持以人民为中心,坚持问题导向以及要坚持“两个结合”,其实这些表述在我看来实际上也都是在指向并推动上述两个转变。

当然,作为一个法律人,我想我们也应该理性和辩证地看待法典化的问题。我个人有限的感受是,在法典以及法典化的过程当中会存在法典化带来的一种“超稳定性”,需要我们更好地去处理和解决法律如何更好地适应社会发展的问题。

此外,在法典化过程中,法典的权威性可能会对学术争鸣带来些许的影响。罗马法学家曾言:“定义意味着死亡。”这也在提醒我们法典化带来的一些影响。

上述这些都是我们在法学教育和法学研究过程中可能要花费一些心思去进行考量的,这也是伴随着法典化而产生的一些新的问题。法典化是法治建设的一个重要的内容,但是实际上我们也应该很清醒很理性地认识到,法典化并非法学教育和法学研究的唯一的内容。

这是我的简单的发言,准备得非常仓促,难免老生常谈、错漏百出,还望各位师友包涵。最后,祝愿论坛能够取得圆满成功,谢谢各位!

周光权:谢谢李院长。李院长刚才对法典稳定性和回应性关系,以及法典对学术研究可能带来一些负面的影响作了很重要的提示,讲得非常好。接下来,我们有请海南大学法学院王崇敏教授发言。王老师之前是海南大学党委副书记,目前是海南省人大法制委员会的副主任委员。大家欢迎!

王崇敏:谢谢周光权院长的邀请和介绍!各位同仁,我今天向大家汇报一下海南自由贸易港法律法规体系建设的实践情况。2018 年 4 月 13 日,在庆祝海南建省办经济特区 30 周年大会上,习近平总书记郑重宣布:“支持海南逐步探索、稳步推进中国特色自由贸易港建设,分步骤、分阶段建立自由贸易港政策和制度体系。”[1]《海南自由贸易港建设总体方案》(以下简称《总体方案》)指出:“到 2025 年,初步建立以贸易自由便利和投资自由便利为重点的自由贸易港政策制度体系。”“到 2035 年,自由贸易港制度体系和运作模式更加成熟。”海南自由贸易港法律法规体系的建设是自由贸易港政

〔1〕 习近平:《在庆祝海南建省办经济特区 30 周年大会上的讲话》,载《人民日报》2018 年 4 月 14 日,第 2 版。

策制度体系建设的重要内容。

海南自由贸易港法律法规体系是指由涉及海南自由贸易港的法律规范组成的规范体系。海南自由贸易港法律法规体系的构成要素具有多样性，因而可以从宏观、中观、微观等不同层面进行理解。在此，我从微观层面使用海南自由贸易港法律法规体系的概念，即特指专门制定且只适用于海南自由贸易港的法律和法规，其主要由《海南自由贸易港法》和海南省人大及其常委会以及享有地方立法权的海口市、三亚市、儋州市人大及其常委会制定的地方性法规构成。

2021 年 6 月 10 日，全国人大常委会通过《海南自由贸易港法》，其中第 10 条赋予了海南省人大及其常委会自由贸易港立法权。自由贸易港立法权是对海南省给予一揽子授权，使其可以突破法律保留的限制。自由贸易港法规的变通权在一揽子授权范围内，仅需要对变通的情况和理由予以说明。自由贸易港立法权更加灵活高效，可以为海南自由贸易港法律法规体系的建设和完善提供重要的法治保障。

《海南自由贸易优化港法》颁布施行以来，海南省人大及其常委会先后制定了《海南自由贸易港优化营商环境条例》《海南自由贸易港公平竞争条例》《海南自由贸易港征收征用条例》《海南自由贸易港企业破产程序条例》《海南自由贸易港市场主体注销条例》等多部自由贸易港法规。这些自由贸易港法规紧扣《海南自由贸易港法》第 21 条第 2 句、第 24 条第 2 款第 2 句等规定，依据“具体办法由海南省人民代表大会及其常务委员会制定”的授权，初步完善了海南自由贸易港制度规则体系，为自由贸易港建设提供细致的规则与有力的保障。这些自由贸易港法规立足我国国情，对标世界先进经贸规则，将先进规则和世界著名自由贸易港先进立法经验，融入海南自由贸易港法律法规体系当中，有序推进先行先试和压力测试。海南省人大及其常委会坚持立足海南省实际，准确把握海南自由贸易港建设中的痛点、难点、堵点问题的迫切需要，不断丰富和创新立法形式，增强立法的针对性、适用性、可操作性，提升立法的质量和效率，使自由贸易港立法有一个全新的面貌。

除海南省人大及其常委会制定的自由贸易港法律规则之外，国家各部委同海南省还相继制定出台了《关于海南自由贸易港建设放宽市场准入若干特别措施的意见》《海南自由贸易港跨境服务贸易负面清单管理办法（试行)》等规则,上述规则的制定也进一步丰富和完善了海南自由贸易港法律法规体系,促进了自由贸易港政策法律规则体系的初步完善。

此外,为支持海南自由贸易港的建设,国务院同意在海南自由贸易港暂时调整实施有关行政法规规定。如 2023 年 10 月,国务院同意在海南自由贸易港暂时调整实施《认证认可条例》第 9 条和《市场主体登记管理条例》第 3 条之规定,在海南自由贸易港仅开展出口产品认证业务的境外认证机构,无须取得认证机构资质和办理经营主体登记,向国务院认证认可监督管理部门备案后,即可开展出口产品认证业务,认证结果仅限出口企业境外使用。备案条件和程序由国务院认证认可监督管理部门制定。

《总体方案》要求 2025 年初步建立以贸易自由便利和投资自由便利为重点的自由贸易港政策制度体系,适应自由贸易港建设的法律法规逐步完善。2025 年封关在即,一批急需的自由贸易港配套法规正在立法中,立法工作任重道远。

第一,配置好自由贸易港立法权与海南省其他立法权。《海南自由贸易港法》的颁布,促使海南省形成了"一地三立法权"的局面,即海南省同时拥有地方法规制定权、经济特区法规制定权和自由贸易港法规制定权。想要恰当发挥海南省"一地三立法权"的优势,必须明确三类法规的行使边界和运用规则,使三类法规做到"各司其职"。

第二,《海南自由贸易港法》第 10 条第 1 款规定,海南省人大及其常委会就贸易、投资及相关管理活动制定法规,在海南自由贸易港范围内实施。那么,如何理解"贸易、投资及相关管理活动"?该条规定的法律用语与《立法法》规定的法律保留事项的法律用语不同,难以对应《立法法》的相关规则,无法形成《海南自由贸易港法》与《立法法》的有效衔接。规定在实践运用中很容易使国家各部委之间、国家各部委与海南省之间因对"贸易、投资及相关管理活动"的认识不同而产生争议(如破产制度、教育制度是否属于"贸易、投资及相关管理活动")。在实践中,对"贸易、投资及相关管理活动"的理解也形成了两种不同的认识。一方面,狭义的理解,即仅就《海南自由贸易港法》第二章"贸易自由便利"、第三章"投资自由便利"中的规定制定海南自由贸易港法规。另一方面,广义的理解,即"贸易、投资及相关管理活动"实际上涵盖种业、医疗、教育、体育、电信、互联网、文化、维修、金融、航运等重点领域。从自由贸易港建设的定位及相关文件来看,广义的解释可能更为妥当。那么,《海南自由贸易港法》规定的“贸易、投资及相关管理活动”的范围应如何确定?这需要深入研究,尽快形成共识。

第三,进一步加快立法进程,提升立法质量。2022 年 4 月,习近平总书记考察海南省时指出:“海南自由贸易港建设进展明显,整体推进蹄疾步稳、有力有序。”海南自由贸易港的快速发展需要与之相配套的法律法规体系,需要进一步加快自由贸易港法律规则的制定步伐,按照“重大改革于法有据”的总要求,形成“立法先行”“立法引导”“立法保障”的自由贸易港法治新格局。为此,立法工作要始终坚持党的领导,以“三个不动摇”指引和统领自由贸易港法规制定权的行使。要保证自由贸易港立法工作始终在党的领导之下进行,确保正确政治方向。自由贸易港立法工作必须以习近平新时代中国特色社会主义思想为指导,全面贯彻习近平总书记关于海南省工作的系列重要讲话和重要指示批示精神。要把握“创制”的依据和“变通”的尺度,一方面,海南自由贸易港建设需要就贸易、投资及相关管理活动立法立规,创设更多的新制度;另一方面,要把握好尺度,应基于上位法授权目的和自由贸易港的建设需求,全面、科学地把握“贸易、投资及相关管理活动”,保证自由贸易港法规制定权规范行使。以上汇报,不当之处敬请大家批评。也请大家关注支持海南自由贸易港法治建设。谢谢大家!

周光权:谢谢王教授。王教授讲的问题很重要,是有关海南自由贸易港建设体系化立法实践。最后一位嘉宾,同时也是非常重要的一位嘉宾——新加坡管理大学杨邦孝法学院副院长 Yip Man 教授,他发言的主题为“法典化时代的法学教育:新加坡视角”。

Yip Man:谢谢周院长。各位专家、老师、同学,大家好。

作为一个律师,我今天的发言主要围绕法律教育当中的立法,特别是在法典化背景之下的法律教育展开。特别是我们可以看到,现在的成文法其实处于非常重要的地位,在过去几年当中尤其如此。本届论坛平行论坛二的参与人数非常多,大家都很关注成文法。今天主要从法律教育角度切入,作为法学院教师,我非常关注我们现在做的相关研究,给学生教什么,以及怎么教的问题。

首先,我想要谈论法律教育的基本原则。我们认为,对一个社会而言,法律教育提供了解其法律制度的窗口,这是约翰·亨利·梅里曼所说的。我认为法律教育对社会提供的不止如此,还提供了能让我们了解社会法律制度与其他社会法律制度的关联性。

众所周知，新加坡是普通法系国家，但立法一直是其法律制度的重要部分，所以我们可以看到成文法和成文法的解释教育一直是法学院课程的重要组成部分。很多人会认为判例法是普通法的命脉，司法判决甚至可被视为法律渊源，所以很多法律案件都会非常关注实体法的具体实施情况。学生要考虑的是具体的法律案件，包括法官判得对不对、如何进行合理的辩论。可是，如果要问普通法系国家的法官，他们大都会赞同其实很多案件审理都涉及或基于成文法的解释。

这里考虑到普通法和成文法交集的问题，包括合同法、信托法这些非常具体的法，我们现在看到越来越多成文理论出现，包括相关的研究，当然还包括成文法，如刑法、公司法等。在我们这个时代，成文法受到越来越多的关注。

其次，因为社会上会不断涌现新的问题，比如网络危害问题会引发法律改革。谈及法律改革，该从何改？是从立法还是从判例法着手呢？后者有一定的局限，因为在这种情况下，法官考虑的是当事人之间的纠纷，涉及社会问题的某个部分，但并不能在司法过程中具体了解到潜在问题的方方面面。法官的判决只针对双方之间的公平正义问题，而立法部门却能更全面、深入地考虑社会问题的根源以及不同解决方案的利弊和资源需求。

再次，经济发展也会推动法律改革。成文法兴起也是因为监管部门法律改革的推进。因为新加坡属于普通法系国家，我们还需考虑不同部门监管过程中的实际情况，应如何能够增强人们对法律的共同理解，了解真实的执行情况。我们也会考虑外国法规、法律文化的适用性，比如法律移植、适用对国内法律改革会有什么新的启示。因此，新加坡的一些事务所的业务也需要扩展到新加坡以外。新加坡现在希望能够成为国际仲裁的枢纽和中心，新加坡普通法和民事诉讼实践借鉴国际诉讼中的最佳实践，所以我们要寻求适用普通法和其他国际案件的最佳方式。当然我们也会使用国内资源和国际资源，去培训我们律师，让他们能够在国际实践当中具备更加敏锐的洞察力和反应，他们需要国际视野。

接下来，我将介绍我今天演讲的重点——从法律教育的角度重新审视法学院应当如何为学生建立更适合、更新颖的课程设置的问题。我们需要纳入监管理论和概念，从理论层面和实践层面融入跨学科的视角。希望学生能够更好地将理论结合到实践中,解决新的现象和问题,勇于通过不同的学科角度探索解决方案,比如社会学与法律、公共政策与法律、经济与法律、伦理与法律等。此外,我们还应考虑纳入外国法和比较法的内容,让学生理解大陆法系传统的重要性以及其与普通法传统的区别是什么,对外国法系的选择开展相关研究。应考虑如何鼓励学生,使其能够通过各种途径的选择,对外国的法律制度进行比较,包括与政策制定者,比如中国政策制定机构建立对话机制和平台,帮助学生更好、全面地理解成文法规制定。我们当然也会创建这样一个对话平台,能够让学生与政策制定机构进行有意义的对话,这对成文法的制定有更好的促进作用。学生能够理解成文法是如何制定的,他们能更加清晰切实地感受,这对我们来说是非常好的事情。因此,促进和推动法律改革、提供咨询建议,是教育者应该承担的责任。

最后,我所在的法学院在法律的改革和教育方面面临三个基本问题。第一个问题是成文法如何让我们对法律的制定和改革有不一样的认识。比如成文法和判例法之间的区别是什么,我们如何寻找成文法的学习方法,我们如何利用成文法更好地解决社会问题或推动社会的发展。第二个问题是法学院在整个系统扮演什么样的角色?这个问题与第三个问题有着密切的关联。在新加坡,超过 90% 的学生在毕业之后的第一年都会从事法律工作,他们都会是真正的从业人员,必须帮助他们理解社会当中的律师到底扮演什么样的角色,承担什么样的责任,这点至关重要,这是第三个问题。谢谢大家!

周光权:谢谢,Yip Man 教授结合普通法背景下的新加坡的法学教育改革做了很精彩的发言,给我们带来了诸多启发。在四位教授的大力支持下,我们顺利完成了本环节的主题发言任务,今天上午的会议就到这里。

第二单元 《民法典》物权编和侵权责任编中的疑难问题

申卫星：各位老师、各位同学、尊敬的各位嘉宾，大家下午好！第六届清华大学世界法治论坛平行论坛“《民法典》物权编和侵权责任编中的疑难问题”研讨会现在开始。本场论坛由我和盈科律师事务所国际法律事务部主任杨琳律师一起来主持。首先代表论坛组织者向与会的各位嘉宾表示欢迎和感谢，感谢大家长期以来对清华大学法学教育和世界法治论坛的支持。

本论坛是2018年清华大学法学院联合盈科律师事务所设立的，设立过程中得到了包括盈科律师事务所主任梅向荣，也包括今天出席跟我一起主持本单元的杨琳主任的大力支持。

我们下面正式开始，首先有请第一位发言人——南京大学法学院叶金强教授就物权的公示效力发表自己的看法，大家欢迎！

叶金强：尊敬的各位老师、各位同学，大家下午好。感谢清华大学的邀请！我今天报告的题目是“《民法典》公示效力模式的批判与建构”。大概讲三个问题。第一个问题是我国法律中现行公示效力的不同模式，在这个问题中我将主要与大家分享我国现有的不同公示效力的模式，第二个问题是它们是否有实质性差异，以及第三个问题，公示生效主义与公示对抗主义是否可以统一以及应当如何统一的问题等。

第一个问题是我国目前法律中规定的公示效力模式。对于不动产物权，《民法典》第209条和第214条规定了登记生效主义，这是我国不动产物权变动的基本条款。此外，建设用地使用权和居住权的设立也是采用登记生效主义，分别由《民法典》第349条和第368条规定。但是土地承包经营权的设立和转让（《民法典》第333条、第335条）、土地经营权的流转（第341条）、地役权的设立（第374条）采用登记对抗主义，不动产抵押采用登记生效主义(第402条)。

对于动产物权的变动,既有采用交付生效主义的,又有采用登记对抗主义的。一般而言,动产物权的设立和转让采用交付生效主义,动产质权也采用交付生效主义,分别对应的条文是《民法典》第224条和《民法典》第429条。而动产抵押权的设立采用登记对抗主义,《民法典》第403条规定,以动产抵押的,抵押权自抵押合同生效时设立;未经登记,不得对抗善意第三人。权利质权主要采用登记生效主义,比如基金份额、股权的质权,知识产权质权,应收账款质权,这些都是登记生效。但是如果有权利凭证,比如票据,则是交付生效。非典型担保的出卖人对标的物的所有权保留、融资租赁,也是采用登记对抗主义。这是目前担保物权变动方式的三大块。而《民法典》新增的统一的动产和权利担保这一部分,采用的是人的编成主义,而非物的编成主义,同样也是二元的物权变动模式。在动产类担保采用的是登记对抗主义,而应收账款、存款单、仓单、提单、质押等采用的是登记生效主义。所以呈现了一种复合二元主义的现象。不动产物权变动内部是二元,动产物权变动内部也是二元,权利担保物权变动内部还是二元。

下面是正当性的检讨问题。我国物权法是如何形成结构的?这块我们几乎看不到材料,各种说法不一样。关于登记对抗,一些说法是认为在登记制度不完善的情况下,物权的变动要求必须登记生效不尽合理。尤其是要在立法结构上形成一个二分结构,实际上需要有更坚实的理由。比如权利担保的二元结构,可能会被大家忽略。现在统一的动产和权利担保这一部分,我们的感觉应该是采用登记对抗主义,但其实它是部分采用登记对抗主义,部分采用登记生效主义的。为什么会出现这两种模式呢?我觉得可能是立法者在立法时,没注意公示效力模式的差异,所以可能与他最初的立法原义不同,形成了一个大概也是二元的这样一个结构。

第二个问题,公示生效主义和公示对抗主义到底有什么实质性差异?不管生效主义还是对抗主义,它都是奉行公示主义的,实际上将物权效力当中最核心的部分保留了下来。

我个人强调一定要突出表征方式,在表征方式之下,才有公示和公信。表征方式讲的是什么?是物权信息的法定传递渠道。我们需要这个渠道,更多是出于对成本的考量、对第三方进行保护的目的等。因为我们确定了表征方式,所以表征方式通过公信对第三人产生保护效力,物权变动的时候,要通过表征方式表现,这就是我们现在讲的对抗主义、生效主义都奉行一个公示原则。

在这两者之间,公示生效主义结构相对简明。目前我国法律上出现了一些新问题,例如未登记债权人保护的问题,比如最高人民法院的一些解释等,包括最高人民法院的强制执行的规范,债权未登记但是给予了他们非常强大的效力,我们在理论上应当怎么使之正当化呢?公示对抗主义结构则更为复杂,比如存在可以对抗的第三人的范围问题等。

对于有些国家,他们的物权变动模式也比较复杂,但是他们存在以某种物权变动模式为主的结构,比如德国就是以公示生效主义为主,法国、日本就是以登记对抗主义为主。当然我们国家法律目前看不出以哪种物权变动模式为主,所以我们实际上面临着"两面作战"的局面。因为我们的《民法典》已经完成,立法格局已经形成了,所以我们目前需要做的工作可能就是用教义学的方式将其合理化。

第三个问题,能否利用教义学的方法弥合这种差异?比如公示生效主义这一块,申卫星教授早期的研究主张未登记的债权其实是一种期待权,这就是将其物权化了,但是我觉得这个解释路径还有待完善,目前大家还没有取得统一的认识。

公示对抗主义的基本结构似乎是清晰、没有太大争议的,但是目前这部分的法律规定较为分散,我们面临的问题是如何将这些分散的规定统一起来。登记动产物权这部分,我一直觉得存在一个大问题,现在的通说应该是意思主义加登记对抗主义,还是按交付生效主义加登记对抗主义,主流观点是交付生效主义加登记对抗主义。现在很多的非常知名的学者持此观点,我的直观感觉是交付生效主义加登记对抗主义不妥,我们当然不能以比较法来解释此种"不妥",所以下面需要做的一项工作是,如何进行论证,证明意思主义加登记对抗主义更好,因为意思主义加登记对抗主义可以实现统一,就是在公示对抗主义时进行意思主义加登记对抗主义的构造。此外,还有第三人范围的问题。这部分很复杂,有各种各样的理论,我国法律能否对此进行统一,也是未来我们需要研究的问题。

杨琳:非常感谢叶金强教授的精彩分享,信息量非常大,让我们对动产、不动产物权公示效力的模式有了非常清晰的了解。下一位分享嘉宾是重庆大学法学院黄锡生教授,他分享的主题是"法典化背景下地方政府环境职责的纵向划分与规范配置”。大家热烈欢迎！

黄锡生：我非常高兴有机会来到清华大学，今天我的主要目的是来学习的。我演讲的题目是“法典化背景下地方政府环境职责的纵向划分与规范配置”，这个题目是根据我的研究和实践所提出的。

2021 年全国人大常委会已经启动了生态环境法典的立法工作，环境法学界对生态环境法典的研究如火如荼地开展着，我也参加了几次学术研讨会，在研讨会上发表了一些自己的看法。生态环境法典的制定，我认为关键在于妥善处理好三个方面的关系。第一，法典内部的关系。生态环境法典的内容非常多，范围非常广，“上管天，下管地，中间管空气”，涉及的中央和地方立法加起来有 1000 多部，哪些内容应纳入法典，哪些应保留在其他法律中，都需要仔细权衡和考量。第二，生态环境法典与其他法典的关系。环境法作为领域法与其他传统法学的关系犹如经线和纬线的关系。这意味着，环境法与其他部门法之间存在交叉关系，同时涉及民事责任、行政责任和刑事责任，因此，应当处理好环境法典与其他法典的关系。第三，环境法与资源法的关系。现在很多关于环境和资源的法律既包含了环境法部分，又包含了资源法部分，生态环境法典如何处理好环境法与资源法的关系是当前亟须解决的问题。

今天我主要讲三个问题。第一个是地方政府环境职责纵向划分的现实困境，第二个是地方政府环境职责的纵向类型划分，第三个是法典化指引下地方政府纵向环境职责的规范配置。

第一个问题，地方政府环境职责纵向划分的现实困境。地方政府环境职责纵向划分的现实困境具体分为三个问题：首先，中央立法中的职责不清。以《环境保护法》为代表的中央立法对地方政府环境职责的规定较为模糊。该法有关地方政府环境职责的规定大都笼统地表述为“国家建立、健全环境保护制度”“地方政府对本区域内的环境质量负责”，以致无法确定具体的履职主体和履职方式，容易造成上下级政府在环境职责的履行上出现相互推诿、扯皮的现象。其次，央地立法中的职责重复。譬如，《青海省生态环境保护条例》第 9 条即是对《环境保护法》第 7 条的重复。凡此种种，不一而足。最后，地方立法中的职责缺位。具体表现在以下几个方面：(1)党的十八届五中全会以后，我们国家将环境管理体制改为垂直领导，原来区县以下的环保局变成了地市级环保局的派出机构。由此产生了新问题，即改革后的市生态环境局的派出机构如何开展基层执法？行政相对人如何救济自己的权利？(2)多地实行综合行政执法改革，将具有高度专业性的环境资源行政执法权与其他类型执法权整合在一起。该项执法权限与其他类型的行政执法权合并到一起之后，如何权衡环境资源行政执法的专业性问题？(3)法律实际上并未给乡镇行政机关配置环境执法权力，但是现实中很多乡镇行政机关均在进行环境执法，其执法的法律依据在何处？当执法出现问题，乡镇行政机关被起诉时，它便主张自己没有这项职权，这种情形应当如何处理？这些问题归根结底都属于地方环境行政职责的纵向划分问题——中央与地方之间的环境行政职责应当如何划分。因此，生态环境法典在配置环境行政职责时，中央立法与地方立法之间要协调好。有些要由中央统一立法，有些需要根据具体的情况授权给地方立法，职责的划分不能“一刀切”。

第二个问题，地方政府环境职责的纵向类型划分。地方政府环境职责从理论上来讲可以划分成三个类型。首先，制度建构型地方政府环境职责。具体是指地方政府行使环境行政立法权，对中央立法中的地方政府职责规范进行具象化的职责类型。履职方式包括执行性立法和创制性立法。前者指根据本行政区域的实际情况对中央已有规定进行细化；后者指在中央没有明确规定的情形下地方政府根据地方环境行政管理的需求创制新型环保制度。其次，综合管理型地方政府环境职责。地方政府行使环境行政管理权，以实现环保任务为目标，通过组织协调不同部门间的职责，作出环保行政决策，从而直接保护环境的职责类型。具体的履职方式是环保行政决策。环保行政决策是地方层级政府为实现环保任务，经由各类协调机制实施的模块化综合行政活动，包括政策制定与实施的全过程。譬如，制定与实施公共政策、规范性文件。最后，具体执法型地方政府环境职责。是地方政府行使环境行政执法权，在具体个案中规制环境违法相对人，间接保护环境的职责类型。具体的履职方式为：在环境行政主体内部加强协助执法，在外部实行强制与非强制手段相结合的多元化执法行为，同时通过权责清单对完整的执法流程进行记录。

第三个问题，法典化指引下地方政府纵向环境职责的规范配置。首先是统一配置制度建构型地方政府环境职责。应在生态环境法典总则部分建立保障地方行政规范制定与实施的人大报告制度；应在生态环境法典的环境监管体制部分设置专门条款规定省/市政府履行制度建构型地方政府环境职责的方式与义务,将宽泛或默示的授权条款予以明确化。其次是协同配置综合管理型地方政府环境职责。应在生态环境法典总则部分明确规定地方各级政府需要实现的环保任务;生态环境法典应明确规定要建立常设性环保协调机制;地方立法要明确环保协调机制的负责主体,根据需要嵌入社会参与。最后是多元配置具体执法型地方政府环境职责。生态环境法典应在环境执法体制部分确立乡镇政府的环境执法资格、完善执法权下放的程序制度、授权地方政府建立内部环境协助执法机制;在基本管理体制部分规定地方政府应按照环保权责清单履行相应职责。地方立法应当列举地方政府履行外部环境执法职责的具体程序,多样化地规范内部纵向协助执法机制,要求相应层级的政府制定权责清单。

杨琳:非常感谢黄锡生教授的精彩分享。下一位嘉宾的分享是通过线上进行的,分享嘉宾是中央财经大学法学院院长尹飞教授。尹飞教授分享的主题是"中国《民法典》中的物权变动模式"。

尹飞:(发言因涉及未发表论文内容,故此略去。——编者注)

杨琳:非常感谢尹飞院长就《民法典》中物权变动的精彩的线上分享。下一位分享的嘉宾是贵州大学法学院院长冷传莉教授。

冷传莉:感谢清华大学法学院提供的交流学习的机会。我今天汇报的题目是"关于'法典化时代商品房消费者优先权的权利顺位'的问题"。

大家都知道在现在"保交楼、稳民生"的房地产政策背景下,2023 年 4 月,最高人民法院出台了司法解释,即最高人民法院《关于商品房消费者权利保护问题的批复》(法释〔2023〕1 号)。批复的核心内容是商品房消费者优先权的权利顺位问题。其要点为:商品房的消费者如果以居住为目的,同时支付了全部的房屋价款,那么他就有两个优先权,一个优先权是房屋交付的请求权,优先于建设工程价款的优先受偿权、抵押权以及其他债权。另一个优先权则是在房屋不能交付,或者没有实际交付可能的情况下,主张房屋价款返还的优先权。鉴于这两个优先权的享有,有说法将其称为"超级优先权"。

上述司法解释存在一个演进的过程,并非无源之水。最早可以追溯到 2002 年的最高人民法院《关于建设工程价款优先受偿权问题的批复》第 2 条,此批复实际上是解决原《合同法》第 286 条的问题,即建设工程价款的优先受偿权是否优先于抵押权和其他债权。根据该批复的第 2 条,消费者交付购买商品房的全部或者大部分款项后，承包人就该商品房享有的建设工程价款的优先受偿权不得对抗买受人。由此，首次确定商品房消费者的不动产交付请求权优先于建设工程价款的优先受偿权的权利顺位。

接下来，2014 年通过的最高人民法院《关于人民法院办理执行异议和复议案件若干问题的规定》第 29 条，对于买受人对登记在被执行的房地产开发企业名下的商品房提出异议，其权利能够排除执行的几种情形中，除了要求合法有效的商品房买卖合同基础条件，还要求须用于居住，且消费者名下无其他用于居住的房屋以及其已支付的房屋价款超过合同约定总价款的 50%，符合上述几个条件的买受人便可以排除法院的强制执行。

2019 年的最高人民法院《全国法院民商事审判工作会议纪要》（法〔2019〕254 号）（以下简称《九民纪要》），对最高人民法院《关于人民法院办理执行异议和复议案件若干问题的规定》第 29 条中的两点较为模糊的规定作出进一步解释：一是什么叫作“用于居住且买受人名下无其他用于居住的房屋”。对于这个问题的理解，审判实践中掌握的标准不一。《九民纪要》的解释是可以理解为在案涉房屋同一设区的市或者县级市范围内商品房消费者名下没有用于居住的房屋。二是对于“已支付的价款超过合同约定总价款的百分之五十”如何理解，审判实践掌握的标准也不一致。根据《九民纪要》规定，如果商品房消费者支付的价款接近于 50%，也可能是符合规定的。同时在《九民纪要》第 126 条提到，《九民纪要》第 125 条的规定是为了在实践当中保护消费者的生存权而作出的规定，是一个例外规定，必须严格把握条件，避免扩大范围，以免动摇抵押权具有优先性的基本原则。

《民法典》颁布之后，2002 年的最高人民法院《关于建设工程价款优先受偿权问题的批复》废止，同样废止的还有一系列的司法解释。最高人民法院《关于人民法院办理执行异议和复议案件若干问题的规定》虽然进行了修正，但是其第 29 条的内容并没有改变，所以从规范演进来看，最高人民法院发布的《关于商品房消费者权利保护问题的批复》，在对以往立法总结的基础之上进行了调整，规定了两个“超级”优先权，但行使前提是消费者已付清全部房款。但是该批复对一些基本的理论和实践当中存在的问题并没有作出明确的回应，在理解和适用上还存在很多的问题，比如关于商品房消费者的“超级”优先权，它的性质究竟是什么，是物权还是债权？无论是理论界还是实务界，在这个问题上都存在很大的争议。

首先,如果说从价款返还的请求权来讲,它作为优先权,可以比照建设工程价款的优先受偿权,因为它们都是价款请求权。从现有的理论来讲,把它视为法定担保物权,似还可以获得一个合理的解释。但是关于商品房消费者房屋交付请求权的性质定位问题就比较不好解释了,说它是物权,但它实际上是个典型的债权结构,在概念上不属于我们现有的任何一种物权类型。《九民纪要》明确指出,消费者房屋交付请求权是抵押权优先效力的一个例外规定,《九民纪要》专门强调这是一个例外规定,不能够动摇抵押权具有优先性的基本原则。所以,如果我们把这个权利界定为物权,将会彻底打破物权优先原则、债权平等原则,从而违背《民法典》确立的物权法定原则、物权公示公信原则。因此,基于传统的物债二分的理论和立法传统,消费者房屋交付请求权只能定位为债权。

其次,商品房消费者房屋交付请求权是物权期待权吗?现在有人提出将它理解为物权期待权,实际上我国实体法当中并没有承认物权期待权独立的法律地位,也没有把它视为一项实证的权利,只是学说上的一种观点而已,或者说只是司法机关在引进一项法政策的时候,所提到的一种学说观点论据。我认为,物权期待权本质上还是属于债权所保护的利益的范畴,这种判定路径无法解释其优先性,否则那些以转移物的所有权为目的合同或债权,为什么没有优先性?所以在这种情况下,可以说物权期待权一个学说存在众多的反例,但这种观点仍然落入物债二分体系理论的困境,解释不通。

再次,有人将其解释为,由于生存权大于经营权,所以应当优先。我认为这个观点有些绝对,因为建设工程价款的优先受偿权也因此可以要求优先,因为这里面可能会涉及建筑工人的生存权问题。所以我的观点是,只有在权利冲突的具体场景之下才能够确定权利位阶,而不能以生存权一定大于经营权一概而论,因为这种论断存在很多无法解决的矛盾与问题。

还有人认为商品房消费者房屋交付请求权是一项法政策,是一个政策选择理论。我们都知道其实法律的生命不能完全依靠政策选择,而应该寻求法律自身的逻辑依据,尽管它是司法政策所证成的一种实证权利,也必然要面对《民法典》物债二分体系之下,究竟是物权还是债权的性质抉择问题。所以我的观点是,商品房消费者房屋交付请求权,要么就在物债二分的框架之下,承认它就是基于当前形势及法政策的考虑,为保护消费者生存权益所作出的债权优先于物权的例外规定,即是一个例外,因为任何理论其实都存在一定的边缘的案例,存在一定的例外是没问题的;要么就是超越现在的物债二分体系,不在现有的物债二分体系框架之下讨论商品房消费者房屋交付请求权与抵押权和一般债权的权利顺位问题,而是寻求借鉴像日本优先权或者称为先取特权制度,当然这可能是后《民法典》时代可能需要思考的问题。

最后,关于最高人民法院《关于商品房消费者权利保护问题的批复》,其实还有很多待于澄清的问题。碍于时间关系,只能简单提一下。第一,关于消费者的认定,究竟该如何认定消费者?二手房的消费者算不算?以物抵债的情形是否被包含在内?这些问题都有待进一步澄清。第二,"以居住为目的"应怎么解释?按照最高人民法院《关于人民法院办理执行异议和复议案件若干问题的规定》第29条,解释为"系用于居住且买受人名下无其他用于居住的房屋"。但是最高人民法院《关于商品房消费者权利保护问题的批复》已经调整为以居住为目的购买房屋,并没有要求别的条件,可见《九民纪要》的规定与此有出入,需要在实务中进一步明确。第三,关于价款的问题,最高人民法院《关于人民法院办理执行异议和复议案件若干问题的规定》的第29条,规定的是已支付的价款超过合同约定总价款的50%,但是最高人民法院《关于商品房消费者权利保护问题的批复》是要求支付全部价款,这也存在明显的规范冲突,这些都需要进一步在裁判中统一立场。第四,房屋不能交付和没有实际交付可能的情况下,消费者的价款返还享有优先权问题中,该怎样理解房屋不能交付或者没有实际交付可能?它的实践样态和认定标准是什么?以及当房屋不能交付的时候,比如我们知道现在很多房子已经烂尾了,公司已经破产了,显然存在破产和非破产的不同情况下的价款返还优先权问题,该如何与破产法规范衔接以及适用的问题,我认为无论是在理论上还是司法实务中都存在需要澄清的问题。

杨琳:非常感谢冷院长慷慨激昂的演讲。下一位演讲嘉宾,也是我们今天这一单元上半场的最后一位演讲嘉宾,是来自中国社会科学院法学研究所的编审姚佳老师。

姚佳:感谢会议主办方的邀请,感谢主持人!今天跟各位老师汇报一个算是现在比较热点的话题,"《民法典》对新型财产的容纳与不足"。

《民法典》实际上是一个相对比较封闭的体系,在面对这个相对比较封闭的体系时,我们怎样对新型财产的容纳展开讨论,以及民法理论面对一系列新的问题出现的时候,我们又应当怎样进一步应对或者讨论。

近些年来,随着互联网的发展,实践中出现了很多网络虚拟财产。例如虚拟货币、非同质化通证、游戏中的道具、货币和平台账号等。《民法典》第127条规定,法律对数据、网络虚拟财产的保护有规定的,依照其规定。对于数据,国内有学者提出了新型财产的理论。其实这两年德国很多学者、英美法学界也在讨论这个问题,比如数据会不会有所有权的问题,能不能设定新的财产权的问题。美国国内不同的学者也会争论,到底对个人数据应当赋予相应的财产权,还是只是需要在传统的"卡－梅框架"的"财产规则和责任规则"的二分之中去考虑这个问题。另外,比如《通用数据保护条例》当中规定个人对个人数据的控制,但"控制"到底是什么意思,它到底能够落入到我们传统民法当中的哪一个理论工具当中,这也使欧洲学者感到非常疑惑。在他们的研究当中,他们认为对个人数据的控制可能会涉及查阅权、可携带权等。故此,他们认为在这种情况之下,"控制"的性质可能极大程度上接近于财产权。

在中国,对于这几年在私法领域讨论比较多的数据权属问题,有学者借用了一个"产权"的概念——这是典型的英美法概念。很多学者在讨论这个问题时融贯了大陆法系和英美法系对于财产权的一系列研究。

《民法典》第127条规定,法律对数据、网络虚拟财产的保护有规定的,依照其规定。实际上此条也被规定在了2017年《民法总则》第127条中。但对于数据、网络虚拟财产究竟应遵循何种规则,显然并没有规定。2019年,上海市第二中级人民法院有这样一则案例:四人共同运营一个微信公众号,约定同运营、均分利,经过运营。该微信公众号收入较多、粉丝量较大,后几人关系破裂,三人诉一人要求分割这一微信公众号。法院认定微信公众号是具有独立性、支配性、价值性的网络虚拟财产,最后按照合伙财产分割的相关规定进行了处理。这实际上涉及虚拟财产的定性问题。

其实这一案例给我们带来了一个问题,新型财产权到底是什么,应如何认识?这个问题,包括苏永钦教授在内的很多学者都曾讨论过物权法定是否需要松动的问题,或者说在大陆法系背景下但凡讨论到一个财产是否属于法律意义上的新型财产的时候,我们都可能会对物权法定,也就是《民法典》第116条进行一系列的诘难,认为一切的不顺畅都归责于此。但其实物权法定对我们物权法的支撑和一系列的体系的构建是有极大的益处的,也符合大陆法系学人的思维方式。当然,当我们面对一系列新问题的时候,仍然需要考虑如何去构建一系列制度。

新型财产权也是建立在以物权法定为基础的进一步理解之上,故此,它实际上提出一个问题,即面对社会发展之时,民法理论与社会发展之间究竟是何种关系,二者之间如何协调发展。毫无疑问,社会发展给我们提出了很多新问题,可能今天看到的是新型财产,稍后可能会有新型交易关系,甚至出现更多的新型社会关系。当我们面对这一系列问题的时候,究竟应如何回应,殊值深思。

当然人们思考问题的底层思维也是非常重要的。面对新问题时,美国学者、欧洲学者也会讨论,人们不能忽视和放弃传统所有权等的成熟的理论框架,而去讨论新型财产的问题。虽然各国会在自身的法体系之内,诉诸建构一系列具体制度,或者通过特别法等途径来解决问题,但是我们还是应当将解决问题之道建立在大陆法系和英美法系的融贯解释的基础之上。

中国《民法典》已对新型财产作出一定回应,只不过在当时就新型财产权利的内涵和构成等问题都没有达成共识的情况下,只能是先行规定,同时给后续一系列解释和制度的构造留有相应余地。我们仍然需要在传统理论、大陆法系与英美法系理论融贯的基础上进行扎实研究,只有这样才更有利于理解新现象与新问题。

杨琳:非常感谢姚佳老师跟大家做的精彩分享。我们这一环节的上半场暂时到这里,非常感谢线上线下的各位观众对本环节的关注,谢谢大家!

杨琳:大家好,我们现在开始本环节的下半场。首先有请武汉大学法学院副院长武亦文老师,武老师分享的主题是"健康法典的体系安排和实践进路"。

武亦文:谢谢主办方的邀请,让我有这个机会能够在清华大学跟大家做分享。我报告的题目是"健康法典的体系安排和实践进路",这是我最近这几年的关注点,也可以说是对清华大学法学院王晨光教授,还有申卫星教授的致敬,因为他们在相关领域的研究取得了非常丰硕的成果。我今天所作的报告,也是在他们研究的基础上的深化推进。

我的报告一共分为四个部分:一是健康法的逻辑证成,二是健康法的核心范畴,三是健康法的体系展开,四是健康法未来的展望。

第一部分是健康法的逻辑证成。在提出“健康法”这一概念之前,需要回答一个问题:目前学界正在普遍使用的“卫生法”或“卫生健康法”概念,为何不能或者不适宜继续沿用?我认为主要是基于如下几个原因:

其一,“卫生”概念可能产生舍近求远的效果。首先我们要知道“卫生”表达在中国具有较长的历史,《庄子校诠》称“卫生”是“卫护其生,全性命”。但是我们在法律上,包括我们在学理上用“卫生”或者“卫生法”的概念时,又是向日本的“出口转内销”的结果。“卫生”一词作为法律概念存在很大的狭隘性,它跟医疗行为是紧密挂钩的。我想起很多年前的一个牙膏广告,广告语叫“牙疼不是病,疼起来真要命”。但是我们发现,到了如今,我们对牙齿的健康更加重视,牙齿问题不再是单纯的疼痛问题,甚至认为拥有一排整洁的牙齿是健康的标志。有条件的人会主动追求牙齿整齐,这显然不是对疾病的治疗。所以我们对于健康的理解,就从去病化变为健康维护,侧重点发生了显著转移。现在,健康法律的发展,导致不能完全被“卫生法”或者“医疗法”这样狭义的概念容纳。所以我们认为“卫生”这个词在英文上更对应“hygiene”,而不对应“health”。英美法的很多的教材都使用“health law”,但均被翻译为卫生法,而非健康法。“卫生”在中文的原词义更接近于英语中的“hygiene”或“sanitation”,意指保持个人和环境的干净、预防疾病、保卫生命,与以国家权力干预公众健康的社会体系这一现象并非直接对应。我国引入“卫生”一词,是为表达“政府和社会有组织地介入健康活动”。随着卫生实践的发展,其内涵亦不断扩大,今天所说的“卫生”已与其原意相去甚远。健康的实现是一切卫生工作和卫生立法的最终目的。因此,直接使用“健康”一词能更直接地表达这一领域的价值目标,使用“卫生”一词反而是舍近求远。

其二,以医疗行为为核心可能产生健康体系上的不周延。卫生法的体系主要以医疗行为为核心,随着实践的发展和健康维护行为范围的扩大,医疗行为类型化的体系构造方式容易出现遗漏,使卫生法的体系难以自洽,而不得不对被遗漏的事项做出扩大解释。从立法角度观察,社会层面出现的健康问题常常会超出医疗行为的覆盖范畴,这也导致卫生法体系内各法间缺乏整体联系。以医疗行为为核心来组织相关的法律体系的概念,是原先健康观念的产物。自《基本医疗卫生与健康促进法》出台以后,我国确立了以健康权概念串联各部的新体系,即健康法体系。这是大健康理念在立法上的重要体现。在现代大健康理念下,我们应该有一种更加包容更加开放的心态,所以我们认为从体系完备性的角度上来讲,以健康法作为相关概念的总括可能要更加合适。

举个例子,食品安全法其实是一个非常典型的卫生健康法或者明显属于健康法范畴的法律。通说认为,食品安全法是卫生法领域内药事法的组成部分,药事法的概念源于医疗行为中的药品管理使用之行为。食品的范围显然大于药品,但此种体系不得不将药品扩大解释为包括药物、食品、化妆品等在内的外部介入产品。否则,食品安全法将游离于卫生法的体系之外。想把食品纳入,只能把药品的概念做一个扩张解释,这也存在一个显著的问题,即以医疗行为为核心概念来贯穿健康法的体系其实是有问题的。

其三,健康法也更加适应当今健康理念的发展。很明显,要实现一个人的健康,不仅需要通过医疗行为实现去病化,还需要确保食品安全得到保障,需要一个好的环境,以及好的社会保障制度、好的养老体系,这样才能使我们拥有良好的健康状态。所以说,只有采取健康法的观念,我们才能更加适应健康理念的发展。

其四,建立以健康权为中心的健康法体系,是我们重塑卫生救济格局的一个方式。我们知道人的健康权在受到侵害之后,可以寻求民法的救济、行政法的救济以及刑法的救济。比如《刑法修正案(十一)》,有大量的法条都涉及对健康权的保护,但是这些救济渠道都是零散且缺乏体系性的,若以健康权为线索组织健康权体系,则可以重新梳理这一救济体系。

其五,健康法体系利于社会正义的实现。我们谈到的健康正义的理念、健康正义的观念,想要真正地落实健康正义、健康公平,需要一个成熟的健康法。

其六,健康法的体系符合现在的国际趋势。目前,世界各国都开始构建健康法的体系。虽然各国国情各异,但是一般都包含医疗服务提供者的法律规制、医疗服务享有者的法律规制、健康产品提供者的法律规制、医疗保障的法律规制、国家健康责任的法律规制、健康环境的法律规制以及生物伦理问题的法律规制等内容,更趋近于大健康理念。当然国外对于这个方面存在不同的叫法,但是大体上包括这里列举的,比如医疗服务提供者的法律规制、医疗服务享有者的法律规制、健康产品提供者的法律规制,以及医疗保障的法律规制等。我国目前的卫生法体系范围还比较狭窄,不能适应我国健康理念的发展。在此背景下,我们应当建立一个更大、更全面的规范体系。如要适应整个国际趋势,更应该采取“健康法”这一种表述。

第二部分是健康法具体应当如何建构,如何完成体系安排?首先我要强调,我们要以健康权为核心范畴来建构其体系,但是我们这里所谈的健康权并不完全等同于《宪法》上的健康权,也不等同于《民法典》当中人格权里的健康权,它的范围可能要大得多。我认为,健康权应理解为,个人享有的免受侵害的并可以通过外部提供的物质及制度条件达到最高生理和心理标准的权利。它包括积极健康权和消极健康权。积极健康权就是使权利人可以请求国家给他提供健康的保障;消极健康权,是指权利主体有不受到他人对自己健康权进行干涉或者是侵害的权利。将健康权区分为这两个权利之后,它涉及的一些相关的范围,它到底包含的哪一些法律,答案就呼之欲出了。

但是这里面还有一个问题,即健康法的范围问题,如果不采用一个真正具有可操作性的标准,其范围其实很难界定清楚。现在很多法律都有法典化的趋势,比如生态环境、教育都是法典化比较热门的领域。其实环保的实现,当然是有利于人们健康的,那么是否能够说我们健康法应该包括所有的环境法呢?显然不是。所以说,如果把健康、健康权、健康法泛化的话,我们会发现它是一个无所不含又什么都不含的体系,因此,对它们的概念需要进行限缩。我们怎么有效地界定健康法的范畴,首先要确定健康法中健康权利实现的标准,我把这一标准概括为:什么东西要纳入健康法——涉及健康权直接实现的相关法律规范,就是健康法。

什么叫健康权的直接实现?我认为对它的界定有两个标准。其一,对健康权的影响应当是直接而非间接的。直接影响如防治传染病、药品管理等,比如清华大学法学院室内要控烟,控烟可能会直接关系到我们人体的健康,这也是一种直接的影响。间接影响如土壤污染、空气污染这些不会直接关系人类健康的问题。所以说,健康法的范畴应该是对健康权有直接性的影响,而非间接性的。其二,标准相关的法律应该对健康权的影响具有决定性的作用。如传染病防治,传染病防治若是没有做好,我们都得了传染病,肯定是无法实现健康的;但是健康教育就不同,如果一个人没有受到健康教育,也并不代表他一定不能够获得健康,所以健康教育其实不能够被放入健康法的范畴内。所以我们判断健康法到底包含哪些范畴,是以健康权的直接实现为判断依据的。

第三部分是健康法的体系展开。

首先,在展开健康法的规范体系之前,还须梳理既存的卫生法体系。健康法与卫生法之间应当是继承与发展的关系。从我国目前的研究来看,卫生法学理上的体系规划并未达成一致意见,积极健康权有“三分法”“四分法”“五分法”的观点,甚至还有“九分法”“十分法”的观点,不一而足。我认为卫生法体系包括公共健康法,也就是公共卫生法,医事法、健康产品法、健康保障法和健康伦理法5个部分。为什么包括这5个部分?因为健康法的体系里也涉及多方的当事人的主体,例如健康的权利人、健康服务的提供人、健康行为的监督人这三方的主体。其中,最重要的可能是两方主体,即健康的权利人和健康服务的提供人。在健康的权利人向健康服务的提供人要求提供其各种服务时,比如提供一些特定的给付、服务时,可能会涉及医事法、健康产品法、健康保障法、健康伦理法等。另外,当事人在必要的时候也会请求法律提供某一种健康环境,在公众的层面上来维护健康,又会涉及公共健康法或者公共卫生法。所以,我们认为“五分法”不论是从积极健康权和消极健康权的区分的角度,还是从主体的架构的角度去分析,都是更加适合积极健康权的基本体系的安排。而消极健康权里面就包括对健康权的民法救济、行政法救济和刑法救济。在“五分法”的基础上,再加上消极健康权实现体系等内容,共同构成一个完整的健康权直接实现的规范体系。

其次,积极健康权法律规范体系。积极健康权的法律规范体系有5个维度:公共健康法、医事法、健康产品法、健康保障法、健康伦理法。公共健康法针对的是群体健康,而医事法针对的是个体健康,主要是以医疗行为作为主要的逻辑线索。另外,健康产品法不仅涉及药品,还涉及食品、保健品、健康器械,相关的法律其实都属于健康产品法的范畴。健康保障法不仅局限于医疗保险法,还涉及长期护理保险、商业补充健康保险,这都属于健康保险。健康伦理法涉及民法的一些相关规范,包括对安乐死、器官移植、人体实验如何进行相关的法律规制,这些问题其实都属于健康伦理法的范畴。

最后,我再谈一谈消极健康权法律规范体系。前面说过,消极健康权的法律规范体系的主要作用是“防御”,即健康权免受侵害以及侵害之后的救济。侵权行为人的责任可以划分为三个种类,即民事责任、行政责任和刑事责任。目前有关健康权的救济已经存在,但未成体系,分散于多个部门法之中。比如民法上讲的医疗损害责任,实际上还有相关的医疗事故处理条例可以对此进行规制;刑法上如刚才讲的《刑法修正案(十一)》,也涉及大量的对侵害健康权行为的《刑法》安排,广义而言,也应该属于健康法范畴。如果在其他的部门法里面已经有立法了,比如在民法上已经有立法,那么可以在健康法上做一个总括性的安排,再设置转制性的条款。此外,如涉及《刑法》上对健康权的保护,它只是以修正案的方式存在,其实可以将其纳入健康法典过程中。

第四部分是健康法未来的展望。健康法的法典化可能面临三个障碍。第一个障碍是理论储备上可能存在不足,连最基本的命名问题,到底称其为卫生法、卫生健康法还是健康法,其具体包含哪些相关的部分,学界都没有产生共识。第二个障碍是健康法涉及多个主管部门职权冲突问题。健康法跟民法不一样,民法没有主管部门,其他的如环境法的主管部门可以说是生态环境部,教育法涉及教育部。但是我们在设计健康法典的时候,会涉及国家卫生健康委员会、医疗保障局、药品监督管理局,会面临部门冲突的问题,到底由谁推动和主导这个事情,本身也是一个问题。第三个障碍是王利明老师谈到的,像这种类似于公法规范为主导的法律的法典化,它的恒定性、稳定性到底强不强,如果它没有足够的稳定性,其实是不太适合进行法典化的。对这三个障碍,我的一个总的看法是,从理论界来讲,我们应该做好应有的理论储备,为健康法典将来的立法做好制度建设。我还在读书的时候,很多学者对《民法典》的制定提出了自己的建议稿,但是直到我自己评上教授后,《民法典》才正式颁布。那么,健康法典的立法任务可能也是任重道远。它不一定能够像环境法典、教育法典一样能够马上立出来。我觉得将其立法时间拉长,在我们学者的呼吁下,在我们做好理论储备的情况下,可能到了某一个时间节点,这个法就会被立出来了。

杨琳:感谢武院长非常精彩的分享。武院长结合健康权与大家分享了对健康法典的专业观点。下一位分享嘉宾是吉林大学法学院副院长曹险峰老师。曹老师分享的主题是"论用人者责任的体系构成"。

曹险峰:各位同仁,我非常高兴接到论坛邀请。下面我向大家汇报一下用人者责任的体系构成问题。

《民法典》中与用人者责任有关的法规范有 3 条,即第 1191 条、第 1192 条和第 1193 条。其中,前两条规范了用人者责任,第 1193 条规定了定作人责任。

我举几个例子来讲一下用人者责任的重要性和关联性。侵权责任法是以自己责任作为原则与底色的，对他人行为承担责任实属例外。这种例外体现在2个制度上，一个是以《民法典》第1188条为代表的监护人责任，另一个是以第1191条和第1192条为代表的用人者责任，或称为雇主责任，这是对他人行为责任体系中的用人者责任。以上是第一个例子。

第二个例子，用人者责任体系中的劳务关系与劳动关系领域的关系，会涉及工伤保险的问题。第1191条中，用人单位与工作人员的关系是否包括劳动关系？工伤保险是否能完全覆盖第1191条？第1191条是否存在侵权损害赔偿的可能？这些都是值得探讨的问题。这就是民法与劳动法之间的用人者责任问题。

第三个例子，第1191条和第1192条还涉及合同法的问题。用人者和被使用人之间往往存在合同关系，比如雇佣关系或者委托关系。在合同法语言和侵权法语言中，这两者在规则上到底有没有不同之处？如果有，该如何协调与统一？这就是与合同法关联的用人者责任问题。

第四个例子，用人者责任与公司法的关联。2023年《公司法》第191条规定："董事、高级管理人员执行职务，给他人造成损害的，公司应当承担赔偿责任；董事、高级管理人员存在故意或者重大过失的，也应当承担赔偿责任。"作为对照，《民法典》第1191条第1款第2句规定，用人单位承担侵权责任后，可以向有故意或者重大过失的工作人员追偿。所以，在普通雇员的侵权中，雇员是不能成为外部责任主体的，只能成为内部被追偿主体，而董事、高级管理人员可以成为外部责任主体。这种区分是否合理？同时，《民法典》总则编第62条规定："法定代表人因执行职务造成他人损害的，由法人承担民事责任。法人承担民事责任后，依照法律或者法人章程的规定，可以向有过错的法定代表人追偿。"这一规定又与前两者存在不一致。这就涉及总则编、侵权责任编和公司法在用人者责任方面如何协调的问题。

下面，我从一个侧面回答用人者责任的体系构成问题。按照刚才的分类，从不同的角度能得出不同的体系构成。我认为核心的分类方法是致损型和受损型二分法。致损型用人者责任是被使用人导致他人发生损害而承担的责任，受损型用人者责任是被使用人在执行工作任务或者提供劳务过程中自身受到损害而承担的责任。从最高人民法院《民事案件案由规定》也可以看到这一点,案由第365条、第366条指向的是《民法典》第1191条,而第367条、第368条指向的是《民法典》第1192条中的致损和受损两种情况。因此,下面对这两者进行介绍。

首先,我们来看致损型用人者责任,即导致他人发生损害而承担的责任。我们把《民法典》的规定总结成1:1的二元模式。1:1的二元模式中,前项指替代责任与无过错责任,而后项以《民法典》第1193条为代表,无论将该条命名为定作人责任还是承揽人责任,都表达了自己责任和过错责任的实质思想。总体上讲,在致损型用人者责任中体现出对他人行为责任的特例之替代责任、无过错责任与作为底色的自己责任、过错责任的二元模式对比。

在这个模式中两者应该如何区分?在原则和例外之间,应以例外作为区分标准。例外是什么?什么情况下能构成《民法典》第1191条和第1192条的用人者责任?我们一般采用"control test",即控制力标准。当符合控制力标准的时候,就产生用人者责任,否则就是以承揽人责任为代表的自己责任和过错责任。在承揽责任中一定要注意,承揽不等于承揽合同,或者说,《民法典》第1193条中的承揽关系完全大于合同法上的承揽合同。举一个最简单的例子,建设工程合同不叫承揽合同,但是也属于承揽关系,所以英美法一般用"of"和"for"来解释用人者责任和承揽关系,分别用"contract of service"和"contract for service"表示。

此外,还需要注意,替代责任和自己责任可以相互转换。比如,行为人把一个高危的活动通过承揽关系转包出去,意图以承揽关系对抗高危风险。因为在英美法上,原则上不允许转托,所以仍然适用用人者责任规则。另如表见代理问题。比如,清华大学的保安是与清华大学签订承揽合同的劳务公司的员工,当保安致他人发生损害时,在受害人眼中,他就是清华大学的雇员,而不是跟清华大学签订承揽合同的承揽关系人。

因时间关系,对于受损型用人者责任的体系构成只作简要解释。第一个问题,在各国民法典中基本找不到关于受损型用人者责任的规定。受损型用人者责任规则去哪了?各国往往是通过劳动法等社会保障法而非民法来解决相关问题的,这与我国法传统完全不同。所以我们要思考,在雇员自身受损的情况下,用人者承担的责任是不是侵权责任?

第二个问题,只有《民法典》第1192条规定了受损型用人者责任,第1

款第3句后半句明确规定根据双方各自的过错承担相应的责任,《民法典》第1191条则没有作出相关规定。如果第1192条规定的是过错责任或者过错推定责任,第1191条规定的到底应该是过错推定责任还是无过错责任?我在论文中的回答是,第1191条中的使用人在控制力、经济负担能力和风险偏好方面,大于第1192条中的使用人,因此,其应该适用无过错责任。

第三个问题,《民法典》第930条规定了委托人责任,受托人处理委托事务时,因不可归责于自己的事由受到损失的,可以向委托人请求赔偿损失。这一条规定了委托人的无过错责任,即使受托人所受损害是意外事件导致的,委托人也要承担责任。这是基于风险分配规则的合同责任,会与以《民法典》第577条为代表的违约责任竞合,并会与侵权法上的过错责任相背离。这个问题需要进行解释论上的回答。

上述发言主要是将问题抛出来。对于具体论证及结论,请参考我发表的文章。因时间关系无法充分地阐述。

杨琳:用人者责任是一个特别复杂的法律问题,非常感谢曹院长与我们分享他的真知灼见。下一位嘉宾是青岛大学法学院院长蔡颖雯老师。

蔡颖雯:谢谢主持人,谢谢清华大学法学院,谢谢龙老师的邀请!很荣幸能参加此次论坛,能有机会与大家交流近期的学习心得。我汇报的题目是"个人信息保护公益诉讼的损害赔偿责任"。

2021年8月20日,我国颁布了《个人信息保护法》,该法第70条专设公益诉讼条款,此条款被认为是个人信息公益损害修复机制的创新。实际上,在《个人信息保护法》颁布之前,多地已经通过地方性的法律文件明确地将个人信息纳入了检察公益诉讼的领域,并且最高人民检察院也已经发布了多批个人信息保护公益诉讼的典型案例。从诉讼类型看,2022年个人信息保护公益诉讼的案件类型主要是刑事附带民事,在2023年年初,最高人民检察院发布的典型案例中,3个公益诉讼的案例类型都是刑事附带民事。有学者认为公益诉讼案件应当尽量摆脱依赖民事赔偿的旧思维,针对公益诉讼的特点适用责任承担方式。但是在司法实践中,检察机关的诉讼请求一般都是要求被告停止侵害、赔偿损失以及赔礼道歉等,也就是说,仍旧以《民法典》第179条作为请求权依据。实际上,赔偿性的诉讼请求在司法实践中仍然占有较大比例。

个人信息公益损害修复的模式可以分两种:一种是风险预防模式,另一种是损害救济模式。风险预防模式的依据主要是《个人信息保护法》第 11 条、第 55 条、第 56 条,以及《信息安全技术　个人信息安全规范》的相关规定,这些规定为风险预防模式在个人信息公益保护领域的引入提供了规范性的基础。风险预防模式的启动标准是检察院证明具有损害社会公共利益重大风险的信息处理行为,判决依据是最高人民检察院颁布的相关通知,要求加强精准、重点保护,主要落脚在敏感的个人信息、特殊群体的个人信息、重点领域的个人信息,以及 100 万以上大规模个人信息的处理问题上。举一个典型的例子,一个小学在微信公众号公布了当年新生的录取名单,录取名单公开了新生的姓名、性别、出生日期以及身份证号码,这些信息并没有进行任何去标识化的技术处理。这种行为严重侵害了未成年人的个人信息安全,所以检察机关提起了公益诉讼。

损害救济模式的启动标准在违反《个人信息保护法》第 70 条规定的同时,侵害了众多个人权益。从证明责任看,这是一个刑事附带民事的公益诉讼,因此,检察机关通常会参照刑事立案标准,证明被告严重侵害了社会公共利益,并且提交初步的证明材料。有争议的是,此种主张是否适用因果关系举证责任倒置规则?实际上,从最高人民检察院颁布的公益诉讼相关适用规则来看,检察机关为了确保起诉的案件胜诉,也会对因果关系进行取证。取证材料一般为专业的鉴定意见以及专家意见中的相应的表述,在开庭时同时提交给法院。

下面讨论个人信息保护公益诉讼的损害赔偿规则。由于个人信息保护公益诉讼是刑事附带民事的公益诉讼,损害赔偿规则需要考察三方面内容。首先是刑事附带民事诉讼的赔偿限制。《刑事诉讼法》以及《关于适用〈中华人民共和国刑事诉讼法〉的解释》对损害赔偿的范围进行了限制,规定只赔偿物质损失。我咨询了刑事诉讼法领域的学者,近期相关条款没有更改或者调整的可能性。而《民法典》规定了全部赔偿原则。因此,在法律体系内存在一个需要解决的内部矛盾。

其次,涉及公益诉讼的赔偿,主要问题在于数额的确定,数额的确定依据《个人信息保护法》第 69 条,该条沿用了《民法典》的相关规定。在计算赔偿数额时,按照损失、获利以及根据实际情况确定的顺序来确定赔偿数额。比如,在非法购买、使用个人信息的案件中,被侵权人损失无法计算,侵权人也没有获得利益,这时赔偿依据的基数就是价款。如果被侵权人损失无法计算,但是侵权人获得了利益,这个利益要进行类型化分析。

最后,要考察惩罚性赔偿跟刑事责任的竞合。《刑法》第 253 条之一规定了侵犯公民个人信息罪,而侵犯公民个人信息罪的犯罪构成与惩罚性赔偿的责任构成在过错程度以及损害后果上存在竞合。如果能突破惩罚性赔偿适用的法定性,那么应当怎么解决这种竞合呢?其实,可以参考产品刑事责任与惩罚性赔偿合并适用的司法实践状态:要么抵扣,要么不抵扣。如果不抵扣,法院在计算惩罚性赔偿数额时,要参考刑事责任的罚金数额。由于法院会支持损害赔偿或者惩罚性赔偿,关于损害赔偿金的管理一直是难题,这个难题还需要进一步研究。一些地方已经开始建立个人信息保护公益诉讼资金的提存公证制度,比如山东省济南市。不过,对于公益诉讼资金提存公证制度的适用范围、资金用途、资金管理使用以及监管方式等问题,还要作出明确的规定。

杨琳:非常感谢蔡院长的精彩分享!刚才有 8 位嘉宾进行了主旨分享,此外还有 2 位与谈嘉宾,分别是广东外语外贸大学法学院副院长耿卓老师和内蒙古大学法学院教授祝只舟老师。首先有请耿老师进行点评。

耿卓:感谢主持人!今天听了 8 位发言人的报告,受益良多。在此与大家分享三点感受。

第一点,论坛的主题是"法典化时代的法治建设",聚焦法典的编纂和实施。编纂是立法技术的基本环节,而实施是法治的基本环节。在法典时代,有一个从立法论向解释论的转向。立法论的尽头是解释论,解释论的尽头是立法论。自《民法典》颁布,已经过了 3 年多,展现出从立法论向解释论的转向。我们要遵循解释论的前提,在现行法框架下展开讨论。各位发言人在这方面做了精彩展示。另外,也不能忽视从解释论走向立法论的一面。包括《民法典》在内的法典编纂,需要整理既有法律,通过立法解决很多解释论无法充分解决的问题,用体系思维整合相互冲突的法律法规、单行法等,这就指向立法论。

第二点,在立法论和解释论互相转化的过程中,我们要始终抓牢体系化这一法典的核心要义。除了制度规范,原则、价值也要体系化。原则、价值可通过类型化方式实现。在这个过程中,始终存在如何处理原则与例外,原则与特殊的关系的问题。例如,主流意见认为我国物权变动采取公示要件主义,但是法典规定了大量的例外,甚至例外情形的数量超过了适用公示要件主义的情形。如何处理这种情况呢？这不仅是法政策选择的问题，还是在理论研究中秉持体系融贯性和一致性的要求问题。事实上，理想和现实的紧张关系永远存在。冷传莉教授讨论了司法解释构建的商品房消费者权利特殊保护，其中暴露出很多问题。例如什么是司法解释，《九民纪要》是不是司法解释？我认为它不是司法解释，但效力可能比司法解释还强，而司法解释的效力可能比其所解释的法律还强。对此，我们要从理论角度加以检讨，同时也不能忽视原则规定与具体例外、与特殊实践之间平衡的问题。

第三点，涉及本源问题，即法的稳定性与开放性或发展性的问题。法的稳定性与发展性之间存在往返的运行过程。法的稳定性也意味着法的滞后性。比如，如何应对数据信息新型财产形态问题，姚佳教授对《民法典》第127条的规定作了很好的解读。我们要不断总结实践，形成新的理论模式，在这个过程中共同努力，构建中国法学自主知识体系。我就简单分享到这里，谢谢！

杨琳：非常感谢耿院长的精彩点评！下面有请另一位点评嘉宾祝只舟老师。

祝只舟：非常感谢本次论坛的主办方、承办方、会务组的小伙伴们，大家辛苦了！我代表内蒙古大学法学院受邀参加这次论坛，这是我的荣幸。

内蒙古大学办学历史较长，在国内的法学教育中一直处于非主流的位置，因此，我想再次感谢会务组的组织者邀请我们参加论坛。非常感谢！通过这次论坛，我学到了很多。有很多学识渊博的、年长于我的老师参会；同时，也有我的同龄人，包括早就相识的武亦文老师。下面我简单分享一下心得体会。

最开始的两个报告给我留下了深刻的印象。我正在给学生讲授侵权责任法，刚讲完用人者责任——曹险峰老师汇报的用人者责任问题让我进一步拓宽了体系化思考的思路。曹老师把用人者责任的一些规则延伸到了合同编，其实我此前也注意到了合同编的一些规则和独立契约人的理论，也试图把法定代表人的责任放到用人者责任当中去考察，但是今天曹老师的系统性梳理，使我的理解更加深入了。非常感谢曹老师！

叶老师提到了公示效力的问题，我也有一些心得体会。我一直从事农村土地法律制度研究工作，注意到虽然《民法典》在法律层面上规定了二元的体制，但实践中却存在意思主义模式，比二元更加混乱。我认为关于土地承包经营权的设立就是一种意思主义。因为法律规定自合同成立时设立，虽然也规定了登记制度，但是并没有规定未经登记不得对抗善意第三人。所以在实践中，土地承包经营权的设立应当是一种意思主义，而不是对抗主义，它和土地承包经营权的转让、互换以及土地经营权的登记制度存在差异。

另外，意思主义在其他领域也有体现。在动产的交易中有一些例外规定，比如所有权保留，完全贯彻了当事人的意思自治。我想起本科时代写的一篇非常不成熟的论文，论点是将意思自治贯彻到底，完全尊重当事人的意愿：他想把房子卖了就卖了，如果约定了这个房子是他的，那就是他的。当然现在看来这篇论文有些幼稚。我还想补充一点，在思考物权公示效力时，要考虑不同的公示方法的区别。占有作为一种自主的公示方法，完全可以在交易主体之间完成，不需要第三者的参与。占有的公示方法就是交付，但是变更登记或者说过户，则需要第三方的配合。有些当事人觉得登记是很麻烦的。因此他们的交易标的，包括土地承包经营权、土地经营权，甚至包括房屋、宅基地，都没有登记。在这种情况下，一旦发生权利纠纷，法院必须根据相关的证据断定权利的真正归属。此时，通过尊重当事人的意思，即当事人的意愿和占有状态确定归属或许更加合理。尊重事实的占有状态也是尊重当事人的真实意愿。

意思主义在房屋交易当中也有体现。孙宪忠老师以前提到过一种交易模式，即对于那些已经交房但长期无法过户的消费者，认定他们已经取得了所有权。我认为这一模式实现的也是当事人的意思自治，也就是说，对于登记的问题，需要考虑登记机关的登记能力、登记机关的接受度以及登记制度的完善与否。

另外，还有一个有意思的问题，是尹飞老师在物权变动模式中提到的，即物权变动的意思安放在何处？当事人变更物权，是把物权变动的意思放到合同里，还是放到登记过程中，是在形式当中，还是独立存在？如果把这个问题放到实践中的过户程序里讨论，可能不存在这种纠结。因为在房屋过户过程中，双方当事人要填制一个申请表，也就是说，这种意思表示在形式里而不是在合同里体现。当然，如果双方当事人对这种交易的真实目的有特别的约定，还是要尊重当事人的意思，特别是在我国已经认可了让与担保的情况下，当事人的意思更应得到尊重。以上是我自己的理解，仅供大家参考,请大家批评。

杨琳:非常感谢参与本环节的8位主旨演讲嘉宾和2位与谈人的精彩发言！本环节关于《民法典》物权编和侵权责任编的疑难问题的讨论到此圆满结束。感谢线上和线下观众对本环节的关注!

第三单元 法典化时代司法实践中的疑难问题

杨琳：各位线上线下的嘉宾，大家好！下面开始新的论坛环节。我们本场的主题是“从全球视角看可持续发展企业合规建设”，嘉宾是学术界和实务界非常有经验的学者和律师。可持续发展是一个大家非常熟悉的词汇。我最近在阿布扎比参加了由联合国贸易和发展会议组织的以“投资范式转变：促进可持续经济增长、多元化和繁荣的未来投资机会”为主题的阿联酋国际投资年会，这个年会一共有200余场会议，有3位总统、89位各国的部长级领导和很多主权基金参会。大家都在谈论可持续发展、气候变化以及能源转型带来的新的机遇与挑战。我们希望通过这场以可持续发展为主题的论坛，从企业合规的视角向大家呈现一场集学术界和实务界的信息知识和经验的分享。

首先，请本场嘉宾做自我介绍。

孙明：我是来自鲁东大学盈科法学院的院长孙明。

沈健：我是来自中央财经大学的副教授沈健。

孙南翔：我是来自中国社会科学院国际法研究所的副研究员孙南翔。

Marcus De Freitas：我是外交学院法学院客座教授Marcus De Freitas。

刘新海：大家好，我是来自盈科律师事务所上海分所的高级合伙人刘新海律师。

黄铈瀚：大家好，我是来自盈科律师事务所的黄铈瀚。

杨琳：大家都比较谦虚，介绍都非常简短。我是盈科国际的创始合伙人，盈科律师事务所的董事会执行主任。我从两年多前关注环境、社会和公司治理（Environmental Social and Governance，ESG）和可持续发展这个话题。我们律师事务所是联合国开发计划署发起的一个项目——联合国南南合作全球智库网络的创始机构之一，与很多在全球从事可持续发展的顶尖智库有非常紧密的交流和合作。同时，我们在不同区域举办了多场投资峰会，旨在通过可持续的投资促进当地经济的发展。在2022年印尼举行的二十国集团领导人第十七次峰会期间，我有幸参加了二十国集团工商峰会的工作组。二十国集团工商峰会是一个工商界与二十国集团的合作和对话机制，是一个全球工商界参与全球治理的重要平台。因此，我们在可持续发展领域已经进行了很多的研究和实践。

可持续发展理念或者ESG标准出现之前ESG相关信息都被视作自愿的披露，但是现在越来越多的法域将这种自愿的披露转化成强制性的。国际财务报告准则基金会在联合国气候变化大会期间成立了国际可持续发展准则理事会（International Sustainability Standards Board，ISSB），ISSB推出了两项准则，其中一个就是《国际财务报告可持续披露准则第1号——可持续相关财务信息披露一般要求》。欧盟在2022年通过了《企业可持续发展报告指令》（Corporate Sustainability Reporting Directive，CSRD），在2023年7月也通过了欧盟企业可披露可持续发展报告和相关的准则、要求。因此，今天的探讨对企业在全球的可持续发展合规是非常有意义的。

下面先请孙明院长进行分享。ESG是引导民营企业从市场主体向社会主体转向的航标。孙明院长对ESG有深入的研究，可以与我们分享一下您的研究成果和心得体会吗？谢谢！

孙明：ESG由环境、社会和公司治理3个英文单词首字母拼合而成，是引导我国企业从传统的市场主体向社会主体转化的航标，引领经济社会进入一个新的阶段。

在传统观念中，企业是自主经营、自负盈亏、自我约束、自我发展的经济主体，与政府的界限非常清晰。企业以追求利润最大化为目标，财务参数是企业关心的核心要素，企业治理是企业内部事务，治理的责任由企业自己承担，政府和社会一般不关心企业的内部管理问题。但反过来，企业运行过程中出现的负面问题，比如环境问题、失业问题等，应由政府负责处理。

新形势下，我国正在寻求溯源治理，对于企业发展导致的社会问题也要溯源。企业在运行过程中产生的负面问题，给政府和社会造成很大的负担。因此，要把发现问题、解决问题的步骤前移，使企业担负起更大的社会责任，防止政府用更大的成本处理企业过度外溢到社会的风险，这也体现了社会公平。

2018 年 11 月 2 日,国家发展和改革委员会(以下简称发改委)发布的《中央企业合规管理事宜》标志了中央企业全面合规体系建设启动。2022 年 10 月 1 日,国务院国有资产监督管理委员会(以下简称国资委)制定的《中央企业合规管理办法》正式实施。2023 年,国资委办公厅又发布了《关于转发〈央企控股上市公司 ESG 专项报告编制研究〉的通知》,该通知是落实 2022 年国资委发布的《提高央企控股上市公司质量工作方案》的具体举措,说明中央企业在探索建立健全的 ESG 体系。根据国资委的要求,2023 年中央企业控股上市公司 ESG 专项报告披露力争达到全覆盖。截至 2023 年9 月,中央企业上市公司 ESG 相关报告披露率达到了 82.27%,比 2018 年增长了 25.02%,披露率创历史新高。

刚才提到,国资委要求 2023 年实现中央企业控股上市公司 ESG 专项报告披露达到全覆盖。实际上,这不只是让企业"写报告",更是让企业"作报告"。社会只关注企业财务信息的时代已经结束了,企业的 ESG 信息成为监管机构、投资者、社会公众关注和评价企业的焦点内容。

这一新的发展变化具有全球化的趋势。欧盟、美国、新加坡等在 ESG 立法方面走在了世界前列,我国也在积极推进,从企业的自愿披露上升到半强制甚至强制披露。这种新的制度推进,标志着企业由市场主体向社会主体转变。国内企业要认清形势,积极主动应对。因为这既是一种国际趋势,是国家相关部门的要求,又是习近平生态文明思想的重要体现。在新形势下,积极推进这方面的工作,既要做到国际与国内接轨,又要凸显中国特色。

另外,关于合规性也有一些问题需要深入研究。比如,国有企业到底是私主体还是公主体,国资委到底是行政机关还是民事主体?刚才提到的国资委制定的《中央企业合规管理办法》,是一个部门规章、行政规范性文件,还是作为民事主体、出资人的一种自我约束?这些问题都有待探索。不管怎么说,理论要跟上实践的发展,不是实践呼应理论,而是理论随着实践发展而不断发展。我们应当深入思考企业 ESG 合规这种新的情况、新的问题,密切关注这一趋势并积极探索,为我国 ESG 制度顺利推进作出理论界应有的贡献,在推动我国企业国际化的进程中承担更多的责任。

杨琳:非常感谢孙院长的精彩分享!孙院长结合国资委制定的《中央企业合规管理办法》和《提高央企控股上市公司质量工作方案》,分享了 ESG

和可持续发展的重要性。

刚才孙院长提到,截至 2023 年 9 月,中央企业控股上市公司 ESG 专项报告披露率达到 82.27%,相比 2018 年有较大增长。在我们和企业交流时,发现很多企业认为发布一份报告就代表做好了 ESG 方面的工作。请问沈健老师对此有何见解呢?

沈健:不敢说见解,分享一点个人的想法。实际上,ESG 的发展经历了一个过程。ESG 作为一个现代企业越来越关注的指标,是从西方国家逐渐推广到全世界的。它最早可以追溯到 20 世纪 60 年代左右,当时西方很多投资人受宗教影响,不愿意去投资一些与军火或者酿酒有关的商业。20 世纪八九十年代,出现了"血汗工厂",这个时期企业的社会责任主要在于关注劳工的利益。到了 21 世纪初,人们更多地关注温室气体的变化、气候的变化、环境的变化,所以 ESG 就从幕后走到了台前。

ESG 之所以能够从西方到世界,迅速地为各国接受,是因为它与经济社会的发展密切相关。以年轻人为例,尤其是欧美国家的"千禧一代",他们在购买商品时,不仅关注商品质量的好坏、价格的高低,更关注商品的碳排放、碳足迹,关注这个商品的生产究竟是对社会、对地球作出了贡献,还是对环境造成了危害。当消费者越来越关注环境变化的时候,人们对 ESG 的需求就出现了。生产者如果不注重环保,不管控温室气体、碳排放和碳足迹,消费者就不会购买相关产品。

在欧美国家,尤其在欧洲国家,ESG 实际上是"自下而上"产生的——消费者需要生产者满足这样的要求,监管机构也适时提出相应的指引或者标准。比如,《可持续发展报告标准》《可持续发展会计准则》《气候信息披露框架》《国际财务报告可持续披露准则》。欧盟委员会公布了"Fit for 55"一揽子立法提案,提出了欧盟碳边境调节机制(Carbon Border Adjustment Mechanism,CBAM),对进口到欧盟的商品中隐含的碳排放征收额外关税。

当下,ESG 的推动者主要是发达国家,它们发布了新的 ESG 标准或者要求,就会对其他国家产生影响。随着经济全球化的深入发展、人类命运共同体的构建,中国作为贸易大国,不可能忽视或者摆脱其他国家提出的标准和要求,所以 ESG 这个概念就慢慢地被引入我国。中国与欧美国家对 ESG 的实施和要求方式截然不同。ESG 在我国并不是"自下而上"产生的,而是一种"自上而下"的驱动。ESG 被引入中国后,一些企业自发地实施此类标准,我国的监管机构同时出台一些标准指引,要求我国企业达到相应的指标,此时,企业就会发布相应的 ESG 专项报告,证明其达到相关指标。问题在于,虽然发改委和有关监管部门会发布法律文件、办法,很多企业也会主动发布 ESG 专项报告,但是这种报告实际上是碎片化的报告。企业今年可能就某一部门、某一生产线或某一子公司的 ESG 发布一个报告,明年可能就另外一个子公司或另一个部门发布 ESG 报告。从表面上看,这些都是 ESG 报告,但是它们并不能体现企业 ESG 指标的整体发展水平。

回到刚才的问题,只发布报告也不能完全达到所预期的要求或效果。虽然我国制定了一定的指标,但是这些指标的清晰及具体程度、可操作性有待提升。企业按照这样的标准发布 ESG 专项报告,可能只能满足程序上的要求,而不能满足实质上的要求。

国有企业发布 ESG 专项报告是一个进步,旨在提高对 ESG 的关注度。同时,就 ESG 而言,我们需要完善其内部的指标、细节,使其颗粒度更细。在一定意义上,ESG 专项报告需要强制发布,作为一个指标和引领。但是,报告中的具体指标和数据,应当随着社会的发展而不断地完善。

2024 年,由 ISSB 发布的《国际财务报告可持续披露准则第 1 号——可持续相关财务信息披露一般要求》(IFRS S1)与《国际财务报告可持续披露准则第 2 号——气候相关披露》(IFRS S2)正式实施。对于纯正的内资企业而言,目前没有太多的影响。但是由于港交所对接 ISSB 标准,在港交所挂牌的企业需要按照 ISSB 的要求发布 ESG 专项报告。无论这些企业是被动的还是主动的,都要适应市场的要求,依照国际化标准发布 ESG 专项报告。

发布报告本身不是关键,关键是企业如何运行才能实质符合这些标准。在海外上市的国内企业需要发布 ESG 专项报告,其实会反过来推动国内企业,尤其是还没有“走出去”的企业,按照国际统一的或者已被公认的方式实现 E、S、G 三个维度。当下,我国要深度参与国际供应链,拥抱 ESG 标准,避免被排除在国际供应链之外。

这将是一个逐步融合的过程,我国市场会逐渐达到世界水平,甚至输出我国的 ESG 标准,从跟跑者变为领跑者。但是目前,我国作为发展中国家仍然有一段路要走。

杨琳:非常感谢沈健老师！刚才您提到,欧洲国家自下而上地,在消费者的推动之下实现可持续发展。其实这也是可持续发展或者 ESG 的两大核心原则之一,即利益相关方的参与。另一个原则就是实质性议题,即各个行业、企业要结合自身对实质性议题进行识别。刚才我问了沈健老师一个问题,是不是发布了ESG专项报告就说明ESG方面的工作完成了?其实不是。企业的ESG专项报告质量参差不齐。ESG强调实质性议题和利益相关方的参与。实质性议题要求具有核心的内容,比如战略、风险识别、风险管理、指标和目标等,这些都要纳入ESG专项报告中,而且要通过量化的方式展现。比如,在节能减排方面,温室气体排放量到底降低了多少?要在范围一、范围二和范围三[1]这3个领域对碳排放进行比较,对照不同年份、不同区域的碳排放,确认数量是否有所减少。另外,碳排放分为3个范围,范围三给我们的测量带来了很大的技术挑战。

下一个问题想请教孙老师。2023年正好是共建"一带一路"倡议提出十周年,在新的阶段我们要实现"一带一路"高质量的发展,很多中国企业在"一带一路"共建国家承接了很多基础设施项目,支柱型的产业就是国际工程建设。之前,我们与一个主业为水利建设的中央企业进行了深度交流,了解到企业高层对是否构建ESG体系探讨了很久。很多企业目前认为ESG和可持续发展是一个负担,还看不到其长远价值,在这种情况下,是否构建ESG体系对于企业来说是一个值得纠结的问题。这家企业的主要业务是建设水电站,很多项目需要世界银行的多边金融机构的贷款支持。而世界银行很早就发布了社会和环境方面的要求,企业如果不构建ESG体系,就很难满足各类金融机构承接项目的要求。这家企业是欧洲某电力公司的第一大股东,而该欧洲公司的ESG被摩根士丹利资本国际公司(以下简称MSCI)评为3A级,在全球处于领军位置。因此,董事会最终决定成立ESG工作委员会,构建ESG体系。因为孙老师在中国社会科学院国际法研究所常年从事国际公法和私法方面的研究,所以想请教您,您认为在新的发展阶段,企业应该何去何从呢?

孙南翔:谢谢杨主任!杨主任是这方面的专家。之前中国社会科学院国际法研究所和盈科律师事务所合作,共同走访了一些"一带一路"共建国

---

[1] "范围三排放"为应用最为广泛的国际排放核算工具——温室气体核算体系,其将温室气体排放分为三类或三个"范围"。其中,范围一用于核算企业拥有或控制的排放源产生的直接排放量。范围二用于核算企业外购电力、蒸汽、供热或制冷的生产而产生的间接排放量。范围三包含企业价值链中产生的所有其他间接排放量。——编者注

家。这是共同探索构建一小时法律服务圈的重要事项,也是在推进高质量共建"一带一路"背景下的重要举措。2023 年是共建"一带一路"倡议提出十周年,而且在 2023 年 10 月 18 日第三届"一带一路"国际合作高峰论坛开幕式上,习近平主席对于中国支持高质量共建"一带一路"提出了八项行动。其中,很多内容涉及 ESG 标准,包括促进绿色发展、建设廉洁之路以及完善"一带一路"国际合作机制,加强能源、税收、反腐败等领域的多边合作平台建设。在"一带一路"高质量发展中,我们可以通过"自上及下"和"自下到上"相结合的方式,推动可持续发展理念成为实践中的具体产品。在此意义上,ESG 不仅是一个理念、一种制度、一种规则,还是企业追求更高的价值文化的态度。

在"一带一路"高质量发展阶段,ESG 需求一定越来越多,而且也必然要求落到实处。刚才孙老师、沈老师详细阐述了 ESG 的发展历史,从中可以发现 ESG 发展不是一开始就有标准的。2004 年联合国相关机构才提出 ESG 概念。当前,ESG 也包括企业社会责任、环境、企业契约义务等内容。从这一层面而言,ESG 标准产生于 20 世纪 50、60 年代,经过不断迭代,在 21 世纪逐渐成形,已经形成了谱系宽广的价值体系。其主要包括:在环境层面,如绿色发展、清洁能源、气候变化方面的要求;在企业社会层面,如工作条件、员工关系、人权等劳动保护;在企业利益层面,其要求企业管理者考虑更多的利益攸关方,扬弃"股东利益至上"的企业治理标准,承担更多的社会责任,这也是企业发展以及企业合规的要求。在此意义上,ESG 不仅仅是一种规则,在一些重点领域、重点国家已逐渐实现立法化,具有拘束力。那么如何约束企业更好地履行 ESG 标准?传统方法如采用企业声誉机制,以道德规范约束企业,可能存在道德风险等困境,因此需要更多的社会治理机制,如信息披露、合规审计以及欧盟提出的强制性要求。

中国是对外投资大国,也是外商投资大国。作为全球第二大经济体,中国的行动受到全球各界共同关注,杨主任参加二十国集团工商峰会以及工商界关于 ESG 标准的讨论和研究即是例证。本质上,这表明国际上需要中国的声音,中国可通过借鉴国际实践推动企业更好地发展。在新的历史条件下,高质量共建"一带一路"对中国,对世界,提出了更高的生态环境保护要求。孙院长提到了习近平生态文明思想,中国式现代化包含了生态文明建设,也包含我们对世界的贡献,如推进世界现代化进程。中国式现代化不仅是经济的单方面增长，还包括整个社会福利的正向增加，这必然对企业的社会环境治理提出更高的要求。从国内国际两个角度出发，ESG 应受到重视。

刚才杨主任分享的案例与我们调研中的发现有非常相似的地方。我们之前走访了东亚、南亚，同时围绕“一带一路”，组织去土耳其、希腊等地调研。中国企业“走出去”的项目，如基础设施项目，容易对当地的土地条件产生影响，会产生搬迁问题，若没有和当地民众以及当地的非政府组织做好沟通工作，容易产生环境风险和社会隐患。在劳动关系中也是如此，若不能建构关于劳动保护的符合国际标准、国际最新理念的模式和机制，我们可能会面临巨大的海外风险。从这一层面而言，中国需要进一步推动和完善 ESG 标准。可喜的是，国资委以及多数上市公司非常重视 ESG 体系的建设，特别是一些上市公司自主开展 ESG 专项报告的发布工作。核心的问题是，如何构建符合社会公众期待的 ESG 评价标准和评级机制。中国不仅是倡议者，更应该成为引领者。中国企业应该在法律工作者的帮助下，推出自己的 ESG 标准，为全球提供更好、更成熟的国际公共产品。因此，未来“一带一路”的高质量增长，不应只在制度理念上，在机制体制上都需要不断地创新，以丰富 ESG 的标准体系。

杨琳：非常感谢孙老师的精彩分享！习近平总书记在党的二十大报告中指出，要加快建设世界一流企业。我们要认识到我们的企业与世界一流企业在可持续发展方面的差距。比如，有很多 ESG 评级机构，其中比较知名的是 MSCI，很多投资机构都会参考 MSCI 的指数和评级，决定投资哪些公司。

2022 年，标普 500 ESG 指数将电动汽车制造商特斯拉剔除。马斯克非常愤怒，他表示特斯拉的 ESG 表现一直是卓越的。其实，ESG 会从环境、社会、公司治理等多个维度和议题进行评估。特斯拉由于工作环境和人权的问题，导致 ESG 综合评分降低，从而被剔除。企业被标普 500 ESG 指数剔除，会失去很多投资，相应地，企业的 ESG 工作出色，也会吸引投资。2022 年，银保监会发布了《银行业保险业绿色金融指引》，要求商业银行在提供贷款时对企业客户进行 ESG 尽调。如果企业 ESG 工作做得出色，就会获得大量投资机构、金融机构的投资贷款。例如，一家香港公司获得了一笔 10 年期长期贷款，利率不到 3%，该公司可以利用这笔贷款从事研发工作，提高可持续发展方面的价值。

下一位嘉宾是来自外交学院法学院客座教授 Marcus De Freitas，他也是盈科律师事务所巴西合作律师事务所的合伙人，常年从事国际法和国际政策方面的研究。

Marcus De Freitas，非常感谢您参与我们的论坛！这是非常有意思的话题。您来自巴西，巴西是金砖国家成员国，也是南南合作的成员。您认为，如果我们想要更好地发展 ESG，最大的一个挑战是什么？

Marcus De Freitas：非常感谢你们的邀请！我非常荣幸能参加今天的论坛。我刚才听了所有同仁的发言，在 ESG 发展方面我们确实面临很多挑战。在开始前，我认为有必要回顾 ESG 的发展历程。ESG 是环境、社会和公司治理的缩写。企业在社会运作的时候要承担一定的社会责任，包括对员工的关怀、对社会的影响。ESG 对于权益相关者、企业家来说是非常重要的。我的问题是，我们现在有很多促进人们发展的工具，那么这些工具到底是遏制还是促进了发展呢？在建立公司的过程中，很多标准的设定与实际情况具有差距，没能真正引导人们去关注现实问题。1992 年，我们开展了调研，发现虽然全球已经认识到可持续发展的重要性，但是仍然面临安全问题、气候变化问题、社会不平等问题等挑战。我们必须面对的问题是经济影响，如果企业实施 ESG，会不会对经济产生负面影响呢？

对于发展中国家，在确定发展目标的基础上，如何真正实现这些目标呢？面临全球疫情、加沙问题、巴以冲突，世界是否会放缓经济发展速度？企业只用考虑自身，但是我们要思考全球整体的情况，考虑整个行业的发展进程，而不是孤立地考虑立法的问题。发达国家的大型企业可以承担合规工作以及可持续发展计划的成本，但是对于发展中国家的企业来说，这是一个挑战。因此，发达国家和发展中国家在界定可持续发展的指标方面存在一些争议。

例如，美国对于 WTO 的语义界定有自己的标准，并根据自己的定义进行进出口商贸活动。但是标准应当是具有可比较性的。回到可持续发展的问题，我想强调的是，建立和使用 ESG 标准，不应该与企业的发展目标相悖，这才是我们现在面临的挑战。

杨琳：非常感谢 Marcus De Freitas 的分享！他刚才提到，很多企业最初可能把可持续发展要求视为一种负担。我在阿布扎比参加阿联酋国际投资年会时,大家也谈到了这点。在监管层面上,可持续发展已经从自愿变成强制性要求。在此背景下,企业如何把构建ESG体系视为可持续发展的工具而不是负担?现在不能对所有企业都提出这个要求,但是如果想成为全球领军的企业,这是不得不思考的问题。下面有一个问题要请教黄律师。在2025年,《企业可持续发展报告指令》将开始强制披露可持续发展报告,而且欧盟已经配套出台了2个跨领域交叉准则和10个细分的准则。请黄律师分享这方面的经验。

黄铈瀚:好的,谢谢! 因为我在执业过程中一直帮助中国企业去海外投资或者帮助海外企业来中国落地,所以想谈一谈可持续发展理念在国际上的发展。一些实力强劲、富有使命感的企业围绕可持续发展理念,自发性地推动企业可持续发展。其中一项成果就是全球报告倡议组织(Global Reporting Initiative,GRI)的披露准则(《可持续发展报告标准》),该准则被很多中国企业在自愿进行ESG专项报告或者可持续发展报告披露时使用。这种自发行为也包括近2年流行的ISSB披露准则。由于企业可持续发展理念工作的发展具有自发性,所以其发展速度较慢。在发展过程中,一些国际和国内有实力的、自律的企业会成立联盟,以推动可持续发展理念的发展。在可持续发展和价值链方面,联盟通常对会员企业设立更高的实践要求。

前几年,如果中国企业因为可持续发展影响了经营,多半是因为下游企业加入了可持续发展的联盟。比如责任商业联盟,要求会员企业及会员企业直接的供应商都必须满足联盟对可持续发展的要求。

随着进一步发展,进入了强制性法律法规的阶段。欧盟前几年出台了非财务报告指引。因发现非财务报告存在重要性判断标准不明确、覆盖范围不全面以及标准不够成熟等固有的问题,所以欧盟又陆续出台了CSRD,包括欧盟强制性供应链尽职调查指令以及《欧洲可持续发展报告准则》(European Sustainability Reporting Standards,ESRS)。ESRS有2个跨领域交叉标准和10个主题性标准,是CSRD的实施细则和操作指引。

当可持续发展理念变成法律时,发展速度加快。ESRS出台3个月左右,一个欧洲的国有控股上市公司要求我们帮助其在中国进行合规建设。该公司在合规体系下确定的议题,包括员工的福利、健康、生活、隐私,道德商业行为,以及如何负责、合理地使用自然资源,这些议题都是ESG的核心议题。同时，该公司还要求合规建设要从目标识别到指标设定，到跟踪，到监督，到汇报途径，再到治理架构建设全覆盖，这些内容也都是ESG建设的方法论。当可持续发展理念变成强制性规定时，企业的合规建设和ESG体系建设在逐渐重叠。

之后我们又收到了补充工作内容，这个欧洲的国有控股上市公司明确提出两项补充工作要求：第一，能够及时识别并且在必要的时候避免或者减少对环境和社会方面的影响；第二，工作要包括价值链。ISSB坚持单一财务重要性原则，ESRS坚持双重重要性原则，除了财务重要性原则外还坚持影响重要性原则。该客户的补充工作要求就是在回应影响重要性原则。同样，在ESRS出台之后，一个德国知名汽车品牌要求我们对中国供应商进行可持续发展下的员工尽调，这明显是在回应ESRS下面的SR准则，"S"代表"social"，"S"下面二号准则是一个主题性准则，主题就是价值链中的员工。实践表明，全球知名企业已经开始行动了，它们不仅要建设ESG体系，还要建设合规体系。ESG体系构建和可持续发展理念不仅是企业的使命和愿景，还是企业的生存问题。如果企业无法满足下游企业在可持续发展方面的合规要求，就会失去下游企业的供应，这是我在实践中的感受。

杨琳：感谢黄律师的分享！CSRD要求发布可持续报告的欧盟企业就有5万多家，其中包括欧盟本土企业、中国在欧盟设立的子公司以及在欧盟供应链上的企业。在供应链上的中国企业有很多是中小企业，如果不能满足可持续发展报告中的披露要求，可能就会被剔除出供应链。因此，很多企业面临"生死存亡"的抉择。

"双碳"是ESG下面非常重要的议题。刘新海律师是盈科律师事务所碳中和专委会的主任，也是盈科律师事务所设立的全球ESG中心气候变化分中心的主任。下面请刘律师分享中国在碳交易方面的法律体系、立法现状以及碳中和的一些法律业务。

刘新海：好的，谢谢杨主任的邀请！在可持续发展议题下，"双碳"是一项国家战略。在"3060"目标提出之后，我国密集发布了一系列国家政策，形成了比较完备的"1+N"政策体系。立法上，有多部与"双碳"有关的法律法规出台、更新，当然，也有多部已存在的立法：有环保法体系的法律法规，比如《大气污染防治法》《森林法》《草原法》；有应对气候变化的法律法规，比如《气象法》；有能源方面的法律法规，比如《节约能源法》《可再生能源法》

等。在碳交易方面,目前适用生态环境部制定的《碳排放权交易管理办法(试行)》和生态环境部等于 2023 年 10 月 19 日发布的《温室气体自愿减排交易管理办法(试行)》,国务院制定的《碳排放权交易管理暂行条例》从 2021 年 3 月公开征求修改意见。碳交易的立法并不完善,法规的位阶和效力比较低,没有上升到法律的层级,很多实践问题没有得到相应的规定。比如,我最近处理了一个案件,在北京绿色交易所实施交易过程中,双方就要不要开放的问题产生纠纷,起诉到法院,现在已经移送北京某区法院。法院表示之前没有处理过相关案件,需谨慎处理。

另外,向大家汇报盈科律师事务所在"双碳"法律方面的建设和成绩。盈科律师事务所是目前国内首个通过英国标准协会碳核查、碳中和双认证的律师事务所,也是首家把碳中和写入发展理念的律所。律所非常重视国家的"双碳"目标,3 年前就成立了全国碳达峰碳中和法律服务中心,2023 年 5 月成立了盈科全国碳中和专委会,设立了 15 个区域负责人。在法律层面上,目前推出了碳汇开发综合法律服务,碳交易、碳金融、碳基金等全流程全链条法律服务。另外,在新能源项目管理"碳关税"、ESG 合规、绿色建筑等方面,成立了专门的法律服务团队,给客户提供专业的法律服务。盈科律师事务所碳中和专委会目前提供的法律服务模式不同于传统的法律服务模式。盈科律师事务所与不少"双碳"相关的头部企业建立了深度的合作关系,不仅可以从法律层面,还可以从"法律 + 技术 + 资金"层面给客户深度赋能。

杨琳:谢谢刘新海律师！刘律师从碳排放、碳计量、碳抵消方面对现行的法律法规进行了梳理,并分享了盈科律师事务所在碳中和专委会提供的法律服务。下面开始第二轮的讨论。首先请沈老师分享我国 ESG 投资的现状和发展趋势。

沈健:ESG 投资随着 ESG 理念的发展而形成,其最早出现在荷兰。2020 年以前,欧盟的 ESG 投资是全球第一,2020 年以后,美国 ESG 投资的数量超过了欧盟。目前,美国、欧盟和日本在全球 ESG 投资占据头部位置。近几年,我国的 ESG 投资逐渐增加。很多投资方都要求企业出示 ESG 专项报告,如果投资方认为被投资企业不符合 ESG 标准,就不进行投资。这导致一些企业为了获得投资,被动地迎合 ESG 标准,出具相关报告。但是由于缺少经验,这些 ESG 专项报告或者 ESG 指标仅在表面上符合要求。

各大会计师事务所在快速扩充 ESG 团队,为适应 ESG 进行储备和建设。国内可能将要迎来 ESG 体系建设的爆发式增长。在实践中,很多企业只是把 ESG 视为"招牌",并非真正符合 ESG 的标准。因此,企业需要组建专门的团队来应对 ESG 指标,比如找到会计师事务所,获得专业服务,否则企业很难达到 ESG 标准。一方面,企业需要寻求外在的支持,比如会计师事务所或者律师事务所。另一方面,自合规"元年"(2018 年)起,实践工作偏重刑事合规,而不是 ESG 合规,所以要在企业内部组建相应的团队、设立专门的委员会,以应对 ESG 指标的要求。

只有企业的 ESG 体系发展到一定程度,才能获得真正的 ESG 投资。举个例子,电动车行业最初叫"PPT 造车",创业者凭借"动人的故事"就能拿到天使轮投资。现在,投资者会更谨慎,会考量企业是否真正符合 ESG 标准。只有真正符合 ESG 标准,企业才能在国内、国际市场上取得认可。

国内的 ESG 投资领域,要依托企业自身的 ESG 体系的建设,同时离不开专业律师和会计师的支持。

杨琳:非常感谢沈健老师! 过去 6 年,全球 ESG 投资额直线上升,复合年均增长近 26%。2004 年,联合国全球契约组织(United Nations Global Compact,UNGC)发布的一份报告首次提出 ESG 概念。该报告由时任联合国秘书长的安南阁下邀请的来自 20 多个国家的 90 多位机构投资者共同撰写,首次把环境、社会和公司治理 3 个要素放在一起,以"ESG"的形式提出。这些机构投资者认为,公司的综合管理能力体现在环境、社会和公司治理方面。投资机构承诺,未来投资不追求短期回报,关注被投资企业在环境、社会、公司治理方面的综合表现。只有被投资企业实现了可持续发展,投资才能兼顾商业利益和全球可持续发展。

联合国最近的一份报告引用了 MSCI 的一个数据,指出全球 ESG 表现最差的 100 家公司的价值将损失 43%,全球表现最好的 100 家公司的市值会增加 33%。下面请孙老师分享,企业如何将 ESG 或者可持续发展要素纳入企业合规的治理中?

孙南翔:合规是强制性的法律要求,涉及国内法、国际法,如一个企业的行为涉嫌 WTO 定义的倾销,那么它的行为也涉及所在地的法律,如美国的投资法律、欧盟的外资审查规则。总体上,企业合规的治理需要关注国内法、政策、国际法和外国法的相关内容。

具体而言,第一个问题是,为什么要将 ESG 标准纳入企业的合规治理中？人类社会有其文明价值所在。目前,不仅要关注贸易的自由化、便利化,还要考虑环保、动植物健康等问题。例如,WTO 规定了在赋予成员规制权和避免滥用"一般例外""安全例外"之间保持平衡的规则。这条平衡线需要根据不同的客观发展条件进行调整。国际社会高度关注人的全面发展问题,将 ESG 标准纳入企业合规治理中有其必要性。

第二个问题是,ESG 标准如何纳入企业合规的治理机制？大型企业具有更强大的"权力",甚至具有一部分"公共权力",应当承担更大的公共责任和社会责任,以提高整个社会的福利水平。一些中小企业,特别是小微企业,为了提升企业竞争力,需要不断提高利润,以承担不断上升的合规成本。因此,我国强调企业合规建设的类型化处理。相关文件引导国有资本、上市公司履行社会责任,要求国有企业及上市企业遵守 ESG 规范,抓住"关键少数",带动整个社会企业治理正向化发展。

企业适用 ESG 标准可以借鉴已有经验:由董事会成员制定关于可持续发展的要求和目标;企业专门设置可持续管理委员会或者 ESG 委员会;探索在公司法中增加对环境、社会责任的要求;上市企业管理机构推出标准或者指南;相关企业的董事会更多考虑利益相关方的表达,如由专司董事负责利益相关方的诉求。此外,进行企业内部合规审计、ESG 审计、第三方审计以及设立首席合规师等均有助于实现 ESG 规范。

ESG 标准最初设定的目的是避免违法违规的公司获得资金支持,投资者的投资倾向决定了 ESG 标准的执行。目前,ESG 标准的推动主要依靠投资者、环保组织、消费者保护集体、劳动保护集体。ESG 标准为逐步发展的,有很多机制经验值得进一步归纳,以推动企业 ESG 标准的创设和落地,如更好的信息披露规则、更有效地与利益相关方沟通、更高水平的信息互换、交互规则。

杨琳:非常感谢孙老师的建议！企业应当把合规体系建设与 ESG 标准、可持续发展强制性的要求结合起来。ESG 的合规建设不可能一蹴而就,需要在框架内划分议题的重要性,逐步建设。我们最近在帮一家生物科技方面的上市公司提升 ESG 表现。该公司 MSCI 评级是 B,为倒数第二级,即被视为低于全球行业平均水平的评级。该公司有 60% 以上的收入来自其他国家,ESG 评价会影响其销量和投资。2023 年,我们帮助该公司提升了 2 个重要性议题：商业道德和人力资本发展。在人力资本发展方面，对标全球6家领先企业，结合联合国人权要求，形成了一份70多页的报告。

Marcus De Freitas，很多企业认为ESG是一个负担，是因强制披露的要求而不得不去做的事。请问您如何看待这一问题？

Marcus De Freitas：这是非常有意思的话题，国际社会普遍存在类似的情况。一方面是效率问题。公司要提高竞争力，需要在经营和执行ESG标准之间进行平衡。需要注意的是，很多公司虽然设置了ESG标准，但是没有充分执行。立法的框架应当与现实相协调，保障公平性、平等性，避免企业付出更大的代价和更长的时间完成合规建设，立法要利用现有资源，倾听各方声音，建立一个合适的结构，制定合适的指引方案。另一方面是权益的问题。目前只有少数企业能够兼顾效率和权益，但现实需要更多公司参与进来。

杨琳：您提到了效率、权益、平等。非常感谢！Marcus De Freitas建议企业结合效率，找到平衡点。在阿联酋国际投资年会期间，我有幸与ISSB副主席进行了深度交流。他也提到，可持续发展或ESG体系建设对企业的短期发展确实是负担，但是从长期来看，特别是参与国际业务的企业，应当把负担转化成实现可持续发展的有力工具。

欧盟实施的CBAM引起了热议。目前，该制度仅针对个别行业，如电力、化肥、钢铁等，但是一些企业对其表示担忧。请问刘律师，应当如何帮助相关企业应对欧盟碳边境税压力和挑战？

刘新海：2023年5月17日，CBAM正式生效。在过去的大半年时间里，欧盟还发布了一些问答解释和过渡期实施细则。2023年10月1日到2025年12月31日是过渡期间。过渡期间内，钢铁、水泥、化肥等行业的企业每季度要提交欧盟CBAM报告。如果连续2次提交的报告不完整、不准确、不真实，或者超过6个月未提交报告，相关企业将面临每吨10欧元到50欧元的罚款。从2026年开始，相关企业每年还要提交CBAM证书。怎么计算碳关税？简单来讲，用欧盟的碳价减去相关出口额碳价再乘上企业排放量。举个例子，目前，我国钢铁行业没有设定碳价，那么就按照欧盟的碳价计算应当支付的碳税，这会对相关行业、企业造成较大的影响。

基于此背景，国内的碳市场发展进程将会加快。一方面，八大行业中的钢铁、有色金属行业可能进入全国碳交易市场。另一方面，碳价会向欧洲碳市场靠拢,2023年碳价已经从50多元人民币涨到了80多元人民币。与欧洲相比,碳价差距仍然很大,未来价格将会逐步提升。作为专业律师,在碳关税领域,我们对管控体系的搭建、碳风险的评估、碳关税的成本评估、碳关税的风险应对以及后续合规等五个方面进行了深入的研究。在2023年的服贸会高峰论坛上,发布了团队合规应对指南,根据企业的需求提供深度的培训和咨询服务。

另外,我们团队正在开发一款通过数据系统输出CBAM报告的软件,通过认证机构的碳核查数据帮助企业通过软件系统一键输出符合欧盟要求的CBAM报告,助力相关企业应对欧盟碳关税的压力。如果大家对于碳关税还有问题,我们后续可以深度探讨。

杨琳:谢谢刘律师!我拜读了您发布的CBAM应对机制报告。相信随着CBAM的实施,关于碳边境制度的法律服务需求会逐步增加。

刚才黄律师提到CSRD、ESRS、GRI等复杂的披露机制,请问黄律师,中国企业应如何应对国外强制披露的要求,如何结合价值链进行过渡性的选择?

黄铈瀚:首先,分享一个我一直在思考的问题。为什么可持续发展或ESG相关的立法、规则都与披露相关?无论是联交所、SEC,还是欧盟出台的指令,为什么都规定披露方式?披露有两层意义:第一,披露有利于投资者、利益相关方了解企业;第二,在强制性规定无法触及之处,披露有利于企业发现问题、提升竞争力。披露是企业自查的过程。

其次,企业如何选择、适用GRI、ISSB、ESRS?考虑到企业成本,对于海外运营,或者有海外子公司的企业,如果达到了ESRS的规模要求,就无法逃避ESG议题,只能积极应对;如果只是处于价值链中,没有达到适用ESRS的规模,可以有选择地关注ESRS中与实际业务相关的主题。例如,SR主题是价值链中的员工,GE主题是道德商业行为。海外工程建设企业可以关注E4主题,即生物多样性和生态保护,以及S3下的受影响社区主题。

其实,很多中国企业是走在世界ESG进程前列的。对于这些企业,可以关注GRI、ESRS发布的互操作性的联合声明以及后续进展。GRI准则和ESRS标准都秉承影响重要性和财务重要性两个原则,相互契合,能帮助企业实现平滑过渡。

ISSB坚持单一的财务重要性原则,上市公司或关注投资的企业,应重点参考 ISSB 准则。尚未按照 ISSB 准则构建 ESG 体系的企业,推荐优先考虑 ESRS,在达到 ESRS 的要求后进行适度调整,基本上就能符合 ISSB 的披露要求。

最后,披露形式越规范、清晰,说明披露的透明度越高;但与此并行的是,企业缺陷暴露度的增加。应对可持续发展的机遇和挑战,最本质的工作在于 ESG 体系的建设,当然,我们很欣慰地看到,很多中国企业正逐渐意识到这点。

杨琳:临近结尾,请每位嘉宾用一句话给企业提供一个建议。

沈健:着重精力或者金钱,培养未来的 ESG 管理人才,做好人才储备,建立高效的企业 ESG 体系。

孙南翔:企业应与法律服务机构更多地交流与合作,发挥专业法律服务对企业 ESG 体系发展的促进作用。

Marcus De Freitas:企业发展过程中,可持续发展至关重要。

刘新海:ESG、"双碳"、碳关税等,均为双刃剑,相关专家应当在未来发展中理解规则、明晰风险,行稳致远、基业长青。

黄铈瀚:回应 Marcus De Freitas 和刘律师的两点问题。一是成本控制,一是增加投入。国内很多企业质疑参考国际规则的必要性或中国本土 ESG 标准的缺失,但既存规则均应仅作为方法论指引,应取其精华、去其糟粕,完善具有中国特色的 ESG 体系,形成长期竞争优势。

杨琳:再次感谢各位发言嘉宾、清华大学、清华大学法学院、参与论坛组织的工作人员,以及线上、线下各位嘉宾,本环节的研讨到此结束!

平行论坛二

第一单元 《民法典》适用中的重大疑难问题

崔建远：本单元第一位报告人是中国人民大学一级教授、中国法学会副会长、中国法学会民法学研究会会长王利明，主题是"两种《民法典》的法典化模式"。

王利明：各位老师、各位嘉宾，上午好！随着《民法典》时期的到来，立法机关提出应总结《民法典》编纂的经验，推进中国的法典化进程。为此，全国人大常委会法工委多次召开会议，我也曾与会讨论进一步法典化的措施。

在推进法典化的进程中，总结《民法典》的编纂经验非常必要，但也不能完全照搬《民法典》的编纂模式，或者只能选择一种法典化的编纂模式。我个人认为，法典化历来仅有两种模式：一种为"编纂式"，也称为"体系式"。它是由立法机关制定的、以高度体系化为特征的一种法典化模式。它通常是按照一类体系，形成一种逻辑自洽、规则完整、价值融贯、内容完备的法典。编纂式的特点在于"纂"。另一种是"汇编式"，也称为"松散式"，它主要是针对某一领域、某一行业里面相关的法律法规，把这些汇编在一起，并补充完善整理，形成法典。汇编式也要按照一定的体例进行汇编，显然它不如编纂式更注重体系性，它的特点重在"编"。

从我们国家的法典化历史发展来看，我们是有法典化的传统的，这个传统是"有典有则"。我觉得我们法典化的历史传统，实际上更倾向于或者类似于汇编式，而不是近代意义上的编纂式。但历史上我们的法典仍然是民刑不分，甚至以刑为本，体例上也实行律例合编等，这都更类似于编纂式。有人说《唐律》的"名例律"是"总则"，但是大家仔细研究会发现它和现代意义上的“总则”是有很大的差异的。虽然中国古代法典主要是汇编式的，但是这种类似于汇编式的历史传统也为我们今天的法典化提供了很好的经验。

从大陆法系法典化的历史来说，我们也可以看出，实际上这两种模式始终是存在的。以法国为例，1804 年的《法国民法典》以法律阶梯为模式，按照人、财产和人取得财产的三方结构，形成了非常富有逻辑性的体系编纂，可以说它是现代意义上编纂式法典的开端，也是法典的典范。但是，1807 年的《法国商法典》却不是编纂式的，而更近似于汇编式。它产生的过程是因为当时拿破仑制定《法国民法典》之后发现还有大量的单行商事法存在，比如《陆上交通条例》等，有关票据、海商的这些单行法又不能纳入《法国民法典》中，怎么办呢？为解决这一问题，最后把它们汇集在一起进行整理，形成了 1807 年的《法国商法典》。

从法典化运动开始，这两种模式就同时存在。《德国民法典》被称“科学法”，它是编纂式的集大成，后来经过潘德克顿学派的发展形成了著名的五编制，区分了种类，形成总则，并发明了在总则里面的法律行为制度，贯穿了法律的始终，以私法自治融贯于整个法典，因为体系完整也被称为科学法。

我们看《德国民法典》颁布之后也颁布了一系列相关的法典，这些法典就是汇编式的了。如《社会法典》《建筑法典》《资本投资法典》等。这些法典其实就是典型的汇编式的。普通法系判例法也有法典，特别是美国法典，更是典型的汇编式的法典。我觉得汇编式和编纂式存在很多区别。虽然都有利于法律的完善，都有利于找法、用法，但是它们还是有很多的差异。

第一，编纂式法典必须要由立法机关完成，但是汇编式可以由立法机关，也可以交给民间来完成。像《美国统一商法典》，它是由民间机构完成，然后由各州自己去确认认可，它更加灵活。

第二，体系化的程度是不同的。编纂式不仅强调外在的体系、制度的体系，还要追求内在的体系、价值的融贯，但是汇编式不一定。它并不是那么强调体系，它也不一定要有总则，很多汇编式的法典是没有总则的。要求一定要设一个总则，是非常困难的。这是因为它很难找到一个能够贯穿于整个法典的像民法典那样一致的价值，比如私法自治或者人文关怀等，很难有这样的一种通篇适用的价值。

第三,成熟度的要求也不同。编纂式要求规则要有相当的稳定性,它不能够不断、随时地修改,但是汇编式不一样,它把大量的单行法汇聚在一起,单行法本身的变化就比较大,所以汇编式不一定要追求规则一定要达到相当的成熟度才能纳入法典。

我们今天讨论推进法典化的进程,实事求是地说,我对行政法能不能编纂出一部法典还是持怀疑态度的。其中一个重要的原因就是行政体制在不断变化,而且变动性很大。在行政体制还没有达到相当的稳定性的情况下,要制定一个包罗万象的行政法典是非常困难的。当然,从行政程序着手制定一部法典也是可行的。

第四,编纂式适用于传统的部门法的分类,调整的是基础的社会关系,比如民法、刑法、诉讼法这些适合于适用编纂式,就是因为它是按照传统的部门法分类进行的,规则因此就相对更多地在一个特定的社会关系基础上展开。比如民法主要是私法规范,《民法典》就很难把大量的行政管理规范纳入其中,否则这个法典体系就会受到破坏。

知识产权领域规定当初是不是应该被纳入《民法典》呢?反对意见在于知识产权领域有大量的管理性规范,被纳入《民法典》后可能就与《民法典》应有的私法规范显得不协调。所以编纂式调整的就是这样一种具有基础性的社会关系,是特定的社会关系,它的规则也相对要保持一致。但是汇编式的法典就不一定了,汇编式调整的是不同的行业、领域服务于单一的一个特定目标,它往往具有“领域法”的特点。像教育法,既有公法又有私法,是公法和私法的结合。我们现在正在准备推进的环境法典,也带有领域法的特点。在这样一个法典里面它不一定就完全包括私法规范,它可以是民事的,甚至可以是刑事的,都可以纳入其中,这就更体现了汇编式的特点,这和编纂式是很不一样的。

第五,和单行法的关系也不一样。编纂式不一定要把相关的单行法都纳入里面,所以在《民法典》中,一些单行法都没有被纳入进来,但是它怎么保持和单行法的关系呢?这就要通过大量的引致规范来实现法典和单行法的衔接。但是汇编式法典包含大量单行法,是把单行法有一定特点的或是有一定成熟度的条文,纳入汇编式的法典里面。这点和编纂式也很不同。

这些区别决定了这两种编纂的模式,各有特点,各有利弊。编纂式注重体系性，所以它体系完整、价值融贯，从而实现了法典的规范储存功能、价值融贯的功能，能够有效发挥填补法律漏洞等作用；但是它的针对性不一定很强，因为像《民法典》的大量规则还是比较抽象的，它不像汇编式里面针对性很强的规则，它的灵活性也不足。就是我们刚才讲的，编纂式法典不可能反复修改、朝令夕改。它一定要有相当的稳定性，汇编式法典就不是。汇编式法典可以不断地修改完善，这样的话更能够适应社会不断变化的需求。所以汇编式具有统一性、便利性、灵活性、针对性的特点。这些特点里面很多是编纂式不具有的。所以我个人的看法就是，我们在推进法典的过程中，还是要针对不同的领域、不同的部门，针对调整社会关系不同的方面等，来选择最优的法典化的模式。我们不一定都要采用《民法典》这样的编纂式的模式，都整齐划一地按照编纂式来编纂法典这是不现实的，也是做不到的，也不一定能够很好地发挥法典化的功能。大量的领域，比如环境法、税法、社会法、教育法，现在大家都主张要搞法典化，我觉得这些领域的法典化是不能完全套用《民法典》的模式的，也许可以考虑汇编式的模式。我觉得这个是值得讨论的。

所以我的基本观点就是：法典化应当有两种模式，针对不同的模式进行选择，这可能是更有利于发挥《民法典》功能的有效方式。我就讲到这里。

崔建远：感谢王利明老师的发言。他归纳、总结法典化两种模式的优缺点，旨在告诉我们，国内各界对于法典化浪潮应该持有的参与态度。这给了我们很多的启示。感谢他在这个报告中阐释了他的思维方法。

下面请中国人民大学法学院教授、中国法学会民法学研究会副会长杨立新发言，题目是“相得益彰：《民法典》司法解释的制定与完善”。

杨立新：各位在座的老师、同学，大家好。感谢清华大学让我有机会参加会议，讨论中国《民法典》的问题。我的发言，是刚刚在《法学论坛》发表的文章，下面我简要说一些我的想法。我的想法可能和多数学者的意见不一样。我充分肯定司法解释的作用，所以我文章的题目就叫《相得益彰：〈民法典〉司法解释的制定与完善》。我觉得我的想法也有一定的道理。

第一部分，最高人民法院对贯彻落实《民法典》开展的司法解释工作。这一点，最高人民法院自己就做过总结。一是基本情况，是对原有民法司法解释的整理工作，这部分主要是“改”和“废”。二是“立”的问题，制定适用

《民法典》的新司法解释。在 2020 年 6 月到 12 月,最高人民法院制定了 7 件司法解释,后又有最高人民法院《关于适用〈中华人民共和国民法典〉总则编若干问题的解释》,以及学界期待已久的最高人民法院《关于适用〈中华人民共和国民法典〉合同编通则若干问题的解释》等,可谓数量众多。不包括商法的纯粹《民法典》适用司法解释群,总计条文已达到 1010 多条,接近《民法典》本身的条文数量。上述内容完成后,恐怕要达到《民法典》1260 个条文的数量规模。

从总体上评价《民法典》司法解释的制定与完善,第一个特点是规模庞大,这个是史无前例的司法解释,几十部司法解释一次审议通过。第二个特点就是“废”“改”“立”并举。第三个特点是统一了司法思想、构建了司法体系。

第二部分,我想探讨司法解释对适用《民法典》发挥的重要作用。我总体上认为,适用司法解释,对正确适用《民法典》能够起到很好的保障作用,二者相互配套、相得益彰。我特别强调这个“相得益彰”。基本特点是:

第一,《民法典》适用司法解释基本形成规模。在很短的时间里,便初步形成了相当规模的解释群。

第二,适用《民法典》的司法解释已经形成体系。千余条司法解释构成了“三层次、多方位”的科学体系。“三层次”包括对《民法典》的整体适用、对《民法典》某一编的法律适用,以及对某类型案件的法律适用。“多方位”表现在综合性解释、系统性解释和具体问题解释,实现司法解释的多样性,形成了《民法典》司法解释的树形结构体系。

第三,《民法典》适用司法解释突出实用价值。司法解释应当有一个突出特点,就是“管用”,而不是“作势”。这个“管用”的条文制定出来到底能不能解决实际问题,才是最重要的。就目前情况看,《民法典》适用司法解释突出了司法实践的实用价值,总的来说,是“管用”的。

第四,《民法典》适用司法解释具有创新性。新制定的司法解释比修订的司法解释要好得多,具有创新性。现在的《民法典》司法解释中,我觉得担保制度的司法解释写得非常好,里面的很多新规则都是非常“管用”的,未被现行的《民法典》具体规定。我们非常期待的合同编通则司法解释也具有这个特点,我觉得这两部应该是最好的司法解释。

从另外一个角度看,《民法典》司法解释起到的重要作用有以下 4 个:第一,统一适用《民法典》的指导思想和原则,特别是像《民法典》时间效力方面的规定。第二,统一适用《民法典》与其他法律的关系。《民法典》第 11 条规定了民法特别法适用的一般性规则,表明了民法特别法规定的优先适用规则。最高人民法院《关于适用〈中华人民共和国民法典〉总则编若干问题的解释》第 1 条便做了此类规定。第三,统一《民法典》适用的具体方法。司法解释依循问题导向,着重进行具体司法适用解释,使《民法典》的规定能够准确适用。第四,统一对《民法典》规定的具体规则的适用方法。我国《民法典》中存在大量的一般性规定,比方说"添附"就仅有一个条文。另外,物权编目前尚无解释。还有婚姻家庭编中,关于亲子关系的确认和否认,也是非常重要的规则。所以,留存着进一步规定的空间。

第三部分,《民法典》适用司法解释的规范缺漏与"急于求成"。我在本部分的有些方面,对它持批评态度。总的来看,最高人民法院对《民法典》适用的司法解释是成功的、卓有成效的,在短短的时间里完成这么大的体系,难能可贵;但是,由于时间过于紧迫、规模过于宏大等原因,也还存在一些问题。我分析主要有以下几点。

第一,个别解释存在问题。我这两年写的两篇文章,都是批评侵权责任编司法解释的错误,"一次性赔偿""分期赔偿",都是存在问题的。此外,关于连带责任的规则也存在问题。这些问题是遗留问题,与现行《民法典》的规定相悖。

第二,应当解释的规则不予解释。譬如,《民法典》第 16 条关于胎儿利益的问题。胎儿利益现在仅规定了赠与和继承,其他的都未提及。其实,胎儿的人格利益是最应该保护的。

第三,应当填补的立法漏洞采取措施不力。例如,《民法典》第 10 条补充民法法源只规定了法律和习惯,没有规定法理是补充法源。对此,最高人民法院也没有作出解释。我曾经搜索过,最高人民法院的某个规定中,略有此意,但分量太低,且亦非《民法典》通过之后颁布的,未必"管用"。

第四,《民法典》适用司法解释的全面规划不足。这点可能和我们有些学者的意见也有关,认为该解释就解释,不该解释不解释,应有问题意识。但是,总体规划要有,否则,将来 2000 多条的司法解释没有章法也不行。

以上缺点的成因,我分析主要有三点。一是司法解释制定、修改较为仓促,很多条文未得到充分讨论。二是比较主观。主要表现在对一些司法解释的"改"没有进行深入论证,没有广泛征求意见,就提交审判委员会讨论。三是审查司法解释制定、修改的规则存在问题。这个问题也是我后面提出的观点的基础。

第四部分,正确对待我国司法解释的法官法性质和具体功能。

首先,我的一个想法是,是否可以承认最高人民法院司法解释具有法官法的地位?这是2006年我与全国人大常委会法工委访问德国、荷兰时,德国法官提到的概念。之前我们一直强调成文法国家法官不能造法,但是和德国法官探讨时,他非常明确地说,民法典确实是制定法,但尚有部分属于法官法,也即在司法实践中形成的统一裁判规则,这部分不应由立法机关管辖。两个典型事例是让与担保和一般人格。《德国民法典》至今未规定让与担保,德国法官认为,他们有成熟的经验、成熟的法官法,无须写入《德国民法典》。这便存在法官续造法律的问题。还有一般人格权,德国法院也是按照统一的裁判规则进行裁判的。因此,应该承认,民法典之外存在法官法。

将中国的司法解释和指导性案例,特别是司法解释,确认为法官法,我觉得是有充分理由的。第一,法官法存在的基础是现行法律规定存在不足,需要进行补充。就像刚才列举的《民法典》有关问题,没有解释根本没有办法适用。第二,法官法的任务是对法律欠缺根据需求进行续造。第三,中国法官法的定位,司法解释是法官法的重要内容,指导性案例也应是法官法的内容,因为指导性案例也有参照的作用。这样可以形成一个比较完整的法官法体系。

其次,相得益彰是制定法官法的基本准则。我有以下几点想法。一是我国民事法律表现出制定法和法官法的客观必然性。尽管实现了法典化,但是在适用《民法典》的时候,有些问题也需要进行司法解释。在这种情况下,客观上存在的制定法和法官法这两条线,最终归结到《民法典》的体系之中,形成我国民法的整体体系。二是相得益彰是制定法和法官法相互协调构成民法整体体系的要求。相得益彰并不是说制定法和法官法的地位平等、相互补充,而是立法和司法相互区别。制定法是基本立法,法官法是补充法,形成有主有从的法治体系。制定法和法官法相得益彰的具体要求,体现在四个方面。其一,统一性。法官法必须服从制定法,与制定法有统一的立法思想和制度。其二,创造性。法官法的主要功能是填补制定法的漏洞和欠缺。其三,完善性。法官法要对制定法规定的不确定的规则进行完善。其四,补充性。法官法要补充制定法规则的不足。

最后,通过上述分析,我想对适用《民法典》的法官法提出四点改进意见。

第一,各司其职。应当尊重最高人民法院的权利,立法和司法有自己的分工,不是说立法可以代替司法,更不能是司法代替立法。

第二,遵守原则。适用《民法典》的法官法必须遵循统一的民法立法思想和基本原则,不能超出这样的原则另搞一套。如果超出《民法典》规定的立法思想和基本原则制定司法解释或者指导性案例,立法机关可以行使监督权,也可以提请全国人大常委会讨论撤销这样的司法解释。

第三,敢于创新。制定《民法典》的司法解释不创新不行,现在有一些条文,基于各方面的考虑,规定得较为模糊,这些将来都应该避免。

第四,服务实践。司法解释最重要的是"管用",不"管用"的司法解释不行。现在的让与担保就属于法官法范畴。让与担保在《民法典》、其他法律中均未规定,而是通过司法解释规定,这和德国的做法一致。

以上欢迎大家批评指正,我站在最高人民法院的立场上,觉得这个工作非常重要,谢谢。

崔建远:在座多数都是从事民法具体制度规则研究的,做形而上工作的不太多。我感到最近一些年,杨立新老师时不时地发表一些形而上的文章,今天的报告也是如此。我听他似乎说了三个阶段:第一个阶段,司法解释很必要,只有司法解释才能和《民法典》相得益彰;第二个阶段,现在的司法解释也有很多不尽如人意之处。第三个阶段,应该怎么办。使我们获得了很多教育,感谢他。

接下来,有请中国政法大学民商经济法学院教授、中国法学会民法学研究会副会长李永军,他发言的题目是"民法典与法学教育"。

李永军:尊敬的在座的各位民法学界、商法学界的同仁,大家上午好!非常感谢清华大学法学院给我们提供的交流机会,我今天跟大家交流的是作为一名一线教学老师的体会和感悟。

《民法典》出台,对民法教学会产生一些影响,它在奠定基础的同时也带来一些新问题。其实,作为一个研究和学习法律的人,我始终有一个疑问:

《民法典》出台之后和之前的本质差别究竟是什么?《民法典》之前就有《民法通则》《合同法》《物权法》《婚姻法》《侵权责任法》,除了人格权编,其他法律在编纂之后的本质变化(非指能够看得见的条文变化),究竟是什么?这是直接关系到我们对法律的理解和我们教学的问题,是一个特别大的问题。

实事求是地说,我本人没有感觉到特别大的变化。中国政法大学柳经纬教授认为,中国《民法典》是汇编而不是编纂,我真的有点倾向这个结论。所以,杨立新老师提出要建立中国自主的民法知识体系。坦率讲,很多大学的教学跟《民法典》编纂之前比并没有太大的变化,我想大家跟我一样深有体会。

我下面想讲三个问题。

第一,中国民法理论受德国影响。《德国民法典》和民法理论,在 1990 年以后对中国的影响比较大。特别是 2000 年以后,我们翻译了很多德国的著作,跟德国进行了卓有成效的交流。在此,不得不提到两个学校,第一个是中国政法大学,第二个是南京大学,二者对德国资料的翻译,对中国了解德国相关的法学理论作出了贡献。

此外,日本民法和《日本民法典》,对我们的影响也很大。我们很多人留学日本,《日本民法典》和民法理论对我们影响也很大。有人最近写了一篇文章,指出我国民法理论受罗马法影响,但我认为,我们不否认罗马法的影响因素,可是它离我们很远,直接影响是很小的。当然,也不可否认的是,在中国的合同法和侵权法中依稀存在英美法的“影子”,很多技术方面的问题我们确实是借鉴了英美法;法国法,也很优秀,但是法国的民法理论对中国的影响不是很大。最近我看复旦大学的李世刚教授在研究法国法,这也是非常好的。我们现在对法国法的理论缺乏了解,甚至在大学教学中,好多学生对法国法缺少最基本的了解。

第二,理论继受中的中国《民法典》。应该说中国《民法典》的起草背景很像《日本民法典》的背景,它不像德国的,也不像法国的,德国成熟理论体系之下的《德国民法典》是非常成熟的,其中的问题也是非常少的。相反,法国花费四个半月时间,直接起草了一部举世闻名的民法典,完全没有理论指导。为什么说中国《民法典》起草背景与《日本民法典》的起草背景相似?因为二者在起草时期均在国内没有占统一地位的主流民法理论。因此,出现民法典里面很多东西不统一的情况，比如物权的概念。

我们中国的《民法典》大概是在这样一个背景之下制定出来的，理论争议很大，而且缺乏能够像德国体系那样直接支配民法典的立法的非常主流的理论。所以我国《民法典》的整个体系和制度结构跟理论研究相应，在体系上存在一些逻辑问题。

例如，人格权问题争议就非常大。其实我对于人格权编入《民法典》是同意的，但是侵犯人格权的时候，人格权本身的救济和侵权法的救济如何选择、如何协调，是《民法典》存在的特别大的问题。侵犯人格权时，什么时候是侵权？有哪些条文是可以独立作为人格权基础的？我想这是一个非常大的问题，可能会给我们的教学带来一些麻烦。

另外，法律行为理论问题的争议也是非常大的。究竟是否应该区分债权行为？物权行为的独立性在中国民法中究竟是否存在？有人说存在，有人说不存在，尚无定论。我国所有的合意区分都不是很清晰。比如合同直接产生了动产抵押权，债权合意产生了物权，二者是否需要区分？所以说这种问题，在民法教学中始终是特别大的问题，像不能对抗第三人的物权，一个不能对抗第三人的物权是否还是物权，且若仅在相对人间发生，又为什么定义为物权呢？我国的《民法典》和民法理论中，特别是像《民法典》第114条物权的概念，跟后面条文规定的"不能对抗"，始终是有矛盾的。

第三，建立中国自主民法知识体系。这个我是赞同的，这是以民法体系和《民法典》为基础的，学者、法官及律师的共同的艰巨的任务，即如何通过教与学的方式消化概念，构建没有逻辑矛盾的贯通性体系。

崔建远：我听了李永军老师的报告，第一层是说我国民法学、《民法典》所受的多种影响；第二层是在这样一个情况下，存在体系不自洽、难以自圆其说的领域，从而提出研究任务；第三层是如何建立中国自主民法知识体系。日后有机会请他接着讲如何处理民法的辩证关系。非常感谢李永军老师有见地的报告。

崔建远：下半场首先由著名民商法学家、北京大学法学院教授、中国法学会商法学研究会副会长刘凯湘发言，他的报告题目是"《民法典》人格权编司法适用中的问题"。

刘凯湘：谢谢清华大学法学院、龙俊教授、主持人崔建远教授！同杨立新教授一样，我的发言也是刚刚发表的文章中的一些思考。我看了一下，正好我们这个单元接下来温世扬教授讲的主题也是关于中国民法当中的人格权问题，特别是人格权请求权。我将从实证研究的角度，探讨人格权独立成编的价值。

《民法典》编纂时，“人格权是否独立成编”的问题在理论界引起巨大争论。三种观点泾渭分明：“明确赞成”派、“完全反对”派及“均可”派。《民法典》生效后，对人格权编的争论从“立法论”转向“解释论”，但就人格权编价值和意义的讨论仍未终结。

法律规范的基本功能有二：行为指引功能和司法裁判功能（司法保护功能）。我通过对《民法典》生效以来500余份聚焦人格权司法保护的裁判文书进行了收集、梳理，主要从司法裁判功能的角度，验证人格权编在司法实践中的实际作用。

做案例检索的时候，目前以“人格权”为关键词或者输入具体的人格权，比如隐私权、姓名权等，我觉得大概分为两个大的类型：

第一类，涉及对立法予以明确的具体人格权的保护，占比为75%～80%。这些案例是涉及具体人格权纠纷的案例，法院裁判的思路包括法律的适用，在法院意见当中所引用的条文、最后判决主文前面一段所引用的条文，都写了依据《民法典》第多少条。从这些表述来看，如果涉及具体人格权，基本上都是以适用人格权编的条文为主，几乎没有适用侵权责任编的条文。涉及消除危险、消除影响、赔礼道歉的时候，很多的判决书只涉及《民法典》人格权编，体现为对第995条的集中适用。这是引用最多的一条人格权编的条文。当然有的也可能附加一些其他的条文。涉及肖像权、姓名权的，会加上具体的条文，但首先肯定会适用第995条，不会涉及侵权责任编。当时反对人格权独立成编的一个主要理由是，所有人格权的纠纷案例通过侵权责任法，或者《民法典》侵权责任编就可以解决，不需要人格权编。大家也能看得出来，很多的人格权纠纷案例其实是不需要引用侵权责任编的条文，当人格权编独立成编以后，引用侵权责任编的条文不仅不是必要的，甚至可能是错误的。

最终发现，在很多人格权纠纷当中，原告的诉讼请求就是停止侵害，或者恢复名誉，或者赔礼道歉，没有要求经济损失赔偿，根本就不涉及侵权责任编。

第二类,涉及立法未予明确通过"一般人格权"进行处理的各种权利与人格利益。实践中的典型案型是"祭奠利益"。法院以《民法典》第990条的"一般人格权"等作为依据,发展出"排除祭祀妨害"等具体权益内容。案情事实简要如下:被告未通知原告,私自将原告爷爷的坟墓挖掘、破坏,并在之上建起厂房,原告家的另一座祖坟也因此下落不明。原告于国家法定节假日前往祭奠祖先,均为被告暴力阻挠,因此受到极大精神伤害。

通过以上两类案子,我们可以总结出人格权编司法保护的两大规范功能:一是权利保护功能,二是权利确定功能。权利保护功能主要涉及人格权请求权的创设,亦是大部分民法学者所主张的,人格权独立成编的主要功能或者内容。

如前所述,如果法院判决主文中仅支持了停止侵害、排除妨害等而不支持损害赔偿,则法院在裁判依据的选择上一般会仅选择《民法典》第995条以及所侵犯的具体人格权条款。譬如,北京市2021年影响较大的王某某诉西某某隐私权、个人信息保护案。西某某在其正房后墙、房顶瓦片下方安装了摄像头,摄录范围为其房后的整个胡同,涵盖王某某通行使用通道。王某某不管早晚都得经过这个地方,摄像头正对着其出入的路线,其行踪都通过摄像头看得到,所以王某某以侵害个人信息和隐私权益为由,请求法院判令西某某拆除摄像头。这个案子在当时对北京来说也是影响比较大的一个案子。一、二审判决均支持原告请求,要求被告拆除摄像头,尽管是放在自己房子外面的摄像头也要强行拆除,要排除妨害。法院对此直接引用《民法典》第995条与第1034条,未涉及侵权责任编中的条文。

再如,杭州互联网法院2021年审理的一起肖像权纠纷案也颇有代表性。在该案中,被告未经同意发布了原告乘坐杭州地铁的照片用于地铁广告的播放,后经法院认定构成对原告肖像权的侵犯。这个案子我觉得是一个很好的判例,最高人民法院也确实把这个案例作为一个优秀案例,因为它分别对一般人格权、具体人格权,包括请求事项分门别类做了阐释。最关键的是,杭州互联网法院并没有把这个纠纷作为一个网络侵权纠纷,而是直接作为肖像权纠纷,非常值得"点赞"。我有一个简单的表格,表格内容大体就是前面讲的这些,根据请求事项对条文引用的情况进行列明。详见表1。

表1 请求事项分类与具体适用条文

一级分类	二级分类	适用《民法典》的条文
法院在判决主文中所支持的请求项目	赔礼道歉、消除影响	第995条
案件中被侵犯的具体人格权	损害赔偿	第1182条
	精神损害赔偿	第1183条
	姓名权	第1013条、第1014条
	肖像权	第1018条、第1019条
	名誉权	第1024条
其他辅助条款		第998条、第1000条

我的结论是，《民法典》人格权编与侵权责任编，确实存在一些交叉的地方。譬如，当涉及损害赔偿，既适用到人格权编条文，又需适用侵权责任编条文。

至此，关于人格权救济的具体方式，倘若涉及损害赔偿，既适用人格权编条文又适用侵权责任编条文，没有争议。停止侵害、排除妨碍、消除危险这三个防御性请求权，尽管共识相对较弱，但基本上只适用人格权编的条文，不涉侵权责任编。此外，争议比较大的是关于消除影响、恢复名誉、赔礼道歉这三种救济方式，到底适不适用侵权责任编的条文，是有争议的。因为消除影响、恢复名誉类似于物权里面的恢复原状，似乎有一些相同的地方，这样的话就涉及侵权责任编。我个人的理解是，作为人格权请求权当中的消除影响、恢复名誉，它其实跟一般民事责任里面的恢复原状并不相同，完全是人格权独立的请求权当中的一个内容，跟恢复原状不是一回事。

综上，我的结论是：首先，从司法保护的视角来看，人格权编以《民法典》第995条为基础"创设"了独立于侵权责任编的人格权请求权，为人格权的司法保护提供了直接的途径。其次，它通过具体人格权条款将既已形成的共识予以明确，为人格权保护的司法程序提供了说理依据。最后，人格权编以《民法典》第995条的一般人格权为基础，创设了一个人格权法律保护的开放空间，为法官能动地"造法"提供了一片天地。

整体上，通过对近3年的司法实践、500多份案例的梳理，人格权编独立成编，除了这里没讲到的行为指引功能，就司法保护功能来说是达到了将人格权独立成编立法的预期，为我国人格权的保护，为司法实践当中更好地处理人格权纠纷，提供了非常好的立法依据。

崔建远：刘凯湘老师通过汇集分析整理判决得出结论。若是人格权受到侵害产生司法赔偿，则适用侵权责任编条文，人格权编条文为辅助性规范，或者干脆只使用侵权责任编；若未涉及损害赔偿，则不适用侵权责任编条文，而仅适用人格权编条文，加上总则的有关规定，共同组成完整的侵权基础。通过这个也梳理出他的思想，即本次《民法典》将人格权独立成编，促进了我国民事立法的科学性，不像原来《侵权责任法》设立那么多的责任方式。尤其是在竞合的时候，什么情况下竞合，什么情况下不竞合，不能像过去简单归于违约侵权责任。刘凯湘老师给我们做了一个很好的报告。

接下来有请武汉大学法学院教授、中国法学会民法学研究会副会长温世扬，他发言的题目是“中国民法上的人格权请求权”。

温世扬：（发言因涉及未发表论文内容，故此略去。——编者注）

崔建远：温世扬老师一方面对《民法典》创设人格权请求权表示肯定，另一方面也指出它挺“暧昧不清”的。我听下来，他有自己的独到看法，我和他的观点分歧较大，在制定原《物权法》的时候我就发表过文章，如此看来对人格权请求权作进一步的深入研究还是非常必要的。

接下来有请吉林大学法学院教授、中国法学会民法学研究会副会长马新彦，她发言的题目是“以物抵债疑难问题解决的内在逻辑”。

马新彦：各位老朋友、各位青年才俊，大家好！我今天发言的题目是“以物抵债疑难问题解决的内在逻辑”。“以物抵债”是一个非常小的问题，但之所以把它作为今天的报告题目，是因为我发现这看似是一个小问题，实则蕴意颇深。

首先，它引发的纠纷的数量多。据我检索，近 5 年的以物抵债纠纷案件有超过 16 万件之多，单《民法典》颁布之后，就发生了 6 万余起以物抵债纠纷案件。这个数据可能不纯，但也足以说明此类纠纷案件的数量规模。其次，它的争议大。法院判决依据各异，“同案异判”现象较为严重。所以，我希望各位学者能够多多呼吁最高人民法院出台合理的司法解释。

第一个方面，从司法数据的分析情况看，关于“同案不同判”，法官的争论主要围绕这么几个方面。

其一，以物抵债协议签订之后，原债是否消灭？有四种观点：第一种观点,取决于当事人的约定,如果当事人约定消灭的,那就消灭。如果当事人没有约定,视为一种增加的支付方式,称为“新债清偿”,债权人享有选择权。第二种观点,以物抵债是实践行为,未交付抵债物的,原债不消灭。第三种观点,债务人未交付抵债物的债权人只能请求履行原债,若经过法院释明,债权人仍请求支付抵债物,则驳回起诉。这是《九民纪要》的观点。第四种观点,债权人请求原债,法院拒绝请求,只能认定交付抵债物。总之,对于原债是否消灭的观点差距较大。

其二,债务履行期限届满前或后,当事人为保障债权实现,签订预售买卖合同,并约定债务人可以回购,借此模糊以物抵债的概念。这将引发两个问题。首先,是性质的认定问题。这究竟是买卖行为,以物抵债行为,还是让与担保行为?对此,司法裁判的观点不一致。其次,如果抵债物是房屋,债权人已经占用,这种情况下,其对房屋的权利能不能排斥其他债权人在这个房子上的权利,对此的处理和最高人民法院关于执行异议和复议的司法解释的规定该如何协调,也是一个争论的问题。

其三,以物抵债协议究竟是实践合同还是诺成合同?关于这个也有争议,法院的判决不一致。

其四,在履行期限届满前,签订的以房抵建设工程价款协议的性质究竟怎么认定?一种观点认为,这种协议不是以物抵债协议,是建设工程价款的另外一种支付方式。另一种观点认为,它就是以物抵债协议。

其五,以物抵债协议生效的前提条件是什么?一种观点认为履行期限届满以后签订的以物抵债协议才有效,届满前签订的以物抵债协议是不生效的。对建设工程价款的以物抵债协议处理也借鉴了此种观点:在建设工程价款结算之前达成的建设工程价款以物抵债协议均无效,仅建设工程价款结算以后达成的以物抵债协议才是有效的。另一种观点认为期限是否届满无关紧要,协议是否有效,应该综合考察背后的原因。

总之,实践中,在这些大方面存在着裁判不一致的情况。

第二个方面,最高人民法院《关于适用〈中华人民共和国民法典〉合同编通则若干问题的解释》是按照履行期限届满前和履行期限届满后两个进路进行规定的。最高人民法院《关于适用〈中华人民共和国民法典〉合同编通则若干问题的解释》第28条第1款债务人或者第三人与债权人在债务履行期限届满前达成以物抵债协议的,人民法院应当在审理债权债务关系的基础上认定该协议的效力。它解决了两个问题:一是以物抵债协议的效力,取决于表述,如果当事人的约定表述为财产拍卖变卖折价实现债权的,这个就是有效的;如果表述成归债权人所有,则协议无效。二是与让与担保的区别:转移所有权的为让与担保,没有转移所有权的就是以物抵债。关于债务履行期限届满后达成的以物抵债协议,另外一个规定进路是将其当作清偿型的以物抵债协议。最高人民法院解释这个问题的时候重点谈了两个问题:一个问题是,以物抵债协议的性质属于诺成合同,当事人意思表示一致即生效。此种定性的目的在于规制司法实践中当事人想用以物抵债协议请求法院出具确认书或者调解书,以达到抵债物发生变动的效果,从而排斥其他债权人的权利的行为。另一个问题是,原债务消灭与否取决于以物抵债协议是否履行。债务人或者第三人履行以物抵债协议后,原债务同时消灭;如果没有履行,原债务没有消灭,债权人可以在原债务与以物抵债之间进行选择。

第三个方面,最高人民法院《关于适用〈中华人民共和国民法典〉合同编通则部分的解释(征求意见稿)》存在的问题。首先,债务履行期限届满前达成的以物抵债协议的性质判断问题。它不仅仅是履行期限届满后达成的协议是诺成合同还是实践合同的问题,在履行期限届满前达成的协议同样存在这样的问题,而且这时认定它是诺成合同还是实践合同的意义更重大,涉及将来抵债物贬值增值的风险如何在当事人之间合理分配的问题。其次,债务履行期限届满前达成的以物抵债协议,也同样存在着原债是否消灭的问题,或者说原债是否消灭在债务履行期限届满前,这个问题的意义更重大,因为这种情况下抵债物升值或者贬值的可能性会更大。再次,以物抵债协议在期限届满以后也同样面临抵债物和债权额匹不匹配的问题。最后,该解释的征求意见稿中尚有自相矛盾的之处。条文既认为以物抵债协议签订以后,相应的原债权消灭,又主张债务人未履行以物抵债协议的,债权人享有选择权。既然规定原债消灭,但却又规定债权人享有选择权,这就存在问题。

我通过对若干份裁判文书进行分析发现,关于有效无效、成立与否的问题,存在各种各样的判决、各种各样的观点。归根结底是两个问题,一是签订了以物抵债协议之后,抵债物增值额远大于债权额,或者抵债物贬值,于是一方当事人总是提出有利于自己的主张,法院如何判?对方当事人会如何想?二是以物抵债的债权能否对抗在物之上的其他权利?在这个房子上所享有的权利能不能对抗债务人的其他债权人？在多大的程度上可以对抗其他的债权人？

所以我觉得正确地解决以物抵债的问题，应从这么几个方面入手：首先，界定以物抵债的概念，什么叫以物抵债？以物抵债实际上就是当事人签订的以他种给付代替原定给付的协议。定义精准之后，在名义上的买卖合同的情形中，预售合同约定当事人有权回购，但是它的实质意思就是拿房子来顶账，就应当被认定为以物抵债。还有建设工程价款的相关情形中，无论是用房子来支付剩余工程价款，还是如何表述，都不重要。只要是拿房子顶替原来的金钱之债，那么就可以认定为以物抵债。这样的话，就避免了好多理解分歧的争议之处。其次，界定以物抵债协议的效力，究竟以物抵债协议何时生效？它是诺成合同，无论期限届满前还是期限届满后，意思表示一致即发生效力。最后，协议生效后的法律后果。以物抵债协议有什么样的法律后果？法律后果就是在相应的合理范围内原债消灭。这样的话，它就不用考虑是不是表述为以拍卖、变卖、折价的优先受偿等。只要意思表示一致，即协议生效，在相应合理的范围内原债消灭。重点是研究如何认定"合理的范围内"问题。这是抵债物在以物抵债协议后贬值、升值的风险在当事人之间合理分配的关键。

崔建远：接下来与谈的一位是吉林大学法学院教授、中国法学会民法学研究会副会长房绍坤，另一位是中国社会科学院法学研究所研究员、中国法学会民法学研究会副会长谢鸿飞。欢迎！

房绍坤：刚才，王利明老师基于比较法经验，总结出两种法典编纂体例。关于法典编纂，有三个问题是需要考虑的：第一，我国法典编纂是有传统的，历史上曾多次出现法典编纂活动，但其与现代意义上的法典编纂完全不同。因此，我们在进行法典编纂时，应当充分借鉴我国古代的经验、国内外经验。第二，要充分考虑每一个学科自身的特点。法学领域学科众多、各具特色，是否均适合法典化，是需要深入研究的问题。《民法典》出台以后，各学科学者都很振奋，跃跃欲试，希望借助《民法典》出台的机会也进行法典化，如环境法典、教育法典、行政法典、经济法典、税法典等。从大家的态度上看，法典化似是大势所趋。然而，具体学科是否法典化是要慎重考虑的。第三，法典化不能搞"一窝蜂"，应当根据实际情况有序推进，如制定环境法典的条件相对成熟，可以先行法典化；而制定教育法典的时机就不成熟，倘若将学前教育、小学教育、高中教育、大学教育、职业教育都纳入法典,便有"拼盘"的倾向,意义也不大。

杨立新老师从司法解释角度展开讨论。他多年从事司法审判工作,实践经验丰富,他的研究成果具有很强的实践指导意义。对于《民法典》司法解释,杨老师大体持肯定态度,但也有批评,我同意杨老师的观点,《民法典》有关司法解释的制定较为仓促,甚至存在与《民法典》规定的矛盾之处。我认为,关于司法解释的制定有几个问题要注意。第一,司法解释不能越法,即不能超越法律规定,成为司法立法;第二,司法解释不能改法,即不能改变法律原意;第三,司法解释不能再解释,若不解释无法直接适用,这是不行的。司法解释应如何更加科学、完善,需要认真考虑。

李永军老师主要从批判角度展开演讲。首先,《民法典》出台后,下一步的民法教学应如何推进?民法教学应当从立法论转向解释论已成共识,但解释范本仍存疑。其次,李永军老师认为目前的民法教学缺乏自身特色,也对法学教育如何贯彻落实《民法典》提出了很好的思路。应当说,怎样搞好民法教学、怎样解释《民法典》,是值得全体民法学同仁认真思考的重要问题。怎样将《民法典》这个基础性法律在教学中贯彻下去?我想,这是民法学者的一个重要任务。怎样使《民法典》更易理解,从而发挥对其他学科的促进作用,是民法学者的课题。前段时间出现的恶犬咬伤女童事件,因涉及刑事犯罪,无法按照最高人民法院《关于确定民事侵权精神损害赔偿责任若干问题的解释》进行精神损害赔偿。但是,《民法典》明确规定,只要造成严重精神损害就应当赔偿。如果因涉刑事犯罪就不赔偿,便严重违背《民法典》的基本精神。所以,民法教学任重道远,仍需各位共同努力。谢谢大家。

谢鸿飞:学习了各位老师的精彩报告,我谈一点感想。

刘凯湘老师谈的是人格权编司法适用的问题。刘老师分析了 500 余份关于人格权纠纷的裁判文书,很有力地证明了人格权编具有裁判规范的性质。其中让我特别受启发的一点是,在裁判实践中许多人格权纠纷案例,法官单纯依据《民法典》第 995 条进行裁判,根本没有援用侵权责任编的相关规定。但另外一些案件中,法官却同时依据人格权编和侵权责任编进行裁判,首先依照《民法典》人格权编确定原告享有何种人格权,再进一步按照《民法典》侵权责任编第 1182 条等规定来支持原告享有的损害赔偿请求权等。我基本赞同刘老师的结论,因为人格权编在司法适用中确实具有两个最基本的功能：一是权利保护功能，二是权利确定功能。

刘老师提到的《民法典》第995条也是温世扬老师谈的主题，人格权请求权的重点。温老师提出的几个观点，确实很具有创新性。他谈到在中国法上人格权请求权基础是不明朗的。《民法典》第995条只有“停止侵害、排除妨碍、消除危险”是属于人格权请求权，“消除影响、恢复名誉、赔礼道歉”其实并不属于独立的人格请求权。我个人也赞同他的观点，后三种请求权解释为一般请求权的恢复原则更加合适一些。我个人的体会是，物权请求权和人格权请求权还是来自物权、人格权这些权利本身的绝对权性质。赋予这些权利独立的请求权地位，从经济效率上来讲，更加可取，也更加有助于权利人通过类似于自助的方式保障自己的权利。现在也有一个很困惑的问题，《民法典》第1167条和第995条在司法适用中到底是一种什么样的关系？

马老师提到了一个很大的问题，关于以物抵债。我注意到在司法实践中，很多法院也采取了最高人民法院司法解释这样的模式，区分债务到期之前的以物抵债和债务到期之后的以物抵债。但是从学界来看，争议的问题主要是两个：以物抵债是诺成合同还是实践合同？合同签订以后或是履行以后原债是否消灭？马老师建议不再区分期限届满前和期限届满后两种以物抵债的形态，一概规定为诺成合同，并且原债消灭也是在合理的范围以内消灭。我觉得非常有创新性。

对于马老师的报告，我有两点想法。第一，我觉得可能从最高人民法院的角度来说，为什么要做期限届满前和期限届满后的区分，主要还是考虑到如果债务人有其他债权人存在，可能涉及保护其他债权人的问题。最新的最高人民法院《关于适用〈中华人民共和国民法典〉合同编通则若干问题的解释》第28条没有讲清楚一个问题：在以物抵债情形下，如果债务人后来不把该财产交给债权人，债权人能否按照以物抵债协议请求债务人将财产权利移转给自己？若构成让与担保，则对以物抵债债权人权利保障更加有利。第二，马老师提到的最新最高人民法院《关于适用〈中华人民共和国民法典〉合同编通则若干问题的解释》的规定。它规定在期限届满后以物抵债的情形下，若债务人未履行此合同，债权人可以请求债务人履行以物抵债协议或者原债的协议。我的疑问是，在这种情况下，模拟当时的真实意思，是否能够得出来这样的结论：债权人和债务人双方赋予了债权人选择的权利？我个人对这点存在疑问。

第二单元 《民法典》总则编和合同编中的疑难问题

韩世远:大家下午好！今天这个单元题目是"《民法典》总则编和合同编中的疑难问题",前半场有4位发言人,分别是中国社会科学院的冯珏老师、中南财经政法大学教授张家勇老师、苏州大学王健法学院院长方新军老师和中国政法大学教授刘保玉老师。

下面有请中国社会科学院法学研究所编审、《法学研究》副主编冯珏,她的发言题目是"民法的理论体系与法典体系"。

冯珏:感谢韩老师！非常感谢第六届清华大学世界法治论坛的邀请,让我来汇报这样一个题目,把我安排在本单元第一位发言我感到很惶恐。我想,和在座的、待会发言的其他老师相比,对于《民法典》总则和合同编的具体问题,我个人涉猎较少。由于工作性质,我平时的阅读比较"杂"。所以我拟定的发言题目叫作"理论体系与法典体系",这是我长期思考并且最近一直在琢磨的问题。这个题目也受到民法学理上内在体系和外在体系的区分的影响,这一区分给人以民法有多个体系的观感。这里借用了此种表达。

我想讨论的问题是,《民法典》的通过对于民法学理论研究会产生什么样的影响?《民法典》通过之后的理论研究是否仍然重要、应该研究什么。

关于这个问题,学界其实已经有不少共识。一方面,《民法典》的通过使法教义学尤其是民法教义学得到了比较充分的发展。大家可以发现,从2020年《民法典》通过开始,关于法条解释、评注的专著还有评注体的论文(还包括不以评注名义发表的论文)即面向解释论的民法学研究成果大量问世,这对于《民法典》的解释和适用工作具有重要的指导意义。不光是学界,最高人民法院也通过司法解释不断细化和补充《民法典》的相关规范。由此,民法学知识体系越来越庞大,知识量越来越多。另一方面,这个大背景也为中国民法学自主知识体系的构建提供了丰富的素材、讨论基础和出发点,对于我国民法学知识体系的建立、丰富、完善以及民法学的学科建设和发展,都产生了重大的积极影响。

但是,我们也需要反过来思考这样的问题:法典"出"是不是法学就"亡"了呢?借用朱庆育老师的话来表达,这个问题就是法学的思考会不会被法典框定或者限定的问题。《民法典》通过之后,我们在讨论问题时,当然要从《民法典》出发,当然要使用《民法典》已有的概念及其术语表达,当然要遵循《民法典》的体系架构。我想各法学院的老师在讲授民法总论和分论的时候,尤其是分论部分,多多少少都有相应的调整,例如人格权原来是放在侵权部分讲授的,现在需要单独讲授。因此,《民法典》对民法教学、理论研究甚至我们思考问题的出发点都产生了框定效应。这样的框定效应对于民法学的发展来讲,可能会有一些负面影响。

在这种背景下,我们需要更充分地认识理论体系和法典体系之间的动态的互相影响关系。关于这个问题,我的个人浅见是要从认识论的角度着眼。这是因为,不管是学者自己构建的还是历史上流传下来的民法学理论体系,都属于认知体系,是人们对客观的民法秩序的理论加工和再现。虽然法典体系可见,我们已经把它成文化,印在纸上甚至铸在铜表上,但从本质上讲,它仍然只是一个经过立法者确认的认知体系。在我国,它是代表最广大人民群众意志的认知体系。

因此,现在至少可以区分两类认知体系,并且这两类认知体系肯定会互相影响:一是法典体系。由于它已经成文化,所以是可见的,正如一部作品从作者的头脑中流淌出来并被固定在载体上一样。法典体系的可见性也意味着它具有稳定性,如《民法典》有着严格的修改程序。当然,就此学界还在讨论它的地位、适用什么样的修改程序、由哪个立法机关修改等,这一系列问题尚待回答。但是,法典的可见性和稳定性也会导致它的滞后性。这就是为什么《民法典》一通过就有争论、就需要解释,因为法典文本会始终停留在通过的那一刻,永远滞后于民法秩序的发展,更不要说法典本身尚有待完善之处。

二是理论体系。与法典体系的三个性质不同,学者构建的理论体系首先是不可见。虽然学者能不断地著书立说,但这也说明其构建的理论体系是处于不断修改过程中的。此时此刻我这样说,但我明天说的可能就不一样了。头脑中的东西不可见，也不稳定，还会不断发展变化。也就是说，一个认知体系如果还在我们的大脑中储存着，那么它和已经被表达出来的成文法的认知体系，是有很大差别的，但这两类认知体系会互相影响，例如法典体系的形成其实要在一定程度上借助于理论上的认知体系。

如果考虑到法典体系和理论体系在本质上都是对客观民法秩序的认知体系，那么它们的互相参照、互相影响，就是不可避免的。既然不可避免，学者要做的或者研究者需要强调的，一方面当然是要深谙《民法典》的结构、概念、条文、解释等，另一方面则要始终保持自己的理论体系的相对独立性和超脱性，不要被法典框定，由此才能不断评价、发展、解释、补充法典背后的知识系统，民法学的教学才可能在一定程度上脱离被法典固定的认知体系，学生在学习民法学的时候才能既看到《民法典》、司法解释，又看到它背后的整个知识系统和理论基础。这是我所要强调的理论体系的重要作用。

当然，理论体系也有它的局限性。一千个读者就有一千个哈姆雷特。因此，不同学者构建的理论体系，哪怕只是已经表述出来的部分，也不可能完全一致；哪怕是已经有了统一的《民法典》，对于《民法典》的解读也不可能完全一致。所以总会存在不同认识之间的辩论交锋。那怎么办呢？我想这里面就需要通过学术讨论和交流促成学术通说的形成，以及在这个过程中学术权威的自然形成。一系列学术活动的重要价值，其实都在于认知体系之间的相互借鉴、参照和影响。而人们的认知之所以可以相互沟通、理解、交流，是因为从根本上说是以人的“同理心”为基础的，即“人同此心，心同此理”正是人类沟通和交流的生理和心理机制。

最后我想说的是，从法典体系的发展来看，理论体系发挥的一个重要功能是评价尺度，即它是法典体系的一个比较对象。如果将客观存在的民法秩序作为民法学的研究对象，首先要考虑到底有没有这样一个客观秩序。当然，这涉及经典哲学之问：我们到底能不能认识客观世界？康德说不能，所以批判纯粹理性。如果我们永远认识不了物自体，又如何评价一个认知体系包括法典体系和理论体系的真伪？法理学中有所谓的自然法学派，想象存在一套自然法，这套自然法其实就是据以评价实在法的一个尺度，但是自然法是否存在呢？又为什么实证法学后来得到了如此大的发展？其实，对于民法学这一认知体系的探究，不可避免地要回溯到法理学甚至哲学上关于是“格物致知”还是“心自知”的终极讨论。面对这样的难题，一方面，要承认法学作为社会科学与自然科学在认知对象上的重大差异，且我们本身就生活在其非常抽象的认知对象之中，这些都会影响我们对于这个认知对象本身的观察、认识和理解。但这恰恰是社会科学有别于自然科学的差异所在，社会科学不仅不能被自然科学所替代，还要发展出独立的认识对象和理论研究的方法。另一方面，我们要充分意识到社会科学认知体系的检验依赖于与其具有同质性的比较对象和评价尺度，需要不断构建和丰富这种比较对象和评价尺度。对于法学终极之问的探索和回答，我想不仅是每一位法学研究者都一直在努力做的，也是学生们在学习的时候应该加以思考和探索的。

最后一部分没有时间展开，以上是我关于法典体系和理论体系的一些不成熟的思考。

韩世远：冯珏老师提出了一个重要的话题，就是在法典化之后，我们的民法学如何避免沦为单纯的法典注释，让它仍然具有相应的独立性和超脱性，为整个法典化的进步提供一个尺度。她的发言非常好。

下面有请中南财经政法大学法学院教授张家勇，他发言的题目是“民法典时代的解释建构问题”。

张家勇：《民法典》不仅开启了中国民法的法典化时代，似乎还正在导引出更多的中国法典化行动。在欢呼这个盛举的同时，现实也在不断提示我们更多关注甚或反思与法典化相关的话题。有学者断言，伴随《民法典》的出台，民法学已从立法论走向解释论；也有学者担心，随着《民法典》的出台，中国民法学可能会走入“法典的牢笼”。为此学者们开出的药方，要么是围绕《民法典》实施的重大疑难问题展开研究——就像这种问题要是不颁行《民法典》就不会产生一样；要么主张研究视角不要局限于法典本身，应保持开放——似乎有《民法典》就不能更好地开放一样。不管怎么说，《民法典》作为一个法制事实已经发生，且有约束效力。只是需要我们思考的是，这种约束效力究竟是如何表现的？就此，我这里说几个问题。

首先，如何面对《民法典》基本法架构？《民法典》旨在建构民事关系基本法律架构，至少就目前的多数意见以及《民法典》的实际规范内容来看，《民法典》是民法和商事交易法的一般法。这个定位应当是能够确定的，《民法典》有关法人尤其是营利法人的内容，几乎就是公司法相关规定的一般化。但是，这当然无法得出《民法典》已经解决了民商关系的全部内容，甚至其已有的规范就是民商事关系的完整规范的结论。事实上,《民法典》中的很多规范,尤其是合同规范,民、商区分的意识以及区分效果都没有得到充分体现。在此,我只说一个问题:对于《民法典》已经决定的事项,商事特别法是否还可以作出相反规定?如果说这个说法显得抽象,那就具体举例来说明。比如,有关代表与代理的区分,尤其是有关公司董事、高级管理人员职务侵权行为的责任承担,《公司法》是否可以在《民法典》的框架外“另起炉灶”?《公司法(修订草案)》在此问题上采取了特殊的处理:对于法定代表人的规定,其与《民法典》保持完全一致;对于董事、高管人员的规定,则采取分离的立场,肯定了董事、高级管理人员的连带责任。此举的效果,一方面维持了代表与代理区分的立场,将董事、高级管理人员的责任与公司一般工作人员的责任标准同等对待;另一方面调整了现《公司法》关于向董事、高级管理人员追偿的归责标准。这种处理或许有其特殊的考虑,主要是通过使公司董事、高级管理人员直接面对受害人,增加民事责任的威慑效果,解决公司追偿实效差所导致的威慑不足的难题。但是,其导致的问题是,《民法典》及司法传统所确立的法人单独责任被突破,公司与其他企业或非企业法人之间的分歧加大,公司董事、高级管理人员责任作为连带责任特殊类型的基础就令人困惑,在法律体系内产生了明显的评价不一贯的问题。有人可能认为我这是迂腐之见,从完全现实的角度看,也的确如此。问题是,如果《民法典》刚出台就走上解法典化的道路,当初选择制定《民法典》是不是多此一举?

其次,如何面对司法解释的“立法”志业?我国的司法解释虽然总体上还是“解释”,但是由于各种原因,我国现阶段的司法解释工作还在继续进行法典化未竟的事业。也就是说,在《民法典》立法中尚且犹豫或者暂不表态的事项,司法解释还需给出答案,不留任何悬而未决的空间。举两个例子来说。一是双重债权转让。按照《民法典》第546条的规定来看,“通知”是约束债务人的条件,而不会影响债权转让。这意味着在双重转让的情形中,除后受让人因先通知而使不知情的债务人向其履行,免除债务人对受让人的责任外,原则上先转让的受让人权利优于后受让人。这个处理与《民法典》第768条有关多重保理的规则不一样。对于涉及担保性保理来说,受制于应收账款质权的登记生效规则,多重保理采取登记优先可以说是无可奈何之举。但是,就债权让与型保理而言,登记优先实际上是没有根据的,必须回归于一般债权让与的规则。这样来看,《民法典》第768条带着“先天不足”。通知规则虽然有利于平衡债权转让的效率性考量与债务人保护,但没有办法解决债权转让实践中可能发生的多重转让面临的合同倒签问题,这恰恰是《民法典》有关债权转让规则立法时的争议所在。这个问题在今天也没法立即作出决断。

二是关于非典型担保功能化的问题,这个问题理论上讨论得较多。但是,法典化立法下贯彻功能主义的最大问题是,实质主义评价思想进入《民法典》后,会极大干扰《民法典》的形式价值。比如,功能主义担保在比较法上通常都限于动产担保交易,可是我国学理和一些司法实践都不断将其扩张适用在不动产担保上,买卖型借贷担保引发的各种理论争议和实践误解都与不当贯彻实质主义相关。物权性或具有完全效力的对世性担保权益与债权性或者无对抗性担保权益的区分,完全可以在形式主义之下获得妥当的解决,但实质主义的误用却导致得出截然不同的结论。不得不承认,当前的法律实践越来越趋向于实质化,形式主义的正当性越来越弱,但是,如果一味追求实质化,不对既有的法典现实保持必要尊重,将导致法制权威性的严重削弱,其后果是严重的。例如,有观点认为,主合同无效导致担保合同无效规则,在主合同为金钱债务,如借款合同情形时就不再适用,也就是主合同无效不影响担保合同的效力。这是为了避免主合同无效导致担保合同无效规则对债权人的严苛而提出的一种规避策略。但是,它不仅未能关注金钱债务无效的各种复杂情形(如非法集资或借贷),还回避了问题的实质。规避是靠扰乱既有秩序而发展法律的方式,其产生的是机会行为,而不是审慎决定。

再次,如何在立法缺场时面对实践?《民法典》就单式联运(相继运输)作出明确规定,缔约承运人与造成货物损害的区段承运人承担连带责任,但对多式联运则没有明确规定。我国《民用航空法》《海商法》有关连带责任的规定似乎都限于单一承运人或者单式联运情形,而《鹿特丹公约》则有连带责任的规定。实践中的做法也并不统一,理论上该如何面对这个问题?相继运输必然涉及多个承运人,而多式联运通常但并不必然涉及多个承运人,所以,《民法典》有关多式联运的规定并未涉及对外责任问题。不过,当多式联运承运人并非实际承运人或者并非全程运输的承运人时,其与实际承运人或区段承运人之间的关系就和相继运输相似甚至相同。此时,相继运输的区段承运人与多式联运的实际承运人或区段承运人在法律地位上就应作相同对待，基于连带责任须以法律规定或约定为必要的理由，否定实际承运人或区段承运人对托运人或收货人的责任，就可能是不充分的。但是，突破的理由在何？司法实践中以相继运输的连带责任规定为基础审理案件，被认为属于法律适用错误，虽然从法律适用的逻辑，这个说法能够成立，但是否可以类推适用呢？连带责任无约定时须法定，是否能够排除类推适用的可能性？这就涉及法律解释的构造问题。

最后，法律解释如何建构？解释中总是存在建构。因此，一些人认为，解释论与立法论截然两分可能是夸大其词。解释论的核心是受现有立法框架约束，不可任意而为；而立法论恰恰是想改变现状，或者是对法律未规定的事项做出明确规定。解释的补缺性以及面向将来的特点，使解释论与立法论出现渐变的中间阶段。比如，前面提及的多式联运中的连带责任看似不是解释论，而是立法论。但是，这个断言的前提是“连带责任须法定或约定”。可在另一个地方，例如《民法典》第580条第2款，其无论如何都读不出来“违约方请求裁判解除权”的意思，理论和实践中却总能够被一些人解读出这个意思。这个问题其实涉及的是另一个更为根本性的问题：除了约定解除权外，法定解除的事由是否受限定？例如，继续性合同能否基于重大理由而解除？换言之，不能强制实际履行的合同是否都可以请求裁判解除？再如，是否物保合同在担保物权未设立时都必然产生违约赔偿问题，是否存在中间过渡层次？

我们看到，《民法典》不是把理论装进“笼子”里，而只是给解释理论限定论证框架或进路，民法理论从来不会因为《民法典》而受限制。

韩世远：谢谢张家勇教授，我所领会的你的想法是：《民法典》是一个一般法、基本法，它确定了一个基本框架。在解释适用的层面上，不仅有理论上的解释，还包括司法适用解释。同时，特别法的规定，能否超脱出民事一般法的框架？这之中确实存在很多值得慎重思考和推敲的问题。但不管怎么说，民事法或者商事法都具有实用的基本属性，法的规则、法的理论不是为了单纯的知识构建，而是用来解决实际问题。当现实生活对我们提出实际需要的时候，我们应该考虑如何让现实问题得到妥善的解决，不管是从知识、学理，还是特别法、司法解释层面。我想这是所有法律人的共同使命。

下面有请苏州大学王健法学院院长方新军，他发言的题目是“《民法典》

代理制度的体系解释问题”。

方新军:谢谢清华大学法学院的邀请。我讲这个题目是因为我在《民法典》的立法过程中写过一篇论文,关于原《合同法》第402条和第403条的存废。论文原先的标题比较刺激人,是《一项移植制度的基因变异和司法乱象》,但在发表时,冯珏老师说主题和内容似有偏差,于是将副标题更为主标题,实际讲的就是原《合同法》第402条、第403条。

关于这个问题的研究,我当时在文章结论中,主张原《合同法》第402条必须删掉,第403条应移入行纪合同,以减少它的体系外溢效应。立法者未接受此建议。现在《民法典》中的规定仍然是原《合同法》第402条和第403条的内容,只不过条文序号变成了第925条和第926条。《民法典》生效后,我认为在体系里会存在这样的问题:

第一,《民法典》第162条明确强调代理人必须以被代理人名义实施民事法律行为;第951条清楚写明,行纪人以自己的名义为委托人从事贸易活动;第925条规定,以自己名义订立合同,第三人知道双方代理关系的,该合同直接约束委托人和第三人;第926条规定,在订立合同时第三人不知道代理关系,因为第三人行为或者委托人原因导致合同不能履行的,可以告知第三人或者委托人,一方面委托人可以行使介入权,另一方面第三人可以行使选择权。现在的问题在于在具体案件中,以上4个法条如何进行体系的融贯。

我认为,《民法典》生效以后,首先要在最大限度上坚持代理的名义标准,也就是《民法典》第162条,代理人须以被代理人名义实施民事法律行为。我发现,国内已经开始出现一些案件,在代理人以自己名义进行法律行为时,当事人主张无权代理和表见代理。尽管《民法典》第171条和第172条与原来的《民法通则》相比,删除了“以被代理人的名义”,但是我认为,在无权代理和表见代理的情形,如果代理人不是以被代理人的名义进行民事活动,根本就不应该考虑无权代理和表见代理的问题,我认为表见代理和无权代理一定要坚持是以被代理人的名义进行的。

第二,在复代理当中,应当坚持名义标准。我在与冯珏老师反复沟通之后,发现中国对复代理的研究非常少,仅找到了一篇非常早的文章。该文章认为,在委托情形中,比如,我委托张家勇老师办事,我以谁的名义委托,张家勇老师又以谁的名义受托是非常重要的。如果我以自己的名义委托张家勇老师，对方不知道我背后的刘保玉老师（被代理人），便会产生代理行为的归属问题，一旦涉及破产，又会涉及破产财产的主体问题：是我的破产财产，还是刘保玉老师的破产财产？

对于两个制度——委托合同中的转委托和代理方面的复代理，我的观点如下：

第一，复代理一定要考虑名义标准，必须坚持以被代理人的名义委托复代理人，复代理人才有可能以委托人的名义来进行法律行为。

第二，应当充分发挥《民法典》第467条的功能。《民法典》或者其他法律中没有明文规定的合同，可以参照适用《民法典》合同编或者其他法律最相类似合同的规定。现在问题在于，对《民法典》第925条和第926条冲击最大的货运代理，包括最高人民法院以前的司法解释，均认为应当适用原《合同法》第400条。像货运代理合同，它既可以以被代理人的名义，又可以以自己的名义签订。如果以被代理人的名义便是代理，如果以自己的名义在传统大陆法系的法律上叫承揽运送，属于广义行纪之一种，实际上应该是类推行纪规定，而不应该再去用《民法典》第925条和第926条。这样一来，可以限制《民法典》第925条和第926条的过分影响，尽可能地降低体系外溢的效应。

第三，应对《民法典》第925条和第926条进行严格的解释。首先，我查了很多案件，觉得我国法院原来用《合同法》第402条和第403条时出现了很大问题，即法院从不考察委托时是否存在代理权的授予。委托分为有代理权的委托和无代理权的委托，委托未必授予代理权。《民法典》第925条讲得很清楚，在授予代理权的前提下，才能适用《民法典》第925条，如果未授予，那就不能适用这些条款。这样的话，可以将负面效应尽可能限制得小一点。其次，根据《民法典》第925条的条文规定，必须是“第三人在订立合同时知道”，时间点卡得很准，不能是后来知道，必须在订立合同时知道。再次，《民法典》第925条规定第三人“知道受托人与委托人之间的代理关系的”。在立法的过程中，一些研究英美代理的学者认为应当扩大《民法典》第925条和第926条，在“知道”后增加“应当知道”，但这次《民法典》未予采纳。我们学方法论解释，如果法条仅写“知道”，那是主观标准，一旦加上“应当知道”，那它就是客观标准——这个范围扩得很大。既然法条说的是“知道”，就解释为必须证明为“知道”。最后，《民法典》第925条最后的但书——“有确切证据证明该合同只约束受托人和第三人的除外”解释应该从宽。因为在民商合一的背景下，商事实践应当更加强调名义标准。正是在研究货运代理时，我发现一个问题：在货运代理案件中，法院对《民法典》第925条和第926条的适用非常宽泛，但实际上货运代理人也属于承担特别责任的代理人，它是非常强调商事习惯的，不能突破合同的相对性。此处的但书，应当考虑尽可能从宽解释：根据商业实践仅约束合同当事人，不突破合同相对性。通过这样的解释方法，可以将原《合同法》第402条和第403条的体系外溢效益尽可能降到最低。

韩世远：谢谢方新军院长。在这个话题中，他一直在提醒我们注意代理中的民事活动到底是以谁的名义进行的——名义非常重要。还有一些需要进一步反思的，就是我国的代理究竟是狭义还是广义的，这直接关系到名义的问题。此外，目前对于复代理的思考也不是很多。评议人耿老师在这方面研究也是非常多的，我想他肯定还会有相应的评议。

下面有请中国政法大学教授刘保玉，他发言的题目是“连带共同担保与不真正连带共同担保的界分及其规则适用的差异”。

刘保玉：在清华大学世界法治论坛，我报告一个初步认为是世界性的法律难题——共同担保的妥适规则设计。我跟我的学生们讨论了一段时间，解决了一些存疑的问题，但还有一些问题没有得到解决。

我们先来看《民法典》和最高人民法院《关于适用〈中华人民共和国民法典〉有关担保制度的解释》中既定的共同担保的责任形态。经过观察，我们发现，在共同担保中存在按份共同担保、连带共同担保、不真正连带共同担保三种形态。如果加上多数人责任中的其他形态，如补充责任形态，我们会发现多数人责任的形态确实非常复杂，而共同担保中至少存在其中的三种。

按份共同担保问题不大，怎么约定怎么处理。而连带和不真正连带共同担保却有不少问题。我国现行法律规定采取的是法定不真正连带共同担保责任，而连带共同担保责任只存在于最高人民法院《关于适用〈中华人民共和国民法典〉有关担保制度的解释》规定的三种情形之下，即约定相互追偿权、约定承担连带共同担保，或者虽然没有约定但是数个担保人在同一份担保合同上签字、盖章、按手印。其中第三种有推定连带的意思在里面，这似乎是我国法律、司法解释中唯一稍微类似推定连带责任的情形。在此规

范模式下,我们来分析、讨论几个疑难问题:

共同担保的责任形态规定为法定连带责任还是法定不真正连带责任?哪种方案更为合理?我觉得这是一个非常令人困惑的问题。如果按域外通行做法,只要构成共同担保,担保人之间就是法定的连带责任,就有相互追偿权、数个担保人或担保财产之间损失分担的问题。这种处理方案能够解决不真正连带责任中存在的问题,但是它自身也存在问题。如果数个提供担保的人之间没有共同提供担保的意思联络,或者互相都不认识、不知情,强行让他们之间发生连带关系,每个人的行为对其他人也发生效力,债权人免除一个担保人的债务或责任,其他担保人也相应被免责。对一个保证人的保证期间经过而免责的后果,也及于另一个根本就不认识的保证人,是否妥当?这种规则设计是不符合法理、存在问题的,结果也是不能接受的。我原先认为法定连带责任的规则很好,坚定持这种态度批评我国法律的规定。现在我的看法有所改变,认为我们法律的选择也是很有道理的。

《民法典》既定的方案是,约定为连带共同担保的,共同担保人之间才是连带关系,没有约定的,只能归入不真正连带共同担保。连带共同担保当然适用于《民法典》第518条到第520条关于连带债务、连带责任的一系列规则,而不真正连带则不能适用连带责任的相关规定。其中最重要的体现是一个人的行为,或者对一个人产生法律效果的权利主张是否及于其他连带债务人或者不真正连带债务人?《民法典》第520条对连带债务涉他效力作了明确的规定,比如,放弃连带债务人中一个人债务,其他连带债务人有权在相应范围内主张免责。曾经的司法解释也规定连带保证人的保证期间经过、保证责任消灭的后果对其他连带共同保证人产生效力,即其他连带共同保证人有权在丧失追偿权的范围内相应地主张免责。而不真正连带不是这样,最高人民法院《关于审理民事案件适用诉讼时效制度若干问题的规定》第15条第2款规定,对于连带债务人中的一人发生诉讼时效中断效力的事由,应当认定对其他连带债务人也发生诉讼时效中断的效力。而不真正连带,就不及于其他债务人,所以它们的规则适用是存在重大差异的。

现在这种法定不真正连带存在的问题在哪里呢?显而易见的有三个方面。一是担保人之间不具有相互追偿权和分担损失请求权。那么,其中一个担保人就可能通过其他人清偿债务而受让债权,进而把另一个担保人推入最终责任人的境地。这个后果很危险,甚至都不能说这是规避法律,因为这个法律漏洞正客观存在着。二是当债权人对债务人、抵押人、保证人等一并主张权利并都获得胜诉裁决时,执行法院有权在数个不真正连带责任人之间任意选择被执行人,一旦被选中,担保人无法要求其他担保人分担损失。这个后果很严重,为权力寻租、司法腐败提供极大的空间,必须引起重视。三是如果在共同物的担保而且是不真正连带关系的场合,且某个担保财产还存在后位担保物权时,债权人或者执行法院选择先执行哪一个担保财产对后位担保物权人的利益有决定性的影响,要么清偿比例为零,要么可能升级为第一顺序担保权人。过分优待或者过分危险,哪一种都是不合理的。

这个问题怎么办?我至今还没有找到合理的解决方案,有待我们大家的共同努力。在担保制度司法解释拟定中我也提出了这样的问题,最高人民法院表示将来继续研究,但现在还没有找到更合适的方案。按照既定的方案还有几个存疑的问题。

第一,共同担保人均为中间责任人,相互之间能否成立不真正连带关系?这取决于如何定义不真正连带。依照多数学者的定义,只有连带责任保证以及物上保证人的责任,才是不真正连带,可以向最终责任人即债务人追偿;而两个不具有连带关系的共同担保人之间不能相互追偿,只是债权人有权选择他们中的任何一个承担责任。它是共同责任,不是连带,他们都是中间责任人,不是最终责任人。

第二,两个不真正连带的担保人之间能否成立没有追偿权的不真正连带?我倾向于肯定答案。因为如果不承认这是不真正连带的一种形态,势必会在多数人责任中出现一种新型责任形态(平行责任或并列责任)。在按份责任、补充责任、连带责任、不真正连带责任之外,还有平行责任,责任的形态更为复杂,不如把它直接安置在不真正连带责任中,使有权向最终责任人追偿的不真正连带和相互之间无追偿权的不真正连带成为不真正连带责任的两种形态,这样更合理。在全国人大常委会法工委编的《中华人民共和国民法典合同编释义》书中,在讲到不具有相互追偿关系的共同保证时,明确提到了不真正连带共同保证,推而广之,存在不真正连带物的担保,完全能够解释得通。

第三,物的责任之间,比如共同物的担保、物保与人保构成的共同担保、物的责任与人的责任之间,能否成立连带关系或不真正连带关系?我的答案是肯定的。据不少学者的观点,或者依照传统观点,人的责任和物的责任、人的连带和物的连带之间不能再相互连带,因为人的连带对应债权债务问题,而物的连带对应担保物权问题,债的责任与物的责任不能连带。我认真思考之后,认为所谓“人的连带”,实质上是一个伪命题。之前在大连开一个会议的时候,我提出这个问题,杨立新老师给了我一个非常好的注解,他说当今社会不承认债务奴隶制、不承认人质的合法性,在此背景下何来人的连带。透过现象看本质,所谓“人的责任”,无非是以人的不特定的一般财产来承担责任,而“物的责任”无非是以特定的担保财产的价值来承担责任,最终结果都是财产责任,所以一般财产责任跟特定物的财产责任之间都是财产责任,当然就可以连带。因此这个理论上的误区我觉得完全可以打破,“人的连带”就是一般财产之间的连带,“物的连带”就是特定财产之间的连带;所谓人的责任与物的责任之间的连带就是一般财产和特定财产之间的连带,仅此而已。

第四,债务人自己提供的物的担保和第三人提供的担保并存的,是否均为共同担保,包括连带共同担保和不真正连带共同担保?对《民法典》第392条关于人的担保和物的担保并存时的处理规则,很多学者归纳为混合共同担保的处理规则,我觉得可能不一定妥当。因为这种情形是否构成共同担保并不绝对,有约定的时候可以构成连带共同担保或者不真正连带共同担保,而没有约定的情况下,依照法律规定债权人应该先就债务人提供的物质担保实现债权,由此所构成的责任形态是主担保、副担保或者第一担保、第二担保,也就是再担保的构造,而不是共同担保的构造,这是我们需要注意澄清的、很多人没注意到的差异。

第五,同一担保人提供数个物的担保比如共同抵押、共同质押,或者提供抵押又提供质押,数个财产担保之间是否当然成立连带关系?这个问题我提出来以后经过了反复思考,最终认为答案应该是肯定的。根据最高人民法院《关于适用〈中华人民共和国民法典〉有关担保制度的解释》第13条第2款规定,各担保人在同一份合同书上签字、盖章或者按指印,即构成连带共同担保。那么,若我拿两套房子担保同一个债务——自己当然是知道的,可以推定这两个担保财产之间是连带关系,成立连带共同物的担保。与此相关,一个担保人既提供了抵押担保又提供了保证担保,特定财产和一般财产属于同一个人,是不是也是连带关系?我认为也应该适用连带共同担保中的涉他效力规则。

第六，一般保证和连带共同保证共存，并约定构成连带共同保证的，是否意味着其中的连带责任保证人可以随同一般保证人而享有先诉抗辩权的利益，也就是补充责任？反复推敲之后，我认为连带责任保证人之间是连带关系，一般保证人的先诉抗辩权也当然可以作为连带责任保证人的抗辩事由。

第七，与担保有关的其他抗辩事由以及免责事由是否具有涉他效力？基于不真正连带共同担保中数个担保各自独立、互不涉他的基本属性，不真正连带共同担保中的某一担保人不能将他人的抗辩事由及免责事由作为自己的抗辩事由，这一点没有争议。比如与担保有关的特殊抗辩，债权人允许债务人转移全部或部分债务，部分担保人同意，部分担保人不同意应当如何？同意或不同意的法律效果都仅及于作出相应意思表示的担保人本身，而不及于其他担保人。还有主合同变更对担保责任的影响、债权转让对担保责任的影响、债务承担对担保责任的影响等，都是这样的。作出同意或不同意的意思表示的法律效力仅及于本人。一个疑问是，如果连带共同担保，当发生前面的主债务变更、债务承担等情形时，部分担保人书面表示同意，部分担保人未同意或未书面表示同意，如果有涉他效力，是按同意的效果涉他还是按不同意的效果涉他？未得其解，求教于各位。我初步的考虑是，在这些问题上连带共同担保中某一担保人的意思表示也不应该具有涉他效力，仅针对本人有效。

最后简单总结三个基本结论：

第一，连带共同担保当然适用连带责任的基本规则，而不真正连带共同担保各自独立、互不涉他。连带债务的规则对不真正连带基本上都是不适用的。

第二，《民法典》对共同担保的规则摒弃了传统的法定连带责任，而采用不真正连带责任、约定连带除外。这种处理方案我现在感觉整体还是妥适的、合乎法理的，但是它依然存在刚才说的三个漏洞，需要再去弥补。

第三，通常认为连带责任是一种最重的责任，现在看来连带责任共同担保对债权人行使权利而言并非一定有利。债权人的权利行使受到一定限制，放弃其中一个债权，其他人也可主张在一定范围内免责，因此，债权人不能随便放弃其中之一；债权人对其中一个保证人的权利经过保证期间，其他保证人也相应地免责。而不真正连带共同担保,各个担保相互独立,对债权人行使权利更为有利。连带责任共同担保,貌似对担保人的责任颇为严苛,但其实内部具有合理的分担机制;而不真正连带,反而有可能是最重的责任,因为担保人承担责任后不能要求其他担保人分担,当向债务人又追偿不能的时候,承担责任的担保人就成了最终责任人。为了避免成为最终责任人,他大概率会考虑通过债权转让、贿赂法官等其他方式,陷他人于不利——这个问题怎么解决?尚待继续努力探求妥适的方案。

韩世远:刘保玉老师确实给我们带来了非常具有挑战性同时在某种程度上也有些晦涩的问题。我国法律明确规定了连带,不管连带债务还是连带责任,内部关系都是清晰的;但是对于不真正连带,并没有专门的法条规定它的法律后果,其更多的是学理上的概念。刚才刘保玉老师举的一些例子,确实给我们的后续研究带来了更大空间,非常感谢刘保玉老师。

韩世远:我们继续第二个环节,三位报告人分别是于飞院长、朱虎教授、龙俊副院长。下面有请中国政法大学民商经济法学院院长于飞,他报告的题目是"《民法典》合同编违约责任的若干疑难问题"。

于飞:感谢清华大学法学院、韩老师,感谢龙俊教授的邀请!关于《民法典》实施的疑难问题,我想就合同编违约责任,结合最高人民法院《关于适用〈中华人民共和国民法典〉合同编通则若干问题的解释》谈一些认识,考虑到报告的时间限制,内容浓缩成两个方面。

第一个方面,违约金的酌减规则。在酌减问题上,最高人民法院《关于适用〈中华人民共和国民法典〉合同编通则若干问题的解释》第 65 条是核心。对于第 65 条在沿袭以往司法解释的基础上进行的一些更新,该怎么去理解?我觉得这里面的核心问题是:首先,是第 1 款和第 2 款之间的关系。因为第 65 条是讲违约金过分高于造成的损失时,应以损失为基础,兼顾合同主体等进行衡量,对违约金做出调整。第 1 款涉及综合衡量,第 2 款涉及特定比例,超过 30% 一般可以认为过分高于造成的损失。综合衡量和特定比例之间是什么关系?倘若具体案件需要综合衡量,它的综合衡量结果一定不会都是 30% 的特定比例,而如果按照特定比例 30% 的话就没有综合衡量的空间,所以第 1 款的综合衡量跟第 2 款的 30% 的特定比例看似是相斥的,如此应该如何把握两者的关系?这一点我想还是要回到《民法典》第 585 条第 2 款第 2 分句当中,因为这一分句为违约金的酌减搭建了基本的框架。在这一分句当中可以明显看到,约定的违约金过分高于造成的损失的,人民法院或者仲裁机构可以根据当事人的请求予以适当减少。据此违约金酌减应分成两个阶段:第一阶段——能否酌减,判断标准为违约金是否过分高于损失,如果过分高于,就能酌减;第二阶段——怎样酌减,操作标准就是适当减少,当事人可以请求给予适当减少。能否酌减和怎样酌减构成了违约金酌减当中的两个阶段,核心在于如何理解这两个阶段。依据最高人民法院《关于适用〈中华人民共和国民法典〉合同编通则若干问题的解释》第65条第2款,如果违约金超过依据《民法典》第584条规定确定的损失的30%,人民法院一般可以认定为"过分高于造成的损失",此时就走完了第一个阶段,酌减程序开始启动。而一旦开始酌减,30%的判断标准便利用完毕,接下来对于怎样酌减的问题就要回到第65条第1款,根据损失和5个酌定要素(以下简称"1+5","1"是指"以民法典第五百八十四条规定的损失为基础","5"是指"合同主体、交易类型、合同的履行情况、当事人的过错程度、履约背景"这5个兼顾的酌定因素)来进行综合衡量,综合衡量有可能导致最后人民法院认定违约金超过规定损失30%的比例。综合衡量的认定结果可能从50%减到40%,也可能减到20%。所以违约金是否高于造成的损失的30%是判断能否进行酌减的参考标准。此外,并非违约金高于30%就一定能酌减,一般而言法院还是有裁量空间的。一旦开始酌减,就跟第65条第2款没关系了,而应根据第1款确定的"1+5"的因素来进行综合衡量,衡量的结果依据个案情况而定,不受30%的限制。所以不如调整第65条第2款跟第1款的顺序,先用第2款解决能否酌减的问题,再用第1款解决怎么酌减的问题,这样逻辑上可能会更顺一些。

在酌定因素当中,"1+5"首先是以损失为基础,这是沿袭了最高人民法院《关于适用〈中华人民共和国合同法〉若干问题的解释(二)》第29条第1款的规定,但是该条仅规定3个酌定因素:合同的履行情况、当事人的过错程度以及预期利益。现在"预期利益"被删掉了,我个人的理解是,预期利益就是可得利益,而可得利益其实是损失的一部分,因为损失分成所受损失和所失利益,不管是所失利益还是可得利益本身就是损失的一部分,已经在"1+5"当中的"1"里面被考虑过了,如果在"5"当中的酌定因素里面再被考虑一次,便会重复,所以我觉得把"预期利益"删掉是对的。

其一,关于"合同主体"这一酌定因素,如果合同双方都是商人,应当不减或者少减违约金。因为双方都是商人时,他们之间的合同是其精心构筑的利益平衡体,虽然看似在这个条款里吃了亏,但也可能在另外条款里面得到补偿,如果法官贸然打破这个精心构筑的利益平衡体,将是非常不合理的,因此,对于商人间约定的违约金就要少调整或者不调整。

其二,考虑到“交易类型”这一酌定因素,不同合同适用不同的违约金规则,在违约金酌减上面也会有区别。

其三,“合同的履行情况”。合同履行了5%还是95%,违约金酌减的量就不同。

其四,“当事人的过错程度”是指当事人的违约行为是故意的还是过失的,此二者酌减的量也不一样。

其五,“履约背景”曾被表述为“宏观经济形式”,我个人理解为,如果是因为疫情这类情况发生了违约,但违约并不是当事人所愿,违约金可以适当地多减——但如果这样理解履约背景,似乎又和情势变更产生了重叠。我个人理解,这个“履约背景”就是情势变更在违约金领域中的具体化,但又与情势变更有不一样的地方:首先,这里不需要磋商,而在情势变更里,要求当事人先行磋商;其次,在情势变更里可以要求解除或者变更合同,变更合同在违约金上就体现为酌减违约金,而在违约金酌减中只能请求减少违约金,不能解除合同。所以如果受疫情影响,当事人可以自行选择适用情势变更还是违约金酌减,这可能导致不同的程序和结果。

其六,“恶意违约不予酌减”是一个新规则,规定在第65条第3款中。如果一方当事人恶意违约,违约金就不予酌减。关键是什么叫“恶意”?恶意是不是等同于故意或者直接故意?我个人认为,不应在违约金酌减的背景下做这样的理解。很显然在第65条第1款“1+5”的酌定因素里,“5”里面已经包含当事人的过错程度,如果恶意等同于故意或者直接故意,第1款当中的“过错程度”就会被表述成“过失程度”,从而跟第3款的“恶意”区别开来。既然前面已有表述“过错程度”,其已包含故意,而如果“故意”再次成为判断是否酌减的理由,条文就前后矛盾了。所以,我个人理解,此处的故意除了“知”和“欲”的层次外,还要有损害他人的目的。一般来说,违约就是为了使自己的利益最大化,仅为损害别人而违约应该是少见的情况,然而这种情况的可惩罚性更强,应当发挥违约金的惩罚作用而不予酌减。同时要注意损害他人的目的,并不能到达专以损害他人为目的的强度,像德国民法上专以损害他人为目的的权利滥用规则，事实上已经被虚置了。一方面，这种纯粹损人不利己的情况其实很少；另一方面，这种情况很难证明。所以只要有损害他人的目的即可，损害他人和利己两个目的之混合也能够满足这里的“恶意”要件。

其七，关于实践当中调整违约金的约定。当事人如果事先在合同中约定放弃违约金的调整权，在诉讼程序中亦不能要求调整违约金，用更高的违约金束缚住当事人，产生更强的履约压力。对于这个不得调整违约金的约定是什么效力，以往司法实践当中确实是充满了争议。这次就明确了违约金不得调整的约定是不受法院支持的，我个人是很同意的，因为违约金本身有它的制度功能，比如避免道德风险等。如果签订合同之后，因违约金太高而整天盼着对方违约，就会产生道德风险，过高的违约金对于对方来说也是沉重的负担。违约金调整的权利如果被当事人轻易排除，会使违约金制度丧失功能。所以，欲使违约金全部功能得以发挥，就不能允许当事人事先约定不得调整违约金。虽然不得调整违约金的约定不受法院支持，但司法解释并未明说该约定的效力如何，其到底是什么效力呢？是否确定是无效的？这其实存在解释的空间。一种观点认为，该约定在当事人之间仍然有效，只是它不能对法院产生拘束力。我觉得并不是太好，因为这样无非在向当事人表明，因该特别约定的存在，在当事人履行不能所产生违约责任时，违约金未能酌减的部分将作为违约造成的损害，经由双方当事人通过诉讼程序处理。另外还有一点考虑，如果事先约定不得调整违约金，虽然人民法院应当直接认定该约定无效，但可以因为该约定的存在而在酌减程度上将该约定纳入考虑因素，因为最高人民法院《关于适用〈中华人民共和国民法典〉合同编通则若干问题的解释》第 65 条第 1 款里的“1 + 5”还有一个“等”字，这个“等”包含着什么呢，如果明确约定不得酌减违约金，那么在酌减的时候就说明事先有合意，这时可以减少违约金的酌减。

第二个方面，可得利益损失的计算。原《合同法》以及 2009 年《关于当前形势下审理民商事合同纠纷案件若干问题的指导意见》中并没有可得利益正面的计算规则，仅有反面的扣除规则。如今，最高人民法院《关于适用〈中华人民共和国民法典〉合同编通则若干问题的解释》建立了正面计算规则，核心是“是否实施了替代交易”。若实施了替代交易，根据当事人的直接损失进行具体计算；若未实施替代交易则根据市场价格抽象计算，但在持续性定期合同中,可得利益的计算存在特殊情况。

韩世远:谢谢于飞教授,违约金酌减这样的经典问题,在现实当中对我们也不断地提出来一些挑战,比如约定放弃违约金调整权利的效力,还有违约赔偿的计算方法,这些在最高人民法院《关于适用〈中华人民共和国民法典〉合同编通则若干问题的解释》中都有相应跟进。

下面有请中国人民大学法学院副院长朱虎教授,他报告的题目是“抵销溯及力的现代反思”。

朱虎:我非常荣幸能够在世界法治论坛发表自己的观点,我今天要做的报告是关于抵销溯及力的反思问题。我之所以作出这样一个反思,是因为溯及力在法律世界中也是很“奇怪”的一个事情——它试图“逆转时间之流”。在法律中,只要涉及溯及力制度的构建,便需要相当强的正当化理由。在原《合同法》,包括现在的《民法典》之中,事实上没有明确规定抵销溯及力。《民法典》编纂过程中,我们也讨论过有关溯及力的问题,最终仍然选择不作规定。至少从体系上说,只要没有像撤销权那样明确规定溯及力,抵销至少可以解释为不具溯及力。但是就像刚才几位报告人提到的,法典的观点或者沉默,并不能妨碍法学对此的研究。

在抵销溯及力的问题上,欧洲很多国家都承认抵销具有溯及力,但英国除外。这涉及一个问题:它们为什么都要规定抵销溯及力?目前,有关合同的重要国际性或者区域性文件,比如《国际统一私法协会国际商事合同通则》《欧洲合同法原则》《共同参考框架草案》,均否认了抵销的溯及力。抵销溯及力的问题,在目前最高人民法院《关于适用〈中华人民共和国民法典〉合同编通则部分的解释(征求意见稿)》中也采取了两种方案,一种肯定、一种否定。究竟应该采取何种方案,值得考虑。

对于欧洲各国为什么采取抵销溯及力的原因,很多研究表明是对罗马法的继受,也有观点说是对罗马法的误解。罗马法规定了四种抵销,之后把抵销予以一般化构建,但是,其是否具有溯及力,存在着不同的观点。即使承认抵销具有溯及力,也要考量到罗马法实则将抵销构建为程序法性质,也就是一种诉讼抗辩。换言之,如果仅将其看作诉讼抗辩,就会出现一种情况,即如果原告一方不起诉的话,利息就一直累计。为避免由此导致的不公平,在此种情形下辅以溯及力制度,便可避免原告获得高额利息。经由中世纪的诸多解释,在欧洲也最终形成了抵销具有溯及力的理论和规则构建。

但是,目前关于这个问题的正当化理由存在一些疑问。支持抵销溯及力的学者往往会主张抵销溯及力通常符合当事人的推定意图,虽然没有确定经验能够证明这种推断意图。另外一种支持理由是保护信赖利益,但是在某种意义上,这也是一种循环论证,因为要保护信赖利益所以规定溯及力,完全也可以说,规定抵销具有溯及力所以当事人才会产生信赖关系。

同时,抵销权人存在信赖的前提一定是抵销权人意识到抵销的存在,他没有意识到就不可能有信赖。但是,如果他意识到存在抵销权,却一直不主张抵销,而一旦不行使抵销权就会出现不确定状态,在此种情况下法律政策的考量应是督促他行使抵销权。这也是在目前很多情况下立法不采取自动抵销方式而是采取通知抵销方式的原因。

对于这个问题基本的思考仍然要回到对实践问题的把握上。抵销是否有溯及力,可能(并非必然)会在以下三个方面产生结论上的差异:第一,自抵销权产生到行使的这段时间的利息、迟延违约金以及其他迟延损害赔偿是否应当计算?第二,在债权人向债务人主张债权,而债务人享有抵销权但未行使,履行了债务后行使抵销权的情形中,债务人已经履行的债务是否可以请求返还?第三,倘若主动债权在诉讼时效期间届满才行使抵销权,而在抵销权产生时诉讼时效尚未届满,此时是否允许已过诉讼时效的债权作为主动债权进行抵销?

按照我的个人观点,抵销溯及力实际上与抵销的功能和诉讼时效的功能都是不相匹配的。抵销要么具有简化清偿的功能,要么就是具有担保的功能。如果从抵销的简化清偿功能上讲,抵销结果应是模拟双方清偿的结果。但是,如果承认抵销有溯及力,抵销的结果就会和双方清偿的结果不一致。这时候我们很难解释为什么应该产生这种不一致。而且一旦承认抵销溯及力,这时候关于抵销数额的计算将非常复杂,尤其在价值存在浮动的情形下,更是如此。如果从抵销的担保功能出发,一旦抵销有溯及力,而抵销权人破产,抵销结果就会与存在应收账款质押的结果产生很大不同。所以在破产抵销里面,最高人民法院《关于适用〈中华人民共和国企业破产法〉若干问题的规定(二)》明确规定了破产抵销权不具有溯及力。

从诉讼时效功能上来讲也一样,所有诉讼时效具备的功能在抵销情形中也同样存在,而一旦抵销具有溯及力,将大大弱化诉讼时效的功能。这就出现了一个目的相互背离的情况。

同时,抵销溯及力还需要补充很多配套性的规则,承认抵销溯及力和既有规则也会产生矛盾。我举几个例子:第一,如果一方解除而另一方主张抵销,前者先发出解除通知,后一方之后主张抵销,这时候怎么处理。《德国民法典》对此存在明确的规则。第二,如果对于双方当事人来讲,抵销溯及力的时间点不一致,这种情况下双方都要求抵销,究竟溯及到何时。第三,从抵充规则上讲,如果我们承认抵销具有溯及力,在抵销人对相对人负有多个债务的情况下究竟抵销哪一个,一般参照清偿抵充规则。然而,清偿抵充又涉及抵销人的指定权,一旦抵销有溯及力就意味着在此种情况下,抵销人的指定权可能和对方的信赖利益产生矛盾和冲突。《德国民法典》专门创设了一个规则:即使抵销人有抵销权,对方可以提出异议,在这种情况下适用法定抵充规则而非指定抵充规则。《日本民法典》在修改的时候,也特意考虑到抵销的溯及力,删除抵销抵充规则,以实现一致性。

此外,在抵销制度内部,我们可以看到有约定抵销、破产抵销,但是二者均不具有溯及力。如果在当事人之间存在交互计算或者净额结算的情况下,我国目前的操作以及《德国商法典》的规定都是不承认溯及力,利息从轧差的时候开始计算。我们是否有必要承认例外,是否有必要构建出一般和例外的关系?如果采取另外一种方案,认为抵销一概都没有溯及力,这样似乎更能在抵销制度内部实现统一性。

最后我想说,我承认在法学研究中,历史非常重要,因为我们的法史研究和教义法研究都是在研究过往形成的文本。了解历史,才会知道为什么如此。但是,这并不意味着我们要服从历史,而是应当从历史视角观察制度的成因,并结合其体系、功能和实践来形成一致性的考量,这个可能是更为重要的。谢谢。

韩世远:你的结论是赞成还是……?

朱虎:肯定是否认,否认抵销具有溯及力。

韩世远:你应该属于现代派的。朱虎老师谈的话题是一个非常传统的理论话题。这个问题在立法上的明确规定相对较少,都是由学说来对其进行解释。一方面是现在新的潮流好像有一个趋势是不承认抵销溯及力,另一方面这些传统的理论,又普遍地承认抵销溯及力,因为它也涉及像刚才报告人提到的迟延利息的计算问题,何时停止、何时起算等,现实当中操作起来究竟是简单还是复杂,做法上不太一样,还有我国破产法的司法解释中已经明确地承认了这个问题,现在合同编的司法解释也要规定这个吗?

朱虎:对于抵销是否有溯及力,最高人民法院《关于适用〈中华人民共和国民法典〉合同编通则部分的解释(征求意见稿)》是犹豫不决的。

韩世远:我个人觉得,立法对这个问题犹豫不决的时候,留待给学说解释是更高明的。司法解释总想着填上全部空白,其实立法是需要有留白的。朱虎教授提出的是一个非常值得关注的问题,谢谢朱虎教授。下面有请,清华大学法学院副院长龙俊,他报告的题目是“一般债权多重让与规则的建构”。

龙俊:谢谢韩老师。尊敬的各位来宾,大家下午好,今天我向各位老师报告的题目是“一般债权多重让与规则的建构”。

债权的多重让与规则,可以说是目前合同编司法解释当中最具争议的问题——可以不加“之一”——这个问题被争论了好几个月,也是最后司法解释“拖堂”的原因之一。这里的多重让与是一般的债权多重让与规则,因为我们知道在《民法典》当中,关于多重保理规则,《民法典》第768条已经作了一个明确的规定,简单地说就是“有登记看登记,都登记看时间,无登记看通知,既无登记又无通知,按照债权比例受偿”,这是《民法典》第768条所确定的多重保理规则。在《民法典》出台之后,最高人民法院《关于适用〈中华人民共和国民法典〉有关担保制度的解释》又把《民法典》第768条的适用范围进一步扩大,当发生跟保理有关的交易时,比如应收账款发生了保理,发生了应收账款质押,还发生了债权转让等,如果在交易中存在多重属性的权利之争的时候,也适用《民法典》第768条,仍然是“有登记看登记,都登记看时间,无登记看通知,既无登记又无通知,按照债权比例受偿”。所以这个规则按照最高人民法院《关于适用〈中华人民共和国民法典〉有关担保制度的解释》,相当于把《民法典》第768条的规则又扩张了一步。

现在缺一个什么规则呢?缺最后一块“拼图”,也就是跟保理完全无关的,纯粹的一般债权的多重让与规则。债权人甲对债务人乙有一个债权,然后甲将债权让与给了受让人丙,又让与给受让人丁,又让与给受让人戊,这其中丙、丁、戊均不是保理人。这件事就跟保理完全不相干了,所以这个规则到底该如何设计?

这个规则其实从《民法典》开始编纂的时候就是争议的焦点之一,为什么?如果大家关注过《民法典》的起草过程,就知道《民法典》第768条规则涉及保理,是因为在《民法典合同编(草案二次审议稿)》有了保理合同这一章之后,才加入的。其实在《民法典合同编(草案二次审议稿)》发布之前,《民法典》第768条规则的原型就是一般债权多重让与的规则,只是后来因为争议太大,才把这一条规定成多重保理的清偿顺序。

在《民法典》编纂过程中,我们试图将债权多重让与设计成为第768条规则,即"有登记看登记,无登记看通知,既无登记又无通知,按照债权比例受偿"的规则。为什么当初《民法典》曾经考虑过把这个规则作为一般性的规则呢?最核心的考虑,是为了保护交易安全。因为我们知道在债权多重让与这个问题上,尤其是德国式的民法理论里面,对于债权多重让与的规则,它的思考模式是这样的:债权人甲对债务人有一个债权,他如果想把债权让与给乙,甲只要和乙签订一个债权让与合同就可以完成债权让与了。之后债权人甲再把债权让与给丙或者再把债权让与给丁都构成无权处分。因为德国法认为债权不存在权利外观,所以也不存在善意取得的问题,也就意味着债权人甲只要跟受让人乙签了债权让与合同,债权就相当于是终局性地让与给乙了。之后,丙和丁无论如何都拿不到债权。所以按照这个模式来说,最后导致的结果是,按照合同签订的先后时间来决定最终谁是债权的受让人。

这个模式有一个弊端——我们刚才是处于"上帝视角",所以大家都知道债权人甲和受让人乙签了一个债权转让合同,基于债权转让合同,乙获得了此债权。但是,现实的司法裁判当中遇到的问题是什么?比如你是一个法官,此时乙、丙、丁都主张自己是最早的债权受让人,他们都拿出各自的合同,而你其实只是看到合同文本中记载的落款日期,受让人乙可能是最早的受让人,但是这个乙真的是最早的受让人吗?这个合同上面的落款日期是真的吗?这个时候只有"天知地知,甲知乙知"了。这件事情在司法实践中很难判断。如何判断谁是真正的受让人,取决于合同签订的时间,在交易实践中就会存在一个巨大的风险——倒签合同的风险。而在目前的司法实践当中很难把这种倒签合同的风险给规避掉。所以说,当时在《民法典》起草过程中为了解决交易风险以及道德风险的问题,在制度设计上倾向于不用合同签订时间作为债权多重受让人优先性区分的关键点。

而在日本模式下,当发生债权多重让与的时候,优先看债权让与通知。我们知道在绝大多数立法当中,债权让与对抗债务人的关键是债权让与通知,所以最关键的是通知。在受让人之间用什么规则呢?日本法在多个受让人之间也是看通知,也就是说在债权让与通知中记载的受让人是谁,谁就是最优先的债权受让人。这个模式相比于德国模式,解决了债权人和受让人造假危害交易安全的问题,这是日本模式的优势。

但这个模式挡不住三方串通,即甲、乙和其中一个受让人串通,日本模式无法解决这样造假的风险。日本后来在债法改革当中打了一个“补丁”,就是不能只看债权让与通知记载的时间,或者听债务人称谁是第一受让人,必须得用一个类似特快专递、邮政系统的邮戳,根据邮戳的时间来确定最早发出的债权让与通知的受让人是谁,由此规定多重受让人的优先规则。这个“补丁”也解决了多方串通的问题,唯一的问题是在公示方面有所不足,其他人看不到谁是真正的受让人。

因此,当时在立法的时候考虑到的最好的模式是美国模式,也就是按照登记的先后来确定哪一个受让人是最优先的受让人,既可以解决造假的问题,又可以解决公示的问题。《民法典》最终适用的是“有登记看登记,无登记看通知,既无登记又无通知,按照债权比例受偿”规则,相当于把美国模式下的规则和日本模式下的规则混合作为我国的最后规则。

讲到这里有一个问题,在最高人民法院《关于适用〈中华人民共和国民法典〉合同编通则若干问题的解释》起草过程中,当考虑债权多重让与的时候,我们又遇到了当初编纂《民法典》时遇到的难题,即在不考虑保理而仅考虑债权多重让与的时候,制度应该如何选择。对于这个问题,首先来说,在我刚才讲的三个模式里,要先排除美国模式,美国模式有一个前提:债权可登记。在日常的交易里面,对于一个普通的债权,当事人一般想不到债权可以登记,且通常情况下才在债权转让中,当事人也想不到去查登记簿,所以在一般性、普通日常生活的债权让与过程中,这种登记优先的模式恐怕难以被考虑。当时起草最高人民法院《关于适用〈中华人民共和国民法典〉合同编通则若干问题的解释》的时候,争议最大的是在一般的债权让与过程中,是优先看通知,还是优先看合同签订的时期。

这两个规则被最高人民法院反复讨论。我一开始也是倾向于日本模式,因为我觉得它对交易安全的保护更有利。后来反对意见太多,我自己也妥协了,我觉得德国模式也可以接受,符合民法的基本逻辑。合同一签订之后债权发生让与,直接的结论就是合同签订在先,终局性地发生债权让与。

但是我又提出来一个方案，如果一定要适用德国模式的债权转让规则，假设受让人甲是最先签订债权让与合同的一方的话，在司法实践中，如何判断受让人甲是最先签订合同的人？只是看合同的落款日期吗？我认为不行。如果只看合同的落款日期的话，比的就是哪一个受让人的道德底线低，因为每一个受让人都有可能跟债权人串通，把合同往前签，从而获得债权让与的优先权。

如果按照德国模式，即按照签订合同的先后决定哪一个受让人是终局性的受让人，逻辑上我可以接受此方案，但是我们必须提高证明标准，也就是不能以合同的落款日期来确定合同签订时间，必须有客观证据证明合同签订时间才行。什么是客观证据呢？如果是一个电子合同，或者当事人用的是微信、短信、邮件等可以留痕的电子系统来签订合同的话，以电子系统显示的时间确定合同订立时间没有问题。但是凡是以债权人或者出让人和受让人所谓的意思一致、合同的落款日期为证据，来说明这就是一个终局性的合同签订日期的话，此证据不应该被采纳。如果把这个“补丁”打上，我勉强承认可以以合同签订时间为最终优先受让的规则。

我还想补充一个点，刚才讲的都是债权多重让与中如何确定谁是优先受让人的问题，还有一个“补丁”也是非常重要的。《民法典》中没有规定，现在最高人民法院《关于适用〈中华人民共和国民法典〉合同编通则若干问题的解释》把这个“补丁”大体上打上了。我刚才讲的受让人的优先规则中有一个问题：受让人的优先规则如果跟对抗债务人的规则一致，采取债务人中心主义是没有问题的。凡是没有采取债务人中心主义的立法模式，也就是确定最优先的受让人的规则和对抗债务人的规则不一致的时候，必须要解决一个问题——假设债务人甲接了一个债权让与通知，说受让人是乙。我们假设受让人丙是最先签合同的人，受让人丁是最先登记的人，按照保理规则，丁要优先于乙，按照一般的债权让与规则，丙要优先于乙，但是对于债务人甲而言，他从债权人处得知乙是受让人，甲应该把钱还给谁呢？肯定是还给乙，因为债权人告诉他把债权让与乙了。

首先要解决的是不管多重让与中受让人的规则优先顺序怎么排，对于债务人而言，他只要把钱还给了通知中记载的那个人，他自己就是完全免责了，否则债务人将处于一个非常不确定的状态——这是问题一。问题一解决之后会出现问题二：根据多个受让人之间的优先规则确定的受让人和通知中记载的受让人不一致时，债务人把钱还给了通知中记载的人，那么最先登记的受让人的权利又如何得到保障呢？这个就得通过不当得利返还来解决了，也就是说虽然债权人告知的受让人能够拿到钱，但是他不是终局性的受让人。因此，这个规则再加上不当得利返还规则，才能算是一般债权多重让与规则完整的结构。

韩世远：谢谢龙俊老师。龙俊老师的话题也是非常有意思的，让我们感受到司法解释过程当中决策者的举棋不定。我感觉德国模式从逻辑上来说比较顺畅自然，但是面临着一个问题，即倒签合同问题。对合同签订时间的认定，不仅可以通过合同文本，还可以通过刚才报告人提到的，比如微信或者其他的一些客观证据。我们可以用多种手段配合。当然，是不是因此就要修改整个判断的规则，变为债权让与通知记载的受让人优先，这确实是一个需要慎重考虑的决策。

这个环节的几位报告人都已经报告完毕，我们还有两位与谈的嘉宾。首先有请北京航空航天大学法学院党委书记周友军教授。

周友军：谢谢清华大学的邀请！这个环节的报告都很精彩。我之前跟耿老师商量了一下，他比较倾向于谈论前三个相对宏观一点的问题，那么我就谈论后面四个问题。后四位报告人都对他们所提到的问题研究得特别深入，尤其是后三位报告人对合同编司法解释起草中的争议和最高人民法院的各种考量特别熟悉。

刘保玉老师谈的共同担保人问题，确实是物权法里面争议非常大的一个课题。当事人之间的责任关系到底是连带还是不连带，我们司法解释最后也算是表了一个态，《民法典》也有了一个表态——这个确实也就像刘老师自己解释的那样，怎么选都没有那么完美。目前这样选有一个不好的就是，如果债权人随便挑了一个债务人来实现担保权，债务人就倒霉了；如果其他债务人没钱，他就只能一个人承受，这个问题好像也挺难解决的。刘老师在报告中也谈到了，我们立法或者是研究要很努力解决的一个问题，就是不真正连带责任问题。在我们的法律里面，不真正连带可能偶尔有所展现，但却是零零星星的，到底它的含义如何、效力如何，这些也是学界需要继续努力探讨的问题。我个人觉得，因为我们《民法典》总则编有一个很明确的规定：连带责任，由法律规定或者当事人约定，所以，凡是想让具体情景产生类似连带的效果，就只有一个出路，即将其解释成不真正连带。因为不真正连带既没有法律规定又没有合同约定，所以它可能是配合《民法典》总则编规定的一个“好工具”。既想让它多少有点连带效果，又不想让它真正连带，只能用这个办法，说它是不真正连带。

于飞教授谈了违约金酌减的问题，他的报告中有很多对司法解释草案的解释，也有很多反思，我也接着说几个自己的想法。第一个问题，我们采用民商合一体例，司法解释草案就违约金酌减的规定适用于民事主体还是可以的，但适用于商事主体可能就不同了。比如30%的比例对于商人就一定高吗——不一定！所以民商合一对这个规则的设计形成制约。司法解释试图在民商之间寻求一个平衡，使规则在两边都能适用，但实际上可能导致的结果是对两边而言都不太合适，这也算是我们立法中的一个难题。如果要确立统一适用于民事和商事的规则，那就必须设计出一个能够满足民商主体不同需求的规则。第二个问题，理论上经常谈的惩罚性违约金的问题。司法解释基本上假设的是以补偿性违约金为规范前提的。如果是惩罚性的违约金，可能30%的比例还低了一点。第三个问题，司法解释草案特别强调以损失为基础。但是有时候，约定违约金就是因为搞不清楚有没有损失，也搞不清楚损失的大小，当事人证明不了。比如，某人为高考预订酒店，与酒店约定违约金，高考的时候酒店违约了，这个人认为，如果酒店不违约，其能够考上更好的大学。他到底有没有损失，损失是多大，没法确定。如果当时约定的违约金多了，酒店认为其不该赔这么多，顾客还可能认为违约金少了，其本可以考上更好的大学，挣很多钱。所以，这个条文也有值得商榷的地方，它假设损失是可证明的，但是有时候是不可证明的。

朱虎教授论证得很精细，可以说涉及方方面面。抵销是否具有溯及力的肯定说和否定说，客观来说，在合同法领域争议也比较大，正反都有依据。当然朱虎教授也是从各个方面，论证了无溯及力的好处。我个人觉得，无溯及力的观点可能也有一些缺陷。肯定说和否定说，这两个方案可能都有一个折中的问题。比如，诉讼时效届满后才抵销的情况下，甲欠乙3万元，乙欠甲2万元，当事人可能觉得“你欠我，我欠你就算了”，在行使权利方面可能就没那么积极。在这个情况下，如果要求抵销没有溯及力，对当事人而言可能有一些苛刻，尤其是在当事人是普通百姓的情况下。所以，如果司法解释采用无溯及力说，是不是在有些规则上也应作相应调整，这样可能会更好。这是我个人的感觉。

龙俊教授谈的问题也是当时立法上纠结的问题。如果从平等原则来考虑，都像《民法典》第768条那样登记优先、通知其次最好，但是它也有缺陷，归根到底还是一个民商合一的问题。比如，几百块钱的债权，还要在网上登记吗？这不现实，资产管理公司那种大额的债权，才有可能登记。而且，成本也是一个问题，几百块钱的债权登记，可能登记费也要几百块钱——现实问题是要考虑的。龙俊副教授后来谈的问题，即证据规则的引入，可能需要诉讼法制定一些配套的制度，我觉得也很好，回头可以再讨论。

韩世远：谢谢周友军教授。最后请清华大学法学院教授耿林与谈。

耿林：谢谢主持人。一个是谢谢他的主持，再一个是谢谢他在主持的过程当中发表的一些思考，给我很多启发。当然也要感谢各位报告人，各位的发言我都认真聆听了，收获很大。当然还要感谢一起与谈的周友军教授。我们这组七位报告人，他承担了后面四位报告人与谈的工作，我承担前面三位报告人与谈的工作。前面三位报告的内容相对来说主题会集中一点，因为都是跟《民法典》的体系和解释相关。其实，后面四位报告人的报告也都在一定程度上涉及《民法典》的解释问题，只是更具体一些。我按照报告人的次序分别谈一点自己简单的感想。

民法理论体系和《民法典》体系，我觉得这是一个很复杂的相互影响的关系。这里面我想了几点问题。对于概念问题，冯珏老师的报告主要是讲民法体系和《民法典》的问题，并将它们简单地类比了学理上的内在体系和外在体系。我想，实际上，民法理论体系跟法律的内在体系之间还是有差异的，因为理论体系它的范围可能更广一些、更松散一些、更复杂一些，而内在体系它会更聚焦一点，其主要涉及法律规范的一些内在价值和原则问题，所以这之间可能还是有一些差异的。

关于内容，我基本上也是同意冯珏老师的观点，二者是相互影响、相互促进的关系。她是从认识论这个角度来理解这个事情的，不过有一点我认为可以再补充的地方。我理解她对《民法典》的规范或者体系的理解是从可见和稳定性的角度展开，可能更多针对的是《民法典》的文本意义上的含义。但是，如果我们从本质意义上理解《民法典》的话，《民法典》未必就能够区分出来文本的体系和超越文本的体系。因为，从文本角度解释了之后，那些超越文本本身的体系，也会是《民法典》的一部分，所以二者并不能截然分开。我自己在思考这些问题的时候，多年以来形成的基本认识是，法律学习无非是从“规范”到“解释”再到“运用”，而在此之上还有一个层次更高一点的“理论”，它同时指导着这几点。这里的“规范”就涉及报告中的这个规范，当然是指具体的实证意义上的规范。既然有了理论，就要以实证的基础为出发点。所以理论应该能从更高意义上去解读规范。当然从《民法典》自身的体系角度来说，我认为我们国家的《民法典》在体系上，如冯珏老师所说的，还存在很多值得讨论的问题。《民法典》自身应去回应理论体系。《民法典》制定者认识不清楚的时候，可以将问题保留。我们制定的时候自以为认定清楚，但其实并没有认定清楚或者学界仍有很多争议的地方，像人格权的问题等，到底应该如何处理，是法典体系和理论体系之间的互动和确定的问题。

对于张家勇教授的报告，我看题目是“民法典时代的解释建构”，我以为他会从宏观意义上谈《民法典》如何构建解释体系的问题，我一开始想的就是这个问题。听了报告才明白，其实他是借这个题目深入微观层面，通过几个例子讲微观层面的问题。我跟韩老师的理解差不多。既然我们有《民法典》了还是要顾及《民法典》的约束力，不能毫无顾忌地行走。对于这一基本思想我是完全赞同的。比如，对于商法的问题、代理的问题，我都是这么认为的。但是在这个问题上补充一点张家勇老师没有展开的问题。涉及两个方面。一方面是张家勇老师提到把原《合同法》放入《民法典》里了，这样做合适不合适？放进来的目的是什么？在理论体系上到底科学不科学？我觉得这些是在《民法典》自身体系建立的时候，由于各种考虑而在理论上没有论证清楚。我们需要通过学说重新整理它，而不能将这些作为一个在形式上由我们来解读它有多少拘束力的问题。

还有一个问题，如果我们确定这部分是《民法典》的内容，在理解它与其他具体的部门法关系，或者说民商关系时，也得处理好《民法典》的抽象和商法规则具体化的问题，也就是说，如何对待《民法典》之外特别法的问题。有的时候它们的一些差异，可能在特定领域当中是必要留存的。当然我不是针对具体问题，而是从一般的方法论角度去说的。所以，这一点是我想特别补充的一点。

张家勇老师讲第二个问题也没有展开。我理解的意思就是，担保法的功能主义和形式主义的问题。我感觉到我的观点跟张家勇老师是一致的，《民法典》在担保制度上，可能并不像我们很多学者在理论上指出的那样具有功能性,甚至我觉得一点也不具有功能性。

方新军教授讲的代理制度的体系解释,我一开始以为他是想从宏观上构建体系,但实际上他主要是根据前一段时间发表的论文去讲《民法典》第925条和第926条之间的关系。这个问题我特别赞成的一点就是,他认为《民法典》第925条和第926条被规定在委托合同这一章当中,在体系安排上可能有欠妥当。我觉得它要放在行纪或者直接放在代理制度中,像《欧洲合同法原则》那样,在代理制度中既规定直接代理又规定间接代理也未尝不可。如果要分开规定的话,那么规定在纯粹的代理场合中更好一点。为什么规定在委托制度中不好呢?委托,我们更多的是讲委托人和受托人之间的内部关系,不涉及实施法律行为的。在委托里规定一个代理性质的东西,对不是实施法律行为的委托关系情形来说在体系上就有一些违和,所以在这点上我非常赞同方新军教授的观点。

另外,方新军教授特别强调代理制度当中《民法典》第162条的代理的直接性,想以此来限缩《民法典》第925条和第926条当中间接代理的适用情形。对此,我可能有一点不太一样的认识。我觉得是不是直接代理、代理的名义可能不是特别的关键。当然有代理名义,像德国法理论设计的那样,三方关系处理得就会非常清晰。但是,现实情况中,在很多场合下,当事人并不需要这种清晰的三方代理关系。无论是从委托人一方也好,还是从相对人、第三人这方来说,他们可能都需要穿透当初没有完全揭示开的实质意义上代理人这一屏障,这时候怎么办?我们怎么处理?我举两个简单的例子,一个是德国人说的相关代理人,它分成公开的和隐秘的。就隐秘场合中的相关代理人来说,他去超市帮被代理人买一个什么东西,他买东西的时候并不需要跟卖东西的人披露他是为谁的利益而实施这种行为。这样这件事看起来就没有代理关系,实际上是有代理关系的。这时候我们是把它看作代理,还是不看作代理呢?实质的问题就在于,商店给了代理人东西之后,这个东西是属于代理人的,还是属于被代理人的。如果要严格坚持直接代理的话,这种利益关系就被否定了,似乎不太符合老百姓之间真实的意思和利益安排。

另一个是委托人和代理人之间的关系。像相对人和委托人之间可能发生关系的,就是我们经常说的拍卖场合中,一个人委托另外一个人拍卖。他想为国家做贡献,但是不想别人知道是他在做,于是就委托一个人帮他买下来。受托人竞买的时候心想:我这是在替别人做的,但是替谁做的并不能告诉你。所以这件事看起来就是竞买人自己在买东西。我们需要解决的问题是,受托人跟卖方签订合同之后需要付款,可他自己有压力付不了钱,付不了钱的时候拍卖人(相对人)能不能要求参加拍卖的"代理人"披露委托人的关系,直接跟委托人要钱?这时就会涉及类似代理的关系要处理。如果一味地坚守形式的直接代理就会跟现实生活当中复杂的而且是很自然的和常见的一些关系场景不一致。所以,过于严格的解释,也可能会在实践当中碰到一些问题。

韩世远:谢谢耿林教授,我们第二单元主题是围绕着《民法典》总则编和合同编,实际上通过这些话题我们也能够感受到,前面的发言人基本上都从总则的角度去理解这种体系,朱虎教授、龙俊副教授的话题是从传统意义上谈论相应的一般规则,于飞教授谈论的是合同这一块的内容,刘保玉教授谈论的话题不纯粹是物权,当然有担保物权,也有保证。今天七位报告人给我们带来了知识上的一场盛宴,我感觉到还是很有冲击力的。两位与谈人分析得也很到位,时间把握得也非常好,为下一场中间留下 10 分钟的休息时间。最后请大家将热烈的掌声送给今天的七位报告人,两位与谈人,谢谢你们!

第三单元 《民法典》的编纂技术、教育功能与国际视野

王洪亮：各位老师，我们开始第三单元的话题，我们这个单元有两位主持人，一位是我，另外一位是陈卫佐教授。首先有请南京大学法学院院长彭岳，他发言的题目是“民法典时代条约司法适用问题”。

彭岳：感谢清华大学法学院的邀请。首先要声明一下，我是研究国际法的，就民法这一领域在这里听了一天，现在头脑处于运转不动的状态。其次要说明一下我题目中民法典时代的含义——因为《民法典》已经被制定出来了，所以现在叫“民法典时代”，这也就是为什么一个国际法学者会来参会。我还观察到，今天作线下报告的老师中没有国际法学者，但就在清华大学图书馆一楼，墙上挂着清华大学早期法政人物的海报。我在其中看到很多知名的国际法学者，如王铁崖先生、陈体强先生、端木正先生、张福运先生、王化成先生、冀朝鼎先生等。就数量而言，估计清华大学早期法政人物里，约有一半都出身于国际法或和国际法有关，此时此地，个人能够深刻感受国际法与民法之间有着非常深厚的渊源。

今天我讨论的一个主题是民法典时代的条约适用问题。该问题存在，主要是基于这样一个简单的事实：原《民法通则》第 142 条就涉外民事关系的条约适用问题有专门规定，其后，《涉外民事关系法律适用法》把原《民法通则》里涉及国际私法的部分抽取了出来，单独立法，由此导致在制定《民法典》时，国际法学界普遍认为，《民法典》也应该规定条约适用的问题。然而，我听了一天，总的印象是，民法学界似乎没有人在意条约适用的问题。在制定《对外关系法》时，国际法学界曾设想在该部立法中明确条约适用问题。后来大家应该知道，虽然 2023 年 6 月通过的《对外关系法》第 30 条和第 31 条提及条约，但是没有完全解决条约司法适用的问题。这就形成一个非常

尴尬的局面，也就是说，作为涉外法治基本法的《对外关系法》，这一相当于法典类的立法（当然不是《民法典》意义上的法典）并没有解决条约适用问题。随着《民法典》生效，原《民法通则》第142条也就废止了，由此导致民法基本法也没有关于条约适用的规定。当前，一个非常现实的问题是，在民事审判里，如何适用国际条约？

理论上，就条约适用问题，涉及三个经典问题：一是要讨论条约在国内法体系中的效力问题。作为一个法律体系，国内法具有相对独立性，它有本法律体系承认的法律渊源。与此同时，国际条约中的相关规定有可能通过某种通道，进入国内法体系里面，被国内法院适用，由此引发条约在国内法体系中的效力问题，相关问题包括签订条约生效的条件、生效的范围等。二是条约可否被法院直接适用的问题。逻辑上，即使条约在国内法体系中生效，也不一定能够直接适用。三是如果法院可以直接适用条约，该条约的法律位阶问题。涉及当有新的法律出现，对于同一规制事项而言，到底是条约优先，还是新法优先等非常实在的问题。

在描述完条约适用的基本问题之后，让我们来看看《民法典》生效后，条约适用的变化问题。前“民法典时代”，原《民法通则》第八章就涉外民事关系的法律适用作出规定。原《民法通则》第142条规定，“涉外民事关系的法律适用，依照本章的规定确定。中华人民共和国缔结或者参加的国际条约同中华人民共和国的民事法律有不同规定的，适用国际条约的规定，但中华人民共和国声明保留的条款除外。中华人民共和国法律和中华人民共和国缔结或者参加的国际条约没有规定的，可以适用国际惯例”。根据原《民法通则》第142条，只有在法律规定与条约规定发生冲突时，条约规定优先于国内法律规定得到适用。因此，在相关规定没有发生冲突的情况下，在适用的顺序上，国内法律通常优先于条约规定，只有在存在不同规定，且相关规定存在冲突的情况下，才会直接适用条约的相关规定审理案件。在实际操作层面，原《民法通则》第142条的规定会牵扯到非常多的问题，如什么叫相同，什么叫不同。我们知道，即使条约与国内法的规定相同，因为条约的解释方法和国内法的解释方法并不完全相同，仍有可能发生冲突。

如上所述，《涉外民事关系法律适用法》把原《民法通则》中的涉外民事关系法律适用法抽出来单独作出了规定。其后，最高人民法院就如何适用《涉外民事关系法律适用法》又作出了两个司法解释。其中，最高人民法院

《关于适用〈中华人民共和国涉外民事关系法律适用法〉若干问题的解释(一)》第7条确定,“当事人在合同中援引尚未对中华人民共和国生效的国际条约的,人民法院可以根据该国际条约的内容确定当事人之间的权利义务,但违反中华人民共和国社会公共利益或中华人民共和国法律、行政法规强制性规定的除外”。这一规定引发很多问题。如“人民法院可以根据该国际条约的内容确定当事人之间的权利义务”之规定是否意味着法院具有裁量权?如果有,如何行使该裁量权?这值得深入思考。又如,该规定仅指向没有生效的条约,它没有解决条约怎么在国内适用的问题。申言之,只有当事人在合同中援引,法院才可以用条约来确定当事人的权利和义务,而不是适用条约来解决当事人之间的权利义务的争端。由此引发的问题是,对于当事人援引的已经生效的条约,法院如何适用?是将相关条约规定转化为合同条款加以适用?还是直接予以适用?最高人民法院《关于适用〈中华人民共和国涉外民事关系法律适用法〉若干问题的解释(一)》没有给出明确的答案。至少就我国参加的《联合国国际货物销售合同公约》(the United Nations Convention on Contracts for the International Sale of Goods,CISG)而言,相关答案似乎是不言而喻的。CISG规定,如果当事人没有选择合同适用法律,在符合CISG规定的情况下,法院应直接适用该公约。显然,这一思路与原《民法通则》第142条的规定又产生了冲突,因为后者只有在条约规定与国内法规定不一致时,方可适用国际条约审理案件。

现在我们已经步入民法典时代了,《民法典》生效的直接后果之一是废止了原《民法通则》关于条约适用的规定。在原《民法通则》依然有效的期间,整个民事关系国际条约的适用是靠原《民法通则》第142条维系的,《民法典》生效后这条也失效了,所以出现了一个立法空白。出现了空白怎么办呢,司法造法。只是相关司法造法的性质就更加不清了,因为这次不再采用司法解释,而是会议纪要,即2021年《全国法院涉外商事海事审判工作座谈会会议纪要》(以下简称《2021年会议纪要》)。该会议纪要中,与条约适用有关的规定主要体现在第18条、第19条和第20条。

首先,第18条就国际条约未规定事项和保留事项的法律适用作出规定。该条规定,“中华人民共和国缔结或者参加的国际条约对涉外民商事案件中的具体争议没有规定,或者案件的具体争议涉及保留事项的,人民法院根据涉外民事关系法律适用法等法律的规定确定应当适用的法律”。这一规定比较绕，需要反过来读，即如果我国缔结或参加的国际条约对涉外民商事案件中的具体争议有规定呢？符合逻辑的“答案”只能是适用条约。对比原《民法通则》第 142 条的规定可以发现，《2021 年会议纪要》关于条约适用的规定更为灵活。原《民法通则》第 142 条规定，只有在条约和国内规定有不同规定时，才适用条约。与之不同，根据《2021 年会议纪要》第 18 条，只有在国际条约没有规定，或者有规定，但我国法律作出保留的，法院才能够根据《涉外民事关系法律适用法》来确定适用的法律。这意味着，就适用顺序而言，在适用国际冲突法解决法律适用问题之前，法院应首先看相关国际条约有没有规定，能不能适用。《2021 年会议纪要》第 18 条规定，法院在审理案件时首先要看我们有没有加入相关条约、条约能不能用，如果条约能用，在无须适用《涉外民事关系法律适用法》时来决定适用哪个国家的法律。

其次，《2021 年会议纪要》第 19 条就 CISG 的适用作出特别规定。早期，我国法院的法官并不太愿意适用国际条约。为了规避 CISG 的适用，他们在庭审的时候倾向于引导当事人适用国内法。比如，CISG 规定，如果当事人没有约定适用的法律，在应当适用 CISG 时，经庭审法官询问当事人，可以排除适用 CISG。为强化 CISG 的适用，《2021 年会议纪要》第 19 条特别规定，营业地位于 CISG 不同缔约国的当事人缔结的国际货物销售合同应当自动适用该公约的规定，但当事人明确约定排除适用该公约的除外。人民法院应当在法庭辩论终结前向当事人询问关于适用该公约的具体意见。因此，对于当事人没有明确约定，但根据 CISG 应当适用 CISG 的法律争议，庭审法官就不应该问：“本案适用中华人民共和国法律有没有异议？”而应该问：“本案适用 CISG 有没有问题？”

最后，《2021 年会议纪要》第 20 条还就法律与国际条约的一致解释作出规定，即“人民法院审理涉外商事案件所适用的中华人民共和国法律、行政法规的规定存在两种以上合理解释的，人民法院应当选择与中华人民共和国缔结或者参加的国际条约相一致的解释，但中华人民共和国声明保留的条款除外”。这里面的问题较为复杂，因时间原因，就不再细说了。

总而言之，根据《2021 年会议纪要》的上述规定，我们可以发现，在涉外审判中，对于法官的国际法能力的要求骤然提高。

以上简要地描述了《民法典》生效之后条约适用的发展情况，就其核心而言，条约适用的三大经典问题不会因为《民法典》的生效而消失。《2021

年会议纪要》似乎解决了一些问题，但仍存在诸多争议。2023 年《对外关系法》就条约和宪法关系的规定也为以后条约适用问题增添了变数。随着研究的深入，一些共识正在浮现。如在审判过程中，条约直接适用与否的问题只有在转化为具体条约条款，能够直接适用后才有意义。此外，通常所说的条约适用很可能不是真正的法律适用行为。如为了解释一个事实、说明一个概念、澄清一个条款，法院也许援引了某个条约的条款，但能否得出结论说法院在适用国际条约？还是说，这是一个与条约适用存在性质区别的条约援引行为？抑或是，法院作为国家机关遵守条约的行为？

总而言之，《民法典》的生效废止了原《民法通则》，使条约适用问题再一次凸显出来。对于该问题，国际法学者可以对民法典时代的法律适用作出自己独有的贡献。

王洪亮：对于这个问题，司法解释方面也有一些新的进展，彭院长讲得非常清楚。下一位是线上嘉宾吉林大学法学院院长何志鹏，他发言的题目是“法典化：来自国际法的观察”。

何志鹏：我很荣幸有这样一个机会被邀请参加我们今天的会议，我们的会议主题是“法典化时代的法治建设”，而我来自一个没有充分法典化的法律部门——国际法，所以我发言的题目就是“法典化：来自国际法的观察”。

我认为从一个没有充分法典化的法律部门来分析，法典化其实说明了这个社会在政治、文化尤其是法治文化发展方面的一些特点，我打算从四个方面对法典化意味的社会特色给予展开。

首先，国际法未能法典化，在国际法领域我们经常会讲到“法典化”这个概念，只不过我们把英文的“codification”翻译成“编纂”。国际法的编纂，在很早就已经有学者提出来了，比如大家都熟知的英国的哲学家边沁。在 20 世纪的时候有那么一些国际机构，尤其是美国的一些大学，也试图在国际法的领域编纂法典。但是所有的努力都没有得到国际社会有效的认可，也没有得到预期的国际社会承认和支持。这其实说明了一个最基础的问题，那就是国际法内容的庞杂、复杂，使当前国际社会对其进行法典化的努力很难真正实现。

为什么会呈现这样的状况呢？我个人理解，那就是国际社会发展的迅速和人们在法典化过程中所能够付出的成本、努力之间，存在着非常大的差距。也就是说，成本不足以实现需求。进一步说，就是当前国际法学界对于国际法的现状、国际法发展所应当达到的目标,还没有充分的认知。从反面分析,就是那些已经法典化的学科领域,学术界已经达成了一些初步的共识。

其次,国际法的法典化工作一般都是由一些私人机构推动。国际社会的公共权力机构——从最广泛的意义上讲,就是超越国家或者能把所有的国家都团结在一起、聚集在一起进行立法的机构,还没有建立起来。也就是说,在国家之上,不存在更高的权威。在国际政治上我们把这个状态叫作无政府状态。国际社会的无政府状态,和国际法法典化的不充分,是一个硬币的两面。这实际上从一个侧面说明了一个问题,那就是法典化需要一个强有力的立法机构,需要一个强有力的法律权威。如果没有这样的权威,法典化仅仅是一种徒劳的努力,积极推进实践却不能够见到效果。所以,对于那些已经法典化的领域而言,我们就可以推断,在这些领域,权力、权威已经被初步地构建了起来。

再次,我想说法律的背后是政治。那些法典化了的领域、部门,说明国家在政治层面上对这个领域、部门的问题达成了初步的一致。国际法法典化非常缓慢,是因为国际社会在这些领域难以达成充分的共识,也就是说国家和国家之间,对于大多数的国际问题,没有形成普遍的认知。

我举个例子,在海洋法领域,经过国际社会的反复沟通、交涉、谈判,最后形成了 1982 年的《联合国海洋法公约》,这个公约应当说是人类在海洋法领域法典化非常重要的成果。但是遇到了一个问题,这个海洋法公约在通过之后,国际社会主要的成员之一美国不接受、不承认。那么,国际社会就面临着两个选择:第一个是直接放弃 1982 年的《联合国海洋法公约》;第二个是对《联合国海洋法公约》进行调整和修正。最后,国际社会选了第二种方法,即对《联合国海洋法公约》中美国不能接受的部分,单独作了规定。这就说明,对有些问题,在国际社会、政治中,还没有形成一致的认识,乃至整个国际社会的法治共识没有充分建立起来,基于这一点,国际法的法典化就受到了重重阻碍。

在当今国际社会,有两个法典化程度比较高的领域,即人权法和国际人道法。这两个领域的共同特点是,对国家的强制性要求和义务性要求很少。可以想见,一旦义务性要求提升,有些国家就一定会考虑退出这样的机制。所以我想说明的就是,法典化是政治共识的依据,那些充分法典化的领域,一定是形成了良好的政治共识。

最后，我想说的是，国际法的割裂性，不仅仅体现为不同国家对同一事项难以达成一致，比如在海洋法、网络法各个领域都存在着国家之间的争论，在不同的领域之间也存在着很大的割裂，比如贸易和环境、贸易和公共健康、贸易和科学技术发展。各国有各国的价值追求，所以在某一个部门，国家之间还能够形成一个小范围、小体系的“法律王国”。而如果想就一个更大的范围，在国际法领域形成法典，比如国际经济法典，那恐怕就非常难以做到。尤其是现在，我们越来越多地看到单边主义的“小院高墙”，这使国际法的成熟法典化变得非常艰难。

所以在国际法领域，我们最常采用的一个评价是：国际法“不成体系”，或者国际法“碎片化”。在这种情况下，特别值得我们关注的就是如何在各领域之间达成最基本的价值构建。这是国内法在很多方面做得非常好的，也是值得我们国际法学者去羡慕和学习的地方。

王洪亮：下面有请线上嘉宾上海交通大学凯原法学院院长彭诚信，他发言的题目是“民法典时代的民法教学与教育”。

彭诚信：尊敬的嘉宾朋友，大家好！非常感谢清华大学法学院给我这次向大家学习的机会，我报告的题目是“民法典时代的民法教学与教育”。

我大概讲五个要点：第一个是体系化思维，第二个是开放性思维，第三个是法学方法思维，第四个是专业与常识底线思维，第五个是人的底线思维。

第一点，体系化思维。我国《民法典》采用民商合一的立法体例，共分为7编。从本体论层面大体可用一句话来概括《民法典》的核心内容，即民事主体通过自己的法律行为创设权利义务，并遵循特定的民法基本原则享有权利、履行义务，亦为自己行为导致的损害负法律责任。民事主体是指自然人、法人、非法人组织等，行为主要涉及合同编内容，权利义务主要是指绝对权，比如物权、人格权等。整个民商法大体可用10个字概括：主体、行为、权义、原则、责任。有了《民法典》，我们在教学时应特别关注体系化，也就是把具体的知识要点放在它该放的体系位置，这也是《民法典》带给我们的便利。

第二点，开放性思维。有了《民法典》，我们仍然要坚持开放性思维，而不是封闭性思维。从已经发生的一房二卖或者多卖、P2P、利用融资租赁进行诈骗等案件中，可以体会到这一点。以一房二卖为例，我把房屋卖给了

A,买受人 A 交付了房款,并且已经装修入住;我又把这个房屋卖给了第二个人 B,并进行了过户登记。法律上经常表现为第二个买受人此时就可以以所有权人的名义驱赶第一个买受人(占有权人)。司法实践中此种案例不少,到底应当保护第一个买受人,还是保护第二个买受人呢?我们传统的思维方法是从法律关系出发,在原告和被告之间进行判断,到底是保护 A 还是保护 B。不知道大家有没有思考过,无论是保护第一买受人,还是保护第二买受人,都有可能使最坏的出卖人逍遥法外。在这种情况下,单纯地遵循传统的法律关系思维方式可能就不太合适了。我们在考虑这类案件时,不能忽略一房二卖或多卖现象大规模频发的社会背景。由此便会清楚,我国的一房二卖或者多卖已经不是一个纯粹的法律问题,而是一个关乎诚信丧失的问题。这就要求法官在判案时产生一种戒备心,即如何让恶意的出卖人承担其应负的责任,或者不能让其随意出让,或者至少让买受人对出卖人产生足够的警惕。

再如,在远程视界公司融资租赁诈骗案中,远程视界公司采用融资租赁的手段骗了公立医院数百亿元。但在 2019 年 3 月 31 日之前的 738 份相关判决书中,只有 4 份支持医院的主张,其他 734 份判决书都在一定程度上维护了骗子的利益。如果我们法律实践者不看前端、不看后端、不看整体社会背景,单纯在具体个案的原告和被告之间衡量,便会出现负面的结果。所以即便有了《民法典》,在司法实践中我们也要把案件放在整个社会背景当中考虑,而非单纯考量原被告之间的法律关系。

第三点,法学方法思维。当下法律释义或法律教义常常被挂在法律人的嘴边,其原本就是常识,因为法律本身就是法律释义。但在教学中过多强调它,往往有让学生死读法条、僵化地运用法条、读死书之感。德国法学家罗尔夫·斯蒂尔那(Rolf Stürner)教授曾说过,真正的法律释义包括两项内容,第一项内容是将个案体系化地归纳到以现行法为基础的基本法律规范当中。这是我们现在通常教给学生的,但这仅是法学教育的一部分而不是全部。如果这是我们教给学生的全部,那就是在教学生一种墨守成规的教条主义。因为在罗尔夫·斯蒂尔那看来,法律还有第二项内容,即创新因素。具体说来,当法律规则在立法上考虑不完备,或者法官发现其存在不足的时候,还要敢于创新。创新思维更应是在教学中着重强调的。

第四点,专业与常识底线思维。无论用什么样的理论、什么样的方法,适用什么样的法律规范,都要清楚这其中永远包含着法官某种程度的价值判断和利益衡量。法律不变的是什么呢?不变的是法律的基本原理以及法律的基本精神——公平正义,还有人的基本常识。如果一个案件判决违背了大多数人的常识,此时便需要重新考量这个案件判得到底好不好。

第五点,人的底线思维。民法典时代的教育,不仅是教育学生学习法律的规范内容、法律的适用方法以及法律的论证方法,还要起到育人作用,即法律人起码要坚守做人的底线。若一房多卖之类的法律现象频出,法律却不规制恶意出卖人的二卖或多卖行为,这绝非法律人所追求的目标。法律人首先要扎实地学好专业知识,只有业务精进了,才不会自乱阵脚。同时,还要培育高尚的人格,守住具体案件判决不能违反人之底线的基本公正。

最后,用上海交通大学老校长在1930年说的一句话作为发言总结:“须知吾人欲成学问,当为第一等学问;欲成事业,当为第一等事业;欲成人才,当为第一等人才。而欲成第一等学问、事业、人才,必先砥砺第一等品行。”对我们法律人来讲,即便是在民法典时代,我们的法学教育、法律适用也应做到此点,砥砺第一等品行最为重要。

王洪亮:感谢彭院长的精彩发言,说出了教育的真谛是人品。下面有请复旦大学法学院副院长李世刚,他发言的题目是“《民法典》编纂的首要技术问题”。

李世刚:尊敬的各位前辈、各位同仁、各位老师、各位同学,大家下午好!我非常荣幸能够参加今天的世界法治论坛,感谢主办方的邀请,感谢龙俊副教授的邀请,给我了一个宝贵的学习机会!

今天我汇报的题目是“《民法典》编纂的首要技术问题”。《民法典》编纂最核心的或者首要的问题是:法律行为和合同,谁是中心?

这个问题在《民法典》编纂的时候显现了出来。我印象非常深刻的是在2017年1月,也就是原《民法总则》通过的前2个月,在中国人民大学的苏州校区开过一次会议。当时原《民法总则》的草案基本上已经定了,按照立法机关两步走的立法计划,第一步就是制定“总则”,2017年1月的会议讨论分则各编如何起草。与会的嘉宾提出了一个问题:如果《民法总则》里对法律行为的内容做了很详细的规定,之后在合同编中怎么设计和安置与合同订立、合同效力有关的规范?我印象非常深刻,当时王利明教授、李永军教授等与会嘉宾围绕这个问题作了很多的分析和讨论。

从我们的立法经验以及比较法的角度来讲,似乎《民法典》编纂的首要核心技术问题就是意定之债规则是以合同法规则为中心还是以法律行为(这样一个可以涵盖合同单边、多边法律行为的更为宽泛的上位概念)规则为中心。原《民法通则》选择以法律行为为中心,不过原《合同法》选择以合同为中心,因为在这部法律当中,人们不再看到“法律行为”四个字,也没有看到任何援引《民法通则》法律行为的规范。

原《民法总则》给出的答案是非常明确的,就是选择了以法律行为规则为中心,但是正像朱广新教授早前所指出的,这种操作或者这种共识应当在很大程度上是集体无意识的成分,而不是有意为之,所以从意识问题上还值得我们深入研究。对这个问题的解答可以从法律行为概念出发,它本身的特点就是高度的抽象性。但是在法律行为这个概念里面,作为最核心支撑的应该是“意思表示”。另外法律行为概念无论在教学还是在适用过程中也有自己的局限性,包括给我们的教学带来了很多困扰,在法解释方面产生了很多的议题,以及使我们的解释工作变得非常的繁杂。

从法典内部编纂的角度来讲,法律行为概念,也对我们提出了很高的智慧要求和挑战。例如如何避免规范之间的重复,如何用法律行为概念协调总则和分则之间的关系等。我想这都是我们在立法过程当中已经显现的一些问题。所以对于法律行为的意义,在比较法上也有不同的声音。有的学者,比如莱米教授就这样说过,在继受法国家,人们指责法国法典化科学性太弱长达一个世纪,但与今天《德国民法典》的抽象技术相比,人们似乎更认可《法国民法典》的特点——当然,这位教授是法国人。而从比较法上来讲,常见的几个比较法范本似乎选择的都是合同中心主义,无论是国际统一私法协会《国际商事合同通则》,还是《欧洲合同法通则》,抑或是《共同参考框架草案》。合同中心主义更有它的优势。

这些不同的中心的选择,自然会有不同的立法模式与特点。选择法律行为中心主义也会带来相应的挑战,无论是体系上的分布问题,还是适用中的效率以及对外交往的便利等问题。

这个问题的回答也跟我们债法体系的构建有关系,债法体系会涉及债法和合同法到底谁是主角的问题,换句话说,要不要债法总则?我们的答案也是非常清楚的。《民法典》最后的选择让我们面临这样一个体系,就是合同规范分为两个部分,其成立与有效性部分是《民法典》总则的法律行为规范部分,而它的效力内容又成了债法的总则。这对我们的体系解释适用带来一些困扰,或者说带来一些挑战。

这就是我今天的分享,这些分享在2016年《法学研究》发表过——在《民法典》生效之前。今天我们再回头看这个问题,或许会对法律的解释以及后续法典编纂的进一步讨论有所帮助。今天上午王利明教授提出法典编纂和法典汇编的区别,法典编纂还是强调抽象的作业,这种抽象的作业对于一些基础概念的选择与回应应当是编纂式法典的首要技术问题,但是对于汇编式的法典而言这个问题可能不是这么突出。

王洪亮:李老师说出了比较关键的问题,法律行为和合同、债法和合同,确实现在从编纂的角度来讲还是可以接受的。下面有请陈老师主持。

陈卫佐:谢谢王洪亮老师。下面有请新加坡国立大学法学院副院长Tan Justin Jerzy。

Tan Justin Jerzy:大家好,我是Tan Justin Jerzy,是新加坡国立大学的一位高级讲师,今天我汇报的题目是"用政策视角揭示法律——普通法的经验"。我很高兴能够见证中国法律的"法典化"趋势。接下来,我将为解释法律提供一个政策的视角。

前置性的问题是,由于立法者和政府机构起草法律来实施政策,因此,法院应该通过解释这些法律来促进政策的实施。如果法院采用政策视角来裁判案件,那么究竟会发生什么?我的报告将从两个部分出发:第一,我会用政策视角对普通法的案件进行分类;第二,我会谈谈用政策视角解释法律的一些好处。

就分类而言,普通法的案件如果以政策视角为依据,可以分为四大类:第一类是法律用语与政策目的指向相同的情况;第二类是由于社会条件的变换或者法律起草的不当,导致法律用语与政策目的指向相反的情况;第三类是目前还不清楚某政策究竟希望如何导向的情况;第四类是在相关机构领域还存在另一项政策,这两项政策方向相反、相互牵制的情况。

对于第一类案件,由于法律用语与政策目的指向相同,所以通常解释起来比较容易。例如艾滋病属于"疾病或缺陷",智能手机属于"电子通信手段"等,这些解释都没有太多疑问。第二类案件,由于法律用语与政策目的指向相反,所以解释起来比较困难,因为有时政策目的占上风,有时法律用语占上风。例如,在租赁继承权的案件中,同性伴侣属于家人吗?这就涉及无婚姻关系且无血缘关系的人之间能否成为亲属的问题,这里的判断非常复杂。法院支持了同性伴侣属于家人的判断,理由是其达到了“足够稳定的地位”。又如,录音磁带是否属于“发现规则”中的“文件”?“发现规则”是确保双方披露重要信息,以确保公平听证的一种规则。因此法院认为,文件的基本特点是“能够传递信息”,而文件不需要局限于可视性,也可以是可收听的,“毕竟书面文字只是封装的声音”。再如,在对工人的工伤赔偿上,法律支持为因设备缺陷而受伤的工人提供赔偿,设备的定义是“任何工厂和机械、车辆、飞机和服装”,但是船舶是否包括在内?在案件中,法律就支持了船舶作为“设备”的解释。我认为在第二类案件中,解决方案应当是:如果有明确的规则,或者法律文化,或者行业实践,并且能从相关机构处得知清晰的政策目的,那么政策目的占上风。否则,取决于信赖利益的重要性,即对法律用语的信赖,如果对法律用语的信赖占上风,则应优先适用法律用语指向的意义。在第三类案件中,由于并不清楚政策的目的是怎么样的,因此,法院在面临不同的政策目的解释时,应当向有关机构咨询来寻求结果,即司法应当尊重立法的政策导向或行政权力的某种政策目的。在第四类案件中,法院可能需要在冲突的政策目的中进行权衡,当然这种权衡要在必要的限度之内。

对于用政策视角解释法律的好处,我想说以下几点:第一,立法者可以通过法律的方式执行有益的政策;第二,法院可以通过解释来提高事前立法的效率,即立法不需要那么“面面俱到”;第三,法院不会过多依赖词语本身的意思,能够摆脱文字本身对规则解释的过度束缚;第四,丰富解释的标准,不会使解释标准过于僵化或钝化。

谢谢大家,这就是我报告的全部内容,我很愿意聆听大家的想法、意见和问题。

陈卫佐: Tan Justin Jerzy 先生从普通法的视角来讲法律的解释、制定法的解释。我们从这能够看出法典编纂作为一种立法技术为什么在普通法国家没有那么成功,尽管这种编纂的概念是由普通法国家的法学家提出来。解释法律的过程实际上不仅仅是解释法律,它跟法典编纂的相同之处是,解释法律也是在适用法律。但是因为普通法国家的法官拥有一定的造法权力,所以它有时候也能够把一些制定法的问题从政策的角度进行类型化。在这个问题上和法典编纂有一样的地方,是对法律关系的类型化,同时也是对法律规则的一种系统化,也就是我们刚才有些老师所说的体系化。

下面有请清华大学法学院的老朋友,新加坡管理大学杨邦孝法学院教授 Wang Heng 教授,他发言的题目是"中央银行电子货币规制"。

Wang Heng:尊敬的各位专家学者,大家好,我是新加坡管理大学杨邦孝法学院的教师 Wang Heng,非常感谢论坛主办方的邀请,很荣幸有机会再次参加清华大学的这次盛会。很抱歉我这次不能参加线下论坛,只能通过远程的方式来介绍和分析一下中央银行(以下简称央行)出资货币监管的问题,请各位多多指正。

据我了解,这个环节很重要的一个部分是关于法典化的问题。就央行数字货币而言,数字货币的法典化可能相对而言还是一个离我们比较远的问题,但是这样的问题值得我们研究。就这个问题而言,我主要想从几个不同的角度来加以分析。第一个方面,分析央行数字货币是什么。在这个过程中,我的发言更侧重央行数字货币的国际使用或者海外使用的问题,因为这个问题对于央行数字货币的监管,包括未来有可能的法典化的相关的工作都是非常重要的。央行数字货币的使用场景并非仅限于一个国家,而是包含国际使用场景。第二个方面,我想在这个视野中分析央行数字货币与传统的或者理想的跨国治理方式的契合问题。第三个方面,我希望以不同视角来观察、分析央行数字货币。最后提出一点展望。

央行数字货币是什么?对此有不同的理解,但简单而言,央行数字货币是法定货币的一个数字化的版本。目前,在中国试点的数字人民币,欧盟欧元区现在正在考虑的数字欧元,都属于央行数字货币,它们是法定货币的数字版。这样来说,它跟传统的货币有很大的不同,比如传统的货币,如果使用现金,可能我只要拿出钞票,对方就会接受,而使用央行数字货币则涉及电子身份的问题,涉及需要对方提供一个硬件来接收数字货币的问题,还涉及数据的问题。

从这个角度而言,我们可以理解为央行数字货币包含的硬件条件就是需要一系列的基础设施和相关的硬件来接收。因为它不再像现金这样,只要用钞票本身就可以了,它至少需要一个手机或者类似的终端在使用方处,在接收方处也需要相应的设备。从软件的角度讲,它包括了如何理解这些央行数字货币的实践,包括了知识产权的问题、技术标准的问题、监管的问题。比如我们在央行数字货币的使用方面,基于反洗钱或者其他的金融治理的安排可能会限制使用的金额或者场景等。

很重要的一点,就今天的讨论而言,央行数字货币包含了国内视角,也包含了国际视角,我今天的发言主要是侧重于国际视角,因为这个方面的问题需要在现阶段加以考虑,且从利益角度出发,还有很多值得研究的问题。

如果想从国际视角来分析央行数字货币的治理,我们可以看一下理想的跨国经济治理采用了什么样的一种方式。理想的跨国经济治理方式,按照 Karen J. Alter 2021 年发表的论著中的一个观点,我们可以把它分为几种方式:私人缔约,比如企业间达成合同;国与国之间的契约,或者用条约加以约定的方式;有原则的多边主义的方式。我们逐个分析一下。

第一种方式就是关于传统的私人缔约。这种方式应该说在央行数字货币跨境使用中可能会经常被使用。比如,两个国家的公司,可能会约定用数字货币作为支付方式。但是这里面需要注意的是——我们在这种交易的过程中,应当要注意传统的或者比较纯粹的私人缔约所出现的问题,可能不足以涵盖所有的央行数字货币问题。因为在央行数字货币里面,国家发挥了主导的作用。比如,从发行者角度来说,它是央行发行的。央行在很多情况下会为央行数字货币的实施,包括它的使用范围甚至适用法作出相应规定。私人主体之间的合同,无法改变国家强行法的规定。所以从这个角度而言,私人主体之间这种缔约所出现的问题可能难以完全涵盖央行数字货币监管中所有的主要问题。

第二种方式,可从跨国经济治理角度来看,国与国之间可以就央行数字货币缔结条约,但是从目前的操作情况来看,缔约可能有一定的难度。它有两种做法。

第一种做法,如果缔结条约,需要各方就央行数字货币的规则做出比较明确的、细致的规定。但是就目前而言,央行数字货币涉及很多新问题。比如货币主权的新问题、数据的流动问题、国与国之间存在是否和如何承认对方的央行数字货币的问题等。条约如何将这些细致的问题加以规定是存在难度的。

第二种做法可能是在两个国家之间规定非常笼统的条约规则来规范央行数字货币。即便如此,也面临很大的难题。现有的国际法规则,即便我们约定适用于央行数字货币,它又怎么适用到新场景之中?这包括:数据的流动;不同国家对央行数字货币的承认;对其他国家央行数字货币的承认;如果发生系统的技术或其他错误时,谁来承担责任;等等。再如,对于智能合约的适用问题,现有的国际法可能难以解决,难以给一个清晰的答案。所以,条约这条路还有很大的不确定性。

第三种方式就是类似于 WTO 的多边主义做法。比如建立一个有约束性的共同规则,然后通过裁决或者准裁决的方式加以实施,这样有很大难度。因为一是在央行数字货币体系里面没有争端解决机构这样的类似机制;二是即使建立了这样的机制,它作出裁决的难度也很大。从国际争端的历史来看,这种方式总体上对解决双边争端的难度小一些,但对于多边争端,采用这种方式会面临着很多难题。

接下来,我们从多个角度分析一下央行数字货币。从 J. G. Merrills 的观点看,至少对于争端解决而言,有不同的视角可以进行分析。这些视角也可以用在我们对于央行数字货币的理解上。

第一种是社会的视角,就是看主体是哪些。在央行数字货币里面国家、国际组织、中介机构(金融中介机构,包括商业银行)等主体,是值得我们关注的。

第二种是物质的视角,实际上就是指我们争议的问题是什么,或者主要的焦点是什么。对于央行数字货币而言,包括进程,就是从央行数字货币的发行、所有权到结算以及最后的交易的完成,整个过程中都可能会发生争端。

第三种是数据的视角。央行数字货币产生了大量的数据,未来是“数据为王”的一个时代,对于数据的安全、数据的泄露或者数据隐私的保护等问题,也非常值得我们关注。这是一个很重要的问题。在这个过程中技术是需要关注的,因为技术一方面使央行数字货币成为可能,另一方面也带来很大的不确定性。技术在未来怎么使用,是否可能带来没有预计到的结果都是有待观察的。

另外一点就是关于风险,央行数字货币会涉及不同的风险,包括数据的风险、金融的风险等。各个国家在这种风险的容忍程度上可能也会有不同。此外,包括国家和市场之间的关系问题。央行数字货币涉及竞争的问题,以及如何影响传统金融模式的问题。

第四种是时间的视角,就是看时间点。什么时候会发生这样的争端,或者发生这样的问题,包括多长时间解决这个争端,以及最后的结果如何、当事方有没有解决这个争端。这方面需要关注的是各个主体，他们对于争端解决意愿的变化问题。央行数字货币可能也会带来不同货币之间的竞争，此外国际关系对国际金融秩序的影响，是影响争端能否得以迅速解决的因素之一。

当一个难题急迫需要短时间内被解决时——在这种情况下可能各方解决争端的意愿会更加强烈。但如果是一个比较棘手的，比如金融主权或者数据的问题，这样的难题解决的时间可能会更长一些。在这个过程中有很多因素需要考虑，比如技术。技术一方面可以用来解决一些争端。另一方面，技术也可能带来新的不确定性和新的问题。此外，我们也要关注机制或者规则的发展。现有的各国国内法的发展，可能也会影响各个国家对于争端解决的态度。如果各国国内法发展得比较清晰，带来了比较好的解决方法，可能会增强各主体在解决争端方面的意愿，但是如果各个国家在主要的规则方面难以达成一致，在这种情况下，争端的解决，尤其跨国的争端解决可能更加耗时，所以这方面有很多问题值得研究。

综上所述，对于央行数字货币的监管有很多值得分析的问题。

第一个方面，传统的跨国经济治理的模式可能难以简单移植到央行数字货币的治理中去。虽然私人主体之间的缔约履行很重要，但是它没有完全涵盖所有主要的央行数字货币问题。在央行数字货币中，国家的作用非常重要，它是一个发行方，也是一个主导方。传统的双边条约方式，以及诸边或者多边规则方式，也面临着不少的难题，这里面很重要的一点在于各方在数据和其他的一些敏感问题上可能难以达成一致。

第二个方面，如果要考虑法典化的问题，一个国家的法典化应当或者有必要考虑到央行数字货币可能在境外使用的问题。但是从这个角度看，法典化的路可能还比较遥远，也就是说还有很多问题需要解决。因为如果要真正地解决央行数字货币的全方面或者主要的法律问题，还需要继续研究。

第三个方面，从多视角的方面来看，我们有必要从社会视角、物质视角、数据视角、时间视角来分析央行数字货币。它们可能随着时间发生变化。如从社会或主体视角来看，商业银行这样的主体到底会起到什么样的作用。从物质或者争议点的视角来看，怎么解决争端，在央行数字货币交易过程中产生的一系列问题，比如数据和技术带来的问题怎么解决。从时间视角来看，怎么解决有可能面临的比如变化的国际经济秩序、国际关系的问题，以及它们对于争议的影响。这些问题都值得研究。

陈卫佐:感谢 Wang Heng 教授从一个国际经济法学者的视角在数字化经济的时代对央行数字货币规则的形成,以及它对争端解决,特别是国际贸易争端解决的影响做了精彩的讲解。

现在,演讲进入最后一个环节,我们知道比利时作为一个欧洲的大陆法系国家,曾经很长时间适用《法国民法典》,它的法律文化受法国影响比较大。比利时还有一个特点,它有一部分人讲弗拉芒语,这部分人不完全遵循法国法的传统。此外,欧盟法的发展对比利时法的影响很大。在这种背景下,《欧洲民法典》进行编纂,和其成员国国内《民法典》进行编纂的关系,便可从比利时以及比利时的邻国荷兰的相关情况中看出来。《荷兰民法典》也被认为是比较现代化的民法典,同样,相信新《比利时民法典》也一定会给我们带来启发。在这个问题上,我们有幸邀请比利时最好的大学之一,即根特大学的 Dirk Heirbaut 教授,也是欧洲的民法典编纂的权威专家。20 年前,我在欧洲法学院听过他关于《欧洲民法典》编纂的讲演。现在让我们来听听 Dirk Heirbaut 教授关于新《比利时民法典》和侵权法的演讲。

Dirk Heirbaut:亲爱的中国同事们、亲爱的同学们,我是 Dirk Heirbaut,是比利时根特大学的法学教授。感谢主办方邀请我今天在这里发言。你们都很清楚——比我清楚,中国有了一部新的民法典,祝贺你们。但中国并不是世界上唯一拥有新民法典的国家,例如,比利时也在忙于制定新《比利时民法典》。我将向大家详细介绍,尤其是新《比利时民法典》中有关侵权法的部分。

在开始讨论新的比利时侵权法之前,我必须先解释并提供一点相关背景情况。首先,我要向大家介绍一下新《比利时民法典》之前的比利时法律。其次,要向大家介绍新法典是如何产生的。最后,向大家介绍新《比利时民法典》中的侵权法。

在向大家介绍比利时侵权法的现状之前,我必须先谈谈过去,因为只有了解过去,才能理解现在。首先是拿破仑担任法国皇帝时,他于 1804 年颁布了《法国民法典》,该法典至今仍在法国实行。重要的是,当时比利时是法国的一部分。大家可以在地图上看到,那时的法国的中部和北部,就是现在的比利时领土。1804 年,比利时作为法国的一部分,接受了《法国民法典》。当时,比利时并不是唯一实行法国法律的国家,欧洲许多其他国家都在实行

《法国民法典》。当然,区别还是存在。拿破仑退位之后,其他国家都制订了自己的民法典。比利时从未这样做,它在很长一段时间内保留了《法国民法典》。举个例子,直到1950年,在《比利时民法典》的正式文本中,你找不到“比利时”这个词,找不到“比利时人”这个词,也没有提到比利时国王,尽管我们在1830年就已经独立了,但在我们的民法典中,直到1950年,官方表述仍包含法国、法国人和法国皇帝——就好像我们从未独立过一样。我们一直沿用《法国民法典》。事实上,2004年法国纪念《法国民法典》200周年时,我们比利时人也纪念了《法国民法典》200周年,因为那时的它仍然也是比利时的民法典。当时,我们都认为永远不会有《比利时民法典》,我们将一直沿用《法国民法典》。

然而,在2020年,新《比利时民法典》的第一部分开始生效。这要归功于一个人的努力——比利时司法部部长Koen Geens。由于他在制定新《比利时民法典》方面起到如此重要的作用,比利时媒体有时称他为“新拿破仑”。这一切始于2016年12月6日,他宣布了一项新的计划。该计划被称为“向未来法律的飞跃”,这是一个大计划——部长想要的东西简直令人惊叹!他希望制定或改革以下各法典:新的民法典、新的公司法、改革经济法、新的刑法典、新的刑事诉讼法……他想要这么多。众所周知,政客们的愿望往往非常宏大,但愿望与能否实现是两回事。不过,对这位部长而言,他的许多计划都已成为现实。例如,我们现在有了一部新的公司法,也对经济法进行了巨大的改革,还废除了《比利时商法》,议会正在讨论《比利时刑法》草案,还有一部《比利时刑事诉讼法》草案也已经准备就绪。

当然,你们感兴趣的是最重要的部分,即他关于新《比利时民法典》的计划。就部长的新《比利时民法典》计划而言,我必须说,进展得相当顺利!他于2016年12月6日宣布了他的计划。而在2023年的今天,新《比利时民法典》的一半以上内容都已经生效,各委员会正在制定其余的部分,对西欧国家来说,这是非常特殊的。因为在西欧,制定新法典有两种方法:一是制定全新的法典,但这需要很长的时间。荷兰就是这种情况,他们从1947年开始制定《荷兰民法典》,1992年对其进行了全面修订,但新《荷兰民法典》的制定工作仍未完成,还有一些小部分工作要做。二是如法国所做的那样,不需要写一部全新的法典,只需要修订现有法典的内容,这样做的速度要快得多。因此,有两种方法:要么全部修改,这将耗费大量时间;要么只修改一部分，速度会快很多。有趣的是，比利时两种方法都采取了，我们正在制定一部全新的法典，这意味着我们重新编写所有的法律，但进展却很快，对于西欧来说，这是非常难得的。

我们是怎么做到的呢？其中有多个因素，我想提其中两点。其中一个重要因素就是开创这一切的司法部部长 Koen Geens 的“个人魅力”。他成功地让政治家和教授们对他的新《比利时民法典》计划充满热情，并愿意与之合作，这是非常重要的因素。另一个重要因素是他采用了一种以结果为导向的方法。例如，法典编纂者可以从第一册依序开始编写法典，第 1 册编写完成并得到通过后，再编写第 2 册、第 3 册，以此类推。但比利时情况并非如此。几个委员会同时开始编写，只要一个委员会编写完成，那部分法典会被立即提交给议会并付诸表决，其余委员会无须等待。这样一来，工作速度会非常快，但也意味欠缺协同，因为在不知道全部法典内容将被批准的情况下，部分法典内容就先被批准了。例如，《比利时民法典》分为多册，先被批准的是第 8 册。虽然协同性有一定损失，但编写工作进展得非常快。快速工作有一个巨大的优势。如果工作速度非常快，就没有太多时间经历批评，这意味着新文本草案不会被改变太多。因此，它们将更容易通过议会的批准。

事实上，《比利时民法典》的大部分内容都是如此。但有一个例外，那就是侵权法。新《比利时民法典》中的侵权法又是怎么回事呢？这里有一个问题，在 1804 年，侵权法对我们来说其实并不重要。举个例子，我们在 1804 年还没有关于交通事故的法律，因此，侵权法在当时并不重要。在 1804 年的《法国民法典》中，关于侵权法的条款只有 5 条，后来比利时立法又增加了 1 条，也就是说，我们总共只有 6 条关于侵权法的条款。但如今，侵权法已变得非常重要，例如现在有各种各样的交通事故，这就意味着我们需要大量的相关法律。目前，比利时有很多相关法律，但都是特别立法，有很多特别法规，也有很多判例法。比利时法律中的特别立法、判例法非常多。因为这是比利时法律中极为混乱的一部分，所以部长希望这部分更加有条理、有秩序。他认为我们需要一个专门的侵权法委员会，来编写新《比利时民法典》第 6 卷中的单独一册。

那么，侵权法委员会是如何工作的呢？事实上，侵权法委员会决定不对现行法律作太大的修改。他们不想作太多的创新，因为我们的侵权法非常混乱，侵权法委员会最想要的是让侵权法更有条理，至于其他方面，则是尽可能忠实于我们现有的法律。

例如，比利时侵权法的条款是《法国民法典》第1382条，现在，在侵权法委员会的草案中，这一条变成了第6.6条，但实际上主要内容是一样的。大家都知道的主要内容是：要有过失，要有损害，并且两者之间必须有因果关系。有趣的是，“6.6”这个数字并非巧合，侵权法委员会之所以选择这个数字，是因为它非常容易记忆。第6册的关键条款是第6.6条，这对任何学生、教授或任何法学家来说都很容易记住，这就是他们选择这个编号的原因。

需要明确的是，新《比利时民法典》中的新侵权法仍是草案文本，尚未获得议会批准。事实上，前不久，比利时议会司法委员会对新侵权法进行了讨论，人们普遍认为该法将在2024年6月举行的大选之前获得通过。侵权法部分比法典其他部分花费了更多时间才获得议会批准，这是有原因的。侵权法委员会编写的法条质量很高，但因为他们写得太好，所以需要更多时间来撰写。由于进展较慢，反对者有更多时间来评议法条。一些反对者的论点在我看来是荒谬的，例如，在过错责任中，为了确定某人是否有过错，需要将此人的行为，与处于相同情况下的普通人的行为进行比较。而《法国民法典》中的普通人是家庭中的好父亲。因此，《法国民法典》认为，只有男人才是普通的，女人是不普通的。当然，我们现在不能再这么说了。侵权法委员会指出，我们将谨慎而合理的人作为正常人，而不是将家庭的好父亲作为正常人，这样的人可以是男人，也可以是女人。有些人表示反对，但他们的理由是完全过时的观念。

然而，还有更严肃的争论，涉及父母应对子女造成的损害承担什么样的责任。如果孩子造成了损害，不言而喻，孩子本身是无法赔偿的，受害者将要求父母赔偿损失。在比利时，这不是什么大问题，因为90%的家庭都有家庭保险。侵权法委员会说：“好吧，如果有90%的家庭都有家庭保险，我们就强制买家庭保险。”这样，所有人都有家庭保险了。但是，保险公司对此表示反对。这对保险公司来说是件好事，因为每个人都需要购买这种保险，这为他们带来了更多的客户。但他们之所以反对，是因为他们担心，这会导致政府控制保险费费率，因为这是强制性保险。因此，我们还需要看看议会做出什么决定，侵权法草案的这一部分是否能获得议会的批准。

还有另一个重要的问题,专业性更强一些,它涉及合同索赔和侵权索赔的并存问题。谁有合同,谁就有合同索赔权,这是显而易见的。但他是否也可以基于侵权行为提出索赔呢？比利时的传统法律是不允许的,只有在过错和损害与合同无关的情况下,索赔权人才可以根据侵权法提出索赔。这种规定还有一个复杂之处,分包商被认为拥有承包商的所有特权,因此,合同方不适用侵权法,合同方的分包商也不能用侵权法。侵权法委员会不喜欢这条规则,它的建议是,受害者可以选择合同索赔或侵权索赔,而商业组织一直发起游说行动反对这种做法。

正如我以上所说的,在新《比利时民法典》的这一部分获得批准之前,还有一些争论需要解决。但我认为,在 2024 年 6 月大选之前,我们的新侵权法极有可能获得批准。感谢聆听。

陈卫佐:最后一个讲演给我们非常大的启发。

从刚才几位专家的演讲可以看出来,我们这个环节是以《民法典》编纂为中心的。无论从哪个角度来说,《民法典》编纂都是极其重要的。从比利时这个例子就可以知道,国内《民法典》编纂一定是一个国家的、民族的,跟这个国家的立法传统有很大的关系。讲到新《比利时民法典》的时候脱离不了《法国民法典》,因为比利时长期适用《法国民法典》且曾是法国领土的一部分,所以即使后来不属于法国了,却还是适用《法国民法典》。我们这个时代对很多国家而言都是法典编纂的时代,是因为有时代的要求。核心的一点就是法律规则的系统化,这个应该是核心的核心。也就是说,法律的编纂是制定法最高的表现形式,有法典和没有法典这个区别是很大的,因为有了法典就有系统化,就有法典各部分内容之间的协调性的问题。没有法典,永远只是单行法,或者散见的法律规则,那是一种碎片化。

无论是国内法还是国际法都是一致的。我的理解还是赞同国际法学者的观点,法典化问题还是编纂的问题,编纂问题的核心就是法律规则的系统化、逻辑化和现代化,这都是不可缺少的。

作为一个从事国际法研究的教师来说,我也想谈一谈《民法典》或者是其他的国内法和国际法适用的问题。这个问题我认为去除掉原《民法通则》第 142 条第 2 款是一件好事,因为我们在进行原《民法通则》的立法的时候,我们只想到它是民事法律,是国际法领域的民事法律。原《民法通则》是自 1987 年 1 月 1 日起施行的,当时我们国家比较看重、参与得比较多的 CISG

还没有对我们国家生效。一概地说国际条约在与国内法不同的时候优先适用国际条约的规定是不妥当的，因为我们适用国际条约时要看国际条约是怎么规定的，是什么类型的国际条约。存在很多种国际条约，对 CISG 来说，我们没有必要通过原《民法通则》第 142 条第 2 款来宣誓性地表明：有不同规定的时候再适用 CISG，规定相同的时候适用国内法——这是一个错误的理解。不适用它更好，但是不适用它所留下的空白怎么解决，最高人民法院也作出了一些协调。我认为现在基本的思路也还是对的。因为我们对 CISG 第 1 条第 1 款 b 项作出了保留，如果符合 CISG 的适用条件，只要货物销售合同的双方当事人营业地位于不同国家，那它就是一个国际货物销售合同，我们就应该直接适用 CISG，除非它有第 6 条规定的排除适用 CISG 的情形。因为 CISG 本身也不是强制性的，当事人可以排除它的适用。何况当事人即使适用 CISG，CISG 也仅仅是适用于买方和卖方的权利义务还有合同的成立问题，对于所有权转移，国际货物买卖合同中的损害赔偿、人身损害赔偿等 CISG 是解决不了的，同样需要国际私法规则所确定的准据法来解决。所以对于这个问题我们有很多可以争论的地方。

总体来说，有法典比没有法典好，如果没有法典的时候，到底是编纂法典还是不编纂法典？《比利时民法典》还有《荷兰民法典》都是分编颁布的，对于那些分编颁布和施行的民法典，更多地也存在着相互协调的问题。就我国《民法典》而言，如何或者说我们将要怎样使它更加协调、更加现代，怎样能够更为正确地对其加以适用，我们不妨来听听我的同事汪洋老师的高见。

汪洋：刚才听了各位老师的报告，受益特别多，彭院长提出了条约适用，条约法的效力是否可以直接适用，以及可以直接适用的情形下，法律位阶更加精细化地区分了条约什么时候是“适用”，什么时候是“援引”，什么时候是“遵守”等。

对于国际私法这部分内容，我确实是收获了很多。我原来给学生上课的时候老是讨论一些好玩的问题。如果从国内法的角度，就是国内两个人之间签一个合同，这两个人把合同写得非常简单，写了必要的条款，其他的按 CISG 来约定权利义务。我们在法学方法论上会讨论，这个时候 CISG 也好，《国际统一私法协会国际商事合同通则》也好，它是属于三段论里面的大前提还是小前提，如果适用一个条约，或者国外一个特别偏的法作为我们合同权利义务确定的基准，法官有没有一个主动适用的义务等。我觉得这些讨论就特别有意思，这里面还会涉及凯尔森说的个别规范理论作为小前提和大前提，真正本质的区别在哪儿等，是很有意思的。

何院长提到国际法的法典化，或者刚刚像陈老师说的编纂。我记得何院长用的也是这么一个词。其实拉丁语中“法典”最早的含义很简单，就是带有页码的书。总体而言有两类法典的编纂模式，一类就是“institutiones”，最后被固化为我们今天看到的法典以及《法学阶梯》，这种法典和《法学阶梯》——刚才陈卫佐老师一直强调的，是一种体系化的、系统性的思维，而这种思维的功能在于什么呢？在于告诉我们法是什么。所以，是这种法典编纂培养了我们大陆法系非常优秀的传统，那就是我们的法典和我们的教科书的体系基本上是统一的。除此以外，当我们学习罗马法，我们都会提及大量的学术汇纂，它不强调一个体系化的思维而强调一个完备性的思维，可能更加类似于我们所说的汇编。它要解决的问题是法在哪里，只要找到汇纂就能够解决我们所面临的所有的法的问题，而不再去纠结它的体系性。

因此，在这点上我觉得很多部门，环境法、刑法，包括何院长讲到的国际法，在立法典之前都要考虑一下这个时候所讲的法典是一种什么层面上的法典，是明确法是什么的法典，还是法在哪里的法典，我觉得这是需要弄清楚的。在这一点上《民法典》很明确走的是前面体系化的思维，这也是彭院长在第三个报告当中说的，除了体系化以外更强调开放性思维。像一房多卖这种问题体现了一种法经济学上事先观点的进入和探视。我们这个环节也被称为“《民法典》的教育功能”。上课的时候我觉得学生就需要区分清楚两个，一个是提出论证理由，这种论证理由是教义学上论证的路径：我论证这个事情为什么这样，是因为教义学推演得出这样一个结果。我个人感觉，无论是作为教育者还是作为学生，在学习的时候，在作出论断的时候，还是需要看问题背后实质性的理由到底是什么。这要超脱教义层的逻辑，把法学的合理性加进去。

彭院长也提到专业与常识底线思维、人的底线思维，做人的底线——这话说得比较通俗，但它体现了《民法典》不单单起到一个裁判依据的功能，是给法律群体看的，更起到教化的功能。政府应当承担起这种教化功能，法典也是这种教化功能的载体。

我的师兄世刚院长提到首要的技术问题，让我想到苏永钦教授曾引用丘吉尔的话并做了一个改动，他说：其实《民法典》是一栋房子，我们形塑我们的房子，随后房子会形塑我们的自身。我觉得将来我们会逐渐看到我们的《民法典》采取了《民法通则》的一套内容会给我们带来什么。

陈卫佐：我们这个单元圆满结束，我们完成了我们的任务。我们将带着对《民法典》的向往，还有热爱，继续前行。还有，希望我们将来有机会进行民法的"再法典编纂"。谢谢大家！

闭幕式

龙俊:尊敬的各位领导、各位老师、各位同仁,大家晚上好!感谢大家参加第六届世界法治论坛。今天一天的会议使我受益匪浅。在两个平行论坛间来回穿梭,只感觉分身乏术,生怕错过任何一场精彩发言。在平行论坛一中,我看到了各个部门法的法典化展望,并思考尽管各个部门法的体系化需求不尽相同,不一定非要制定《民法典》式的法典,但是以法典化为契机可以进行规范的清理和调整,消除规则间的矛盾,从而实现立法目的的统一。这必将有利于法治的进一步科学化,有利于全面依法治国的实现。

在民法相关论坛中,我更加受益匪浅,因为这是我的老本行了。我自己在2017年到2020年间,作为《民法典》编纂工作专班成员,全程参与《民法典》的立法工作。《民法典》通过后,我也一直在深度参与最高人民法院的《民法典》相关司法解释的起草工作。

今天我听到了各位的精彩观点,包括《民法典》的编纂技术、《民法典》和司法解释的关系、《民法典》各分编当中的疑难问题。各种观点的碰撞给我带来非常多的启发。我想各位听众也有相似的感受。

在此感谢各位领导、各位专家来清华传经送宝。接下来,有请盈科律师事务所党委副书记李华女士和清华大学法学院党委书记邓海峰老师分别致辞,欢迎!

闭幕式致辞

李华（盈科律师事务所党委副书记）

尊敬的周光权院长，尊敬的邓海峰书记，线上线下的各位领导、嘉宾、朋友以及各位同仁，大家下午好！

我是北京市盈科律师事务所创始合伙人李华，特别感谢本次论坛的共同承办方清华大学法学院，和盈科律师事务所一起承办清华大学世界法治论坛。走到今天，我们已经携手走过了6个年头。论坛每年一次，每次会期一天，都是围绕着事先选定的焦点议题，遍邀富有影响力的专家、学者、政府工作人员以及和世界法治领域相关的精英，来展示中国法治建设的决心和伟大成就，并为全球法治建设的焦点问题，寻求建设性的解决方案。

今天的清华园，名家云集，我非常荣幸和各位专家、各位法律人共度宝贵的一天，共商法典化时代的法治建设。在这短短的一天时间中，各位专家、学者妙语连珠，发言高瞻远瞩、内容丰富，发人深省；各种全新的思想和理念交流碰撞、融合交互，令人受益匪浅。我也想借此机会和大家分享一些感悟。

一是法典化时代的法治建设需要重视高素质法学人才培养。

中共中央办公厅、国务院办公厅《关于加强新时代法学教育和法学理论研究的意见》指出，到2035年，与法治国家、法治政府、法治社会基本建成相适应，持续培养大批德才兼备的高素质法治人才。高素质法治人才首先是德法兼修、德才兼备的人才，同时也是能够适应时代需求的人才。

法学教育要处理好知识教学和实践教学的关系，法典化时代的法学教育同样离不开知识教育与实践教育的协同。盈科律师事务所坚持以习近平法治思想为指导为法学教育助力，有幸与清华大学、人民大学、西南政法大学、西北政法大学、华东政法大学等众多高校达成合作，协同育人。在法典化时代,盈科律师事务所愿意与各界一道,将法学教育和法学理论研究置于党和国家工作大局中谋划和推进。坚持立德树人、德法兼修,努力培养才能造就更多具有坚定理想信念、强烈家国情怀、扎实法学根底的法治人才。

二是法典化时代的法治建设需要推进科学立法、民主立法、依法立法。

法典化作为成文法的高级形态,也是衡量一国法治成就的重要标志。随着我国法治建设的不断进步,推动主要门类法律规范的法典化已经逐步成为各界共识。党的二十大报告也强调:"推进科学立法、民主立法、依法立法,统筹立改废释纂,增强立法系统性、整体性、协同性、时效性。"

律师群体是法律的一线实践者,是天然的立法智库。律师参与立法相关工作,积极反映社会诉求,是公民对立法的有序参与的重要体现,为促进社会主义民主政治建设作出了重要贡献。近 2 年,盈科律师事务所推动全国各分所积极参与了 11 部法律(草案)以及 3 部地方性条例(草案)的意见征集工作。同时,借鉴盈科律师事务所义乌、慈溪等地分所的基层立法联系点工作经验,积极参与相关立法研讨会议,反映社会诉求,最终形成立法建议并提交至立法机关。法典化时代,盈科律师事务所也会一如既往,汇集民智,积极发声,切实履行盈科律师事务所律师的责任与担当。

三是《民法典》开创的法典化时代,让法典走到群众身边。

今天,两个平行论坛分别就《民法典》各篇中的疑难问题进行研讨,剖析法典化时代司法实践中疑难问题的同时,也展示了《民法典》的编纂技术、教育功能和国际视野。习近平总书记强调:"民法典要实施好,就必须让民法典走到群众身边、走进群众心里。"[1]盈科律师事务所律师积极践行社会责任,满腔热情投入中国特色社会主义法治国家的建设之中,盈科律师事务所律师走进社区、街道进行义务普法,盈科律师事务所律师走进校园、企业进行法律宣传。盈科律师事务所依托"全球一小时"法律服务网络服务全球的华人和海外侨胞。目前,盈科律师事务所法律服务覆盖全球 97 个国家,167 座城市;国内 116 家直营分所,超过 15,000 名律师,累计服务超过包括海外华人在内的 210 万客户。在最近法治日报社主办的第二届中国律师公益(社会责任)典型案例征集宣传活动中,盈科律师事务所的 14 项案例从上千

[1] 习近平:《充分认识颁布实施民法典重大意义 依法更好保障人民合法权益》,载《求是》2020 年第 12 期。

个申报案例中脱颖而出，占奖项总数量的 12.7%。

本次论坛在各位领导的指导下，在各位嘉宾、高朋的支持下圆满闭幕，为我国法典化时代的法治建设出谋划策，以理论引领航向，以实践求真知。在此，我谨代表北京盈科律师事务所的全体同仁，向为论坛成功举办作出积极贡献的各位领导、各位嘉宾、各位专家学者和各位朋友，向一直以来在幕后默默奉献以保证论坛顺利进行的论坛共同承办方清华大学法学院的各位老师们致以最诚挚的感谢和最衷心的祝福，再次感谢各位莅临，期待今后与各位的再会，下次论坛再见，谢谢！

闭幕式致辞

邓海峰(清华大学法学院党委书记)

尊敬的李华主任、杨琳主任,各位嘉宾,各位法律界的同仁,大家晚上好!经过热烈的交流,为期一天的第六届清华大学世界法治论坛即将落下帷幕。在此,我谨代表本次会议的承办方清华大学法学院,向出席本次论坛的各位领导、海内外60余位嘉宾和云端的各位观众,表示由衷的感谢。同时,向为本次论坛顺利举办付出不懈努力的会务团队、志愿者团队和我院的战略合作伙伴、论坛的共同承办方北京盈科律师事务所,致以诚挚的谢意。

《民法典》是新中国成立以来第一部以法典命名的法律,其颁布拉开了中国法典化时代的帷幕,是我国法治建设进程当中的重要里程碑。清华大学法学院与北京盈科律师事务所共同邀约来自海内外50余家机构的专家学者和业界精英,以"法典化时代的法治建设"为主题,共同探讨新时代法治建设的治理路径。在今天设置的两个平行论坛中,我们不仅关注了各部门法的法典化和法典化时代的法学教育这一重大论题,我们还对《民法典》总则、物权、侵权责任等编的内在逻辑和法典化技术、法典的适用等具体问题进行了详细研讨。

诸位嘉宾的争鸣深刻揭示了《民法典》时代法学学科发展和法治路径选择所面临的机遇和挑战,为我们奉献了一场丰盛的学术盛宴,也为新时代的法治建设和法学教育的进路指明了方向。构建日臻完善的法律治理体系一直是清华大学法学院全体师生的共同追求。我院始终紧随时代步伐密切关注法治领域的新发展、新命题,并以举办世界法治论坛的形式广邀海内外专家学者和业内的同仁进行研讨,以求凝练出不负时代使命的一流学术成果,培育出具有全球胜任力的优秀法治人才。本次论坛为法典化时代的法治建设凝聚了新共识,其成果也将进一步助推清华大学法学院的学术努力,坚定我们的人才培养步伐。

最后,我衷心祝贺本次世界法治论坛取得圆满成功!在此,我代表主办方诚邀各位嘉宾 2024 年再次相聚在美丽的清华园,共话法治建设的新篇章。

下面我宣布,第六届清华大学世界法治论坛圆满闭幕,谢谢大家!

下　篇

第六届清华大学世界法治论坛会议论文

合同解释与合同订立之司法解释及其评论*

崔建远

摘要:《合同编通则司法解释》明确和细化了《民法典》确立的合同解释规则,特别是补充了"通常理解"规则,参考缔约背景、磋商过程、履行行为等因素确定争议条款的含义的规则,推定不违反规则,在无偿合同的场合选择使债务人负担较轻的解释规则。这些规则丰富了合同解释的规则及方法,增强了合同解释的可操作性。《合同编通则司法解释》规定了合同成立的要件及其在竞价缔约中的认定规则、合同订立中的第三人责任规则、预约合同的认定、违反预约合同情形的认定、违反预约合同的违约责任规则。另外,《合同编通则司法解释》还细化和明确了提示合同相对方注意格式条款的合理方法。这些规定既存在值得肯定之处,又存在一些需要完善之处。

关键词:合同解释;合同订立

一、合同解释的规则

(一)"通常理解"的视角基准

最高人民法院《关于适用〈中华人民共和国民法典〉合同编通则若干问题的解释》(法释〔2023〕13号,以下简称《合同编通则司法解释》)第1条细化和发展了《民法典》第142条第1款、第466条第1款关于合同解释的规定。其细化之一是,合同词句的含义应依"通常理解"的词句的含义确定,笔者将之简称为"'通常理解'规则"(《合同编通则司法解释》第1条第1款)。

合同条款系由语言文字构成。欲确定合同条款的含义,必须先了解其所用词句,确定词句的含义。因此,解释合同必先由文义解释入手。对此

---

* 原文发表于《中国法律评论》2023年第6期,收入本书时略有修改。

《民法典》第142条第1款、第466条以及《合同编通则司法解释》第1条第1款作了明确规定。

受利益驱动,每一方当事人都希望并坚持应依其期待的含义来确定合同词句之意。鉴于合同系各方当事人达成的合意,只要他们赋予合同词句的含义不违反强行性规范,解释合同词句就应从探求各方当事人赋予或期待该词句的含义入手,而不是囿于一方当事人所期待的合同词句的含义,以免将单方的私下意图强加给对方当事人,违反合同的本质,并造成不公平。于是,《合同编通则司法解释》第1条第2款明确:"有证据证明当事人之间对合同条款有不同于词句的通常含义的其他共同理解,一方主张按照词句的通常含义理解合同条款的,人民法院不予支持。"这是否意味着确定合同词句的含义要局限于各方当事人共同理解的意思?依据意思自治原则,应当如此,哪怕他们的共同理解异于众人的理解。这也是保障各方当事人的合同目的得以实现的重要一环。

诚然,一般说来,各方当事人赋予合同词句的含义,大多与合同词句的通常含义一致。在这种情况下,按照该词句的通常含义解释合同词句,就是揭示了各方当事人的真意。此处所谓合同词句的通常含义,也就是人们公认的合同词句的含义,亦即学说所谓理性人理解的含义,在《合同编通则司法解释》上表达为"词句的通常含义"。查阅词典,依其对词句的界定来确定合同词句的含义,此举应为首选。不过,在社会发展日新月异,人们的认识不断发展、更新,词典所释已非正确时,就不得再依词典所释而应采取正确的新认识来确定合同词句的含义。

有必要提及,依《合同编通则司法解释》第1条第1款的文义和规范意旨,词句的通常含义仅为合同解释的"基础",而非最终的结论。如果各方当事人都承认他们对合同词句、条款存在共同的理解,且不同于通常理解的词句含义,那么,只要该种理解不违反法律、行政法规的强制性规定,不违背公序良俗,就应以各方当事人的共同理解为准,而不得奉行"通常理解"规则,此其一。尽管发生纠纷时各方当事人对某合同词句或条款的含义各执一词,但是,如果合同整体、合同性质、合同目的和依诚信原则能够清楚地确定各方当事人于缔约时共同赋予了合同词句的含义,且不同于通常理解的,那么,也不应依"通常理解"规则来确定争议条款的含义,此其二。总之,《合同编通则司法解释》第1条第1款没有如此一层一层地演进并分设规则,而是直接确立"通常理解"规则,容易误导人们凡事都依"通常理解"规则,而对各方当事人共同赋予的合同词句、条款的含义视而不见。这是违反意思自治原则的,未能体现意思自治原则与公序良俗原则之间的相互关系。

(二)体系解释规则

孤零零的词句难成合同,唯有系列词句相互结合且至少含有合同要素的合意才可构成合同。作为交易的法律形式,合同的内在要求为具备要素以及相互衔接的环节,如买卖合同必有出卖人、买受人、买卖物和价款,以及交货和付款的时间、地点和方式。合同的上述内在要求必然借助合同用语、合同条款逻辑来表达,诸如"鉴于"条款、定义条款、通用条款、专用条款、争议解决条款等。既然如此,理解和确定合同文义,需要把争议的合同词句与其他词句联系起来,而非孤立地去探究其一般意思或可能具有的意思,以恰当地确定各方当事人的真意。这就是把全部合同词句看作一个统一的整体,从各个合同词句的相互关联、所处的地位和总体联系上阐明合同词句的含义,或者拟出欠缺的合同条款。正所谓没有孤零零的合同词句会具有控制效力;恰恰相反,法院必须考虑指向整个合同的全部条款。[1] 进而,法院应把陷于冲突的合同条款向反映各方当事人之真意的方向上调和。[2] 这就是《合同编通则司法解释》第 1 条第 1 款要求的应当"结合相关条款""确定争议条款的含义",属于学说中体系解释的范畴。

所谓应当"结合相关条款""确定争议条款的含义",内含着如下内容:合同的全部条款应当协调一致,不存在抵触、矛盾。假如当事人草拟的合同文本在条款之间存在抵触、矛盾,就必须通过解释消除此类抵触、矛盾。这就不可避免地要漠视或删除某个或某些条款。这是理想的状态和结果,是解释合同之人努力达到的目标。在英国,一方面,坚持这样的原则:如果能够协调它们之间的矛盾并且给 2 个或以上的不同条款赋予一定的解释和存在的价值,就应该这样解释,即使在协调的过程中会把一些看起来清楚无误的个别文字的意思作出一定的扭曲或局限。[3] 在 The"Caspiana"(1956) 2Lloyd's Rep. 379 案中,杰金斯(Jenkins)大法官针对提单发表的意见是,提

---

〔1〕 See Coker v. Coker, 650 S. W. 391,393 (Tex. 1983).

〔2〕 See Ogden v. Dickinson State Bank, 662 S. W. 2d 330,332 (Tex. 1983).

〔3〕 埃特金森(Atkinson)阐释之意。See Fuller's Theatre and Vandeville Co. Ltd. v. Refe(1932) A. C. 435. 转引自杨良宜:《合约的解释》,法律出版社 2007 年版,第 98 页。

单使用一份印制的格式条款，内有一般性的条件，然后当事人各方写上、打字或合并其他条款，如租赁合同，而这与印刷形式的合同条款有矛盾或违背了提单的目的、目标和意图。对此，法院会限制或更改该印刷形式的合同条款；只有在矛盾导致无法协调时，法院才会漠视或删除。[1] 另一方面，又认可如下处理方法：在两个不同条款之间有矛盾时，漠视或删除其中一条是应该尽量避免的，因为这是重写(rewrite)当事人各方订立的合同，这样做只是没有其他办法中最后的办法(last resort)。比较普遍发生的情况是当事人各方使用一份被普遍使用的格式条款，然后当事人各方加上一些有特殊需要的附加条款。这就经常导致被加上的附加条款无法全面配合格式合同中的格式条款，如此，应接受附加条款有更大可能反映缔约当事人各方的意图。但是，即使出现这种情况，还是要尽量协调，而不是简单地漠视或删除格式条款。[2] 英国判例视个案决定是漠视还是删除某个或某些条款以达合同内部自洽的目的，还是协调不同的合同条款之间的矛盾并且给两个或以上的不同条款赋予一定的解释和存在的价值，这是明智的，效果更佳，值得中国法及理论借鉴。

客观实际是，删除某个或某些条款终究是极个别的现象，保留且使每个合同条款以及语句都有意义，又不存在矛盾、抵触，该项任务落在了合同解释制度上。如何判断合同条款以及语句有无矛盾、抵触？确定合同条款确有矛盾、抵触后，如何消除？应该区分情况对症下药。

在某特定交易基于当事人的约定或法律规定而确定地采取“框架合同—具体合同”的模式，具体合同的约定有异于框架合同的，不应视为二者的合同条款以及语句存在矛盾、抵触，而应把具体合同作为框架合同的具体化，是为增强可操作性的来看待。换句话说，不得对超出框架合同的具体合同内容予以漠视，更不得将之删除。当然，如果具体合同已使框架合同面目全非，就不再是“框架合同—具体合同”的模式了。解决这个问题，必须确定当事人的真实意思，即确定当事人各方究竟是信守“框架合同—具体合同”的模式，还是废弃该种模式。如果是废弃，则以具体合同为准；如果是信守，

---

〔1〕 杰金斯阐释之意。See the “Caspiana”(1956) 2 Lloyd’s Rep. 379. 转引自杨良宜：《合约的解释》，法律出版社 2007 年版，第 100 页。

〔2〕 See Yien Yieh Commercial Bank Ltd. v. Kwai Chung Gold Storage Co. Ltd. (1989)2 H. K. L. R. 639. PC. 转引自杨良宜：《合约的解释》，法律出版社 2007 年版，第 98 ~90 页。

则坚持框架合同,凡是导致框架合同变形乃至不复存在的具体合同条款,都得被废除。

凡是各方当事人不坚持先签合同不得被改变的,那么,即便后续合同改变了先签合同项下的权利义务的,也不认定为先签合同与后续合同之间存在矛盾、抵触,而是认定为后续合同变更了先签合同,前后不一致的条款以及语句,以后续合同的约定为准。但是,如果当事人有言在先:补充协议不得改变先签合同,补充协议与先签合同不一致的,均以先签合同为准。那么,如果出现补充协议与先签合同不一致的情形,就应认定为先签合同与补充协议之间存在矛盾、抵触。于此场合,消除的方法就是剔除补充协议中与先签合同不一致的条款或者语句。

就某特定合同而言,其所采用语、所拟条款,如果依据《民法典》第 142 条第 1 款、第 466 条以及《合同编通则司法解释》第 1 条第 1 款关于应当“结合相关条款”“确定争议条款的含义”的规定,可以发现合同缺少有关约定,则很可能形成合同漏洞。这种情形在法律、法规、规章强制要求某特定类型的合同必须具备某种条款的情况下容易发生。例如,在供用电、水、气、热力合同中,缔约各方所签合同文本欠缺或明文排除安全保障条款的,就构成合同漏洞。再如,当事人各方于合同前言或其他文件中明确《A 楼建设施工合同》由“鉴于”条款、定义条款、通用条款、专用条款、争议解决条款组成,但当事人各方实际签署的合同文本上却缺少定义条款、专用条款,这也构成合同漏洞。有漏洞就得填补,填补也应满足应当“结合相关条款”“确定争议条款的含义”的要求。

(三)合同性质决定

不同种类的合同,其项下的权利义务存在差别,这决定了合同词句的含义受制于合同的种类;合同种类不同,合同的法律性质有异,故可说合同性质乃决定合同词句的含义的重要因素,可将之简称为“合同性质决定”。这已被《民法典》第 142 条第 1 款、第 466 条以及《合同编通则司法解释》第 1 条第 1 款所确定。例如,某增资协议第 1 条第 3 款约定:“自交割日起,投资者享有目标公司的股东权利并承担相应的义务。投资完成前目标公司的资本公积、盈余公积及未分配利润,由投资完成后的新老股东按照投资完成后的持股比例共同享有。目标公司的利润分配方案应当由投资完成后的目标公司的全体股东根据公司章程决定。”第 8 条第 4 款第 2 项约定:“如触发投资者退出目标公司的约定条件,那么,目标公司的控股股东应自接到投资者的退出书面通知之日起 10 日内,开始办理有关手续,签署《股权转让协议》,投资者将其在目标公司的股权转让给控股股东,股权转让价格应等于投资款全部本金加上投资者作为目标公司的股东的期间根据投资者持有的目标公司的股权比例所享有的所有利润(减去已分配并支付给投资者的利润,但含目标公司审计的财务报告中显示的未分配利润,若有的话)。其中,(1)本条所谓'投资者作为目标公司的股东的期间',以交割日所在月起,以投资者退出目标公司时进行的专项审计基准日止。(2)为本条之目的,目标公司应在本协议签署后 10 个月内对交割日所在月前一月的财务状况进行专项审计或者在 2017 年年度审计报告中就目标公司截至交割日所在月前一月的财务状况单独进行说明(该说明应由目标公司控股股东和投资者共同书面签章确认);且目标公司在接到投资者决定退出目标公司的书面通知之日起所在会计年度的未分配利润应通过本协议第 8 条第 4 款第 3 项第 1 目所述专项审计确定。"

对于以上约定的理解,投资者认为其应获得投资本金、自目标公司设立以来的未分配利润、盈余公积这三项的总和,这是第一种意见。而控股股东则主张只负投资者所投入资本本金的偿还义务,这是第二种意见。第三种意见是投资者有权取得投资本金、自投资者成为目标公司的股东之时目标公司尚未分配的利润、盈余公积。

究竟如何取舍?首先,系争增资协议第 1 条第 3 款、第 8 条第 4 款第 2 项的文义清楚地显示,投资者退出目标公司时不但有权请求投资本金的偿还,还有权取得目标公司尚未分配的利润。因此,控股股东的解释缺乏合同依据。

其他两种意见中哪个更具可取性?仅凭文义解释难以解决问题,需要基于系争增资协议的性质以及有关理念予以决定。如果忽略系争增资协议的性质,仅关注系争增资协议第 1 条第 3 款、第 8 条第 4 款第 2 项词句,囿于这些条款乃关于利润分配的约定,出于贯彻公平理念的目的,第三种意见占据优势,道理简单明了:投资之前的目标公司尚未分配的利润,系既有股东的权益,而非他人的权益,投资者对这些利润毫无贡献,不宜获取之。但是,如果认定系争增资协议系对赌协议,投资者投资于目标公司旨在"投资"获益,而非一劳永逸地坐稳目标公司的股东之位,那么,其经济目标是"短期的”,即在退出条件成就时获取不低于借款合同项下的利息,一般地说都要明显地高于此类利息。具体到系争案件,如果认为投资者只可取得自其成为目标公司的股东之后的目标公司中尚未分配的利润,则其所得仅仅相当于年化率 3.49% 的利息,相比较同时期全国银行间同业拆借中心发布的贷款市场报价利率(Loan Prime Rate,LPR),1 年期 LPR 为 3.85% ~4.25%,5 年期以上 LPR 为 4.65% ~4.85%,投资者若仅以 2017 年 12 月 1 日至 2020 年 12 月 31 日期间的目标公司未分配利润作为投资回报,其约3.49% 的年化率甚至远低于银行贷款报价利率。该投资回报率显然难以契合对赌协议的性质和投资者的投资目的。相反,如果认为投资者有权取得目标公司成立以来的尚未分配的利润,则其所得相当于年化率 8% 左右的利息,这接近于常见的借款合同项下的利率。有鉴于此,投资者的意见更具合理性。这告诉我们,系争增资协议第 1 条第 3 款、第 8 条第 4 款第 2 项约定的利润分配规则,并非真正的基于公司法而产生的股东分享股息、红利的规则,而是在对赌协议的场合投资者退出目标公司时所获利益的计算方法。

基于合同性质确定合同条款的含义,可被广泛运用。例如,在间接代理的场合,相对人于缔约时知晓被代理人,合同却未明确合同项下的权利义务是否由间接代理人承受的,可基于代理关系的基本属性得出否定的结论。再如,在工程设计、采购和施工总承包(EPC)合同的案型中,总承包合同和分包合同均未约定分包人有无权利直接请求发包人支付工程款的,应当解释为无权,因为工程设计、采购和施工总承包合同的法律特征是总承包人对发包人负担合同项下的义务和责任,对分包人负担分包合同项下的义务和责任,分包人无权径直请求发包人负担分包合同项下的义务和责任。与此有别,在实际施工人的案型中,虽然建设工程施工合同未约定实际施工人可否径直请求发包人向其支付尚未支付给承包人的工程款,但由此种合同性质和司法解释决定,实际施工人有权请求发包人于其尚未支付给承包人的工程款的范围内付给自己应得的工程款。

(四)目的解释

当事人订立合同均为达到一定目的,合同的各个条款及其用语均是达到该目的的手段。因此,确定合同词句乃至整个合同条款的含义自然须符合合同目的,也是当事人的目的。如果说“立法旨趣之探求,是阐释法律疑义之钥匙"[1],那么合同目的之探寻,亦有如此重要性。《民法典》第142条第1款、第466条以及《合同编通则司法解释》第1条第1款确立了该项解释规则,学说称之为目的解释规则。

适用该项解释规则,首先确定被解释合同的典型交易目的(客观目的),即给付所欲实现的法律效果,基于此,可以锁定被解释之合同的性质、种类,进而确定法律适用。

由于典型交易目的(客观目的)在每一类合同中是相同的,而不同的当事人缔结合同的动机(主观目的)未必一样,因此,至少在某些情况下重视甚至根据当事人的动机(主观目的)来解释、确定合同词句、条款的含义,就更加符合个案的实际,满足当事人的交易要求。笔者赞同在解释合同时可以有条件地考察当事人的动机(主观目的),理由如下:(1)依据典型交易目的(客观目的)解释合同,尽管在某些个案中可能一揽子地解决了问题,但由于它在许多情况下还只是确定了解释的大方向,对于不少合同词句、条款的含义尚无力界定,只有根据特定的当事人订立特定合同的主观目的,才能完成明确合同词句、条款的含义的任务,所以,根据当事人的主观目的解释词句、条款有其意义。(2)之所以在符合条件时可以将动机作为合同目的(主观目的),是因为目的无不存在于意欲之内,动机虽大多存在于意欲之外,但偶尔亦可存在于意欲之内。在此情形下,动机与目的可能为同一意欲,既为发动意思之力量,又为将来希望之事由。于是,目的与动机可能并无分别(但此时影响行为之效力者仍为目的而非动机)[2]。(3)其实,法官或仲裁员在解释合同时关心合同当事人通过合同条款、文字所表达出来的客观与合理的缔约意图,[3]在此处,所谓客观的缔约意图正好是缔约人的主观意图,当然,要由主张的一方举证证明这一点。此时,主观意图便成为解释合同所要考量的因素。

诚然,法律人不宜不分情形地将动机(主观目的)作为合同目的,进而作为解释合同的考虑因素,因为"在每一个类型的合同中,原因总是相同的,它

---

[1] Paul Oertmann, Interesse und Begriff in der Rechtswissenschaft, 1931, S. 12. 转引自王泽鉴:《民法思维》,北京大学出版社2009年版,第190页。

[2] 参见王伯琦:《法律行为之标的及目的》,载王伯琦:《王伯琦法学论著集》,台北,三民书局1999年版,第274页。

[3] 参见杨良宜:《合约的解释》,法律出版社2007年版,第22页。

们不同于缔约人的动机,后者因人而异"[1]。因为动机因人而异,藏于当事人的内心,想要进行证明是十分困难的,所以,法律对于动机一般不予评价,不对动机赋予相应的法律后果。[2] 倘若动辄依据当事人的动机(主观目的)解释合同,也会出现不适当的后果。在重大误解制度中原则上如此,在寻觅合同目的时亦然。

在合伙合同等"共同行为"的场合,合同目的为各方当事人所共有,当然,也不排除除此之外还有一方当事人独有的合同目的。在买卖合同等"契约"一类的合同中,合同目的时常是一方当事人的合同目的,而非双方的共同目的,因为很难形成各方共同的合同目的。[3] 不过,如果一方当事人在明知相对人的基本目的的情况下同意订立合同,那么,当产生疑问时,应当以此为理由有限采纳一种有利于达到该目的的解释,而不是采纳一种使该目的落空的解释。[4]

必须强调,根据合同目的予以解释之规则的功能是,其解释结果可以用来印证通常理解词句的含义是否合适,结合合同的相关条款予以解释、结合习惯予以解释的结果是否正确。合同目的应被认为是当事人真意的核心,是决定合同条款内容的指针。[5] 如果根据通常理解解释的结果与根据合同目的解释的结果不一致,应取后者,亦即,认定当事人缔约时不愿依合同词句的通常含义或习惯确定合同词句的含义。不过,如果合同目的模糊,通常会寻求通常理解的视角等方法;合同目的违法,更不得依合同目的解释;适用情事变更原则,也不得依合同目的解释合同条款。还有,由于一方所追求的目的有时并非另一方所追求的目的,所以,目的并不能直接决定法律行为的内容。[6]

---

[1] 法国法学家多马之语。转引自徐涤宇:《原因理论研究》,中国政法大学出版社 2005 年版,第 110 页。

[2] 参见徐涤宇:《原因理论研究》,中国政法大学出版社 2005 年版,第 117 页。

[3] See Spaulding v. Morse,76 N. E. 2d 137(Mass. 1947). 参见[美]E. 艾伦·范斯沃思:《美国合同法》(原书第 3 版),葛云松、丁春艳译,中国政法大学出版社 2004 年版,第 469 页。

[4] See Corinno Civetta Constr. v. City of New York,493 N. E. 2d 905(N. Y. 1986). 转引自[美]E. 艾伦·范斯沃思:《美国合同法》(原书第 3 版),葛云松、丁春艳译,中国政法大学出版社 2004 年版,第 469 ~ 470 页。

[5] 参见杨仁寿:《法学方法论》,台北,三民书局 1989 年版,第 221 页。

[6] 参见[德]迪特尔·梅迪库斯:《德国民法总论》,邵建东译,法律出版社 2000 年版,第 233 页。

（五）结合交易习惯

社会运行有序，包括交易习惯和惯例在内的规则在其中起着不可或缺的作用。受制于交易习惯和惯例等规则而作为、不作为的人们，缔结和履行合同也概莫能外。正如有学者指出：合同并不是在真空中成立，而是在行业惯例和地理惯例的背景下成立的[1]，许多允诺都是蕴含于商业惯例之中的，订立合同的人往往更熟悉商业惯例，他们相信彼此都会遵守这些惯例。有时各方当事人都熟悉的某个既有的商业惯例，为各方当事人想要表达的合同意图提供了可靠的理由。[2] 这表明结合交易习惯、惯例解释合同条款是必要的。既然如此，我们在理解《民法典》第142条第1款、第466条以及《合同编通则司法解释》第1条第1款时，不宜望文生义地把惯例排除于合同解释的规则之外，而宜认为其中"习惯"是在广义上使用的，惯例被包含其中。这样解释的根据在于：(1)《合同编通则司法解释》第2条第1款是在广义上使用"交易习惯"这个术语的；(2)在行为规范的层面，习惯和惯例具有相同的属性和功能，二者的差异在于作用的领域不同，后者基本上用于商事领域，前者则不限于此，婚姻、继承、相邻关系等众多领域均有习惯在起作用。

需要注意，解释合同所应依赖的交易习惯：一要交易习惯已经成为法律秩序的有机组成部分，在这方面，《合同编通则司法解释》第2条第1款第1项将交易习惯表述为"当事人之间在交易活动中的惯常做法"。二要各方当事人已经知道或应当知道交易习惯且未明示排斥之，在这方面，《合同编通则司法解释》第2条第1款第2项将交易习惯表述为"在交易行为当地或者某一领域、某一行业通常采用并为交易对方订立合同时所知道或者应当知道的做法"。三要不违法，不背离公序良俗，也不违背诚信原则，在这方面，《合同编通则司法解释》第2条第1款规定交易习惯应当"不违反法律、行政法规的强制性规定且不违背公序良俗"。四要合理，从反面说，交易习惯不得是不合理的，不可在基本法律原则或规则下显得不合理，不可在合同明示条款或架构下显得不合理。五要注意，只有在合同存在疑义条款时，才可以

---

〔1〕 参见［美］杰弗里·费里尔、［美］迈克尔·纳文：《美国合同法精解》，陈彦明译，北京大学出版社2009年版，第230页。

〔2〕 参见［美］马瑟：《合同法与道德》，戴孟勇、贾林娟译，中国政法大学出版社2005年版，第83、91、102页。

将习惯作为解释工具。[1]

此外必须遵循《合同编通则司法解释》第2条第2款关于“对于交易习惯,由提出主张的当事人一方承担举证责任”的规定。

(六)结合诚信原则

合同,其理想状态是双方当事人表里如一的合意,因欺诈等背信行为而签订的合同,属于被撤销的事由(《民法典》第148条等),双方当事人以虚假的意思表示签订的合同归于无效(《民法典》第146条第1款)。这决定和折射出解释合同不得背离诚信原则,此其一。法律人解释合同,路径及方法固然多种多样,但依据法律的基本原则或法律制度的本质要求,在不少情况下都是必要的,甚至是必须的。换句话说,法律基本原则或法律制度的本质要求在许多情况下都是解释合同的基点,此其二。既然如此,《民法典》第142条第1款、第466条以及《合同编通则司法解释》第1条第1款要求结合诚信原则确定争议条款的含义,应被遵循。

(七)参考缔约背景确定争议条款的含义

缔约背景,蕴含着当事人缔约的动机甚至合同目的,或明或暗地映衬着各方当事人的谈判地位,或多或少地影响着各方当事人的合同权利义务,由此决定了它在解释合同中的位置。有人断言:确定合同词句与外部对象的联系是必要的,包括缔约背景在内的所有环境都应予以考虑,以便弄清当事人所用合同词句的意思。[2] 根据合同目的予以解释的规则内在地重视在解释合同词句时须关注周围情事。[3] 不过,应当注意,如果合同的词句足够明确无误,则该条款、词句的一般性解释还是应被接受,而不应该受缔约

---

[1] 参见[德]卡尔·拉伦茨:《德国民法通论》,王晓晔等译,法律出版社2003年版,第18页;[德]《帝国法院判例集》114,第9页;科英-施陶丁格,§133N.17.转引自[德]维尔纳·弗卢梅:《法律行为论》,迟颖译,法律出版社2013年版,第367页。See Texas Gas Exploration Corp. v. Broughton Offshore Ltd. I1,790 S. W. 2d 781,785 (Tex. App. – Houston [14th Dist.] 1990, no writ);See C. J. Meeker &Co. v. Klemm,11 La. Ann. 104,105 (La. 1856).

[2] See Stewart v. Selder,473 S. W. 2d 3, 7 (Tex. 1971). In Murphy v. Dilworth, the court stated.

[3] See New England Structures v. Loranger,234. N. E. 2d 888(Mass. 1968).转引自[美]E.艾伦·范斯沃思:《美国合同法》(原书第3版),葛云松、丁春艳译,中国政法大学出版社2004年版,第469页。

背景或语境的扭曲。[1] 由此可见,《合同编通则司法解释》第1条第1款关于参考缔约背景确定争议条款的含义的表述,与不得规定必须根据缔约背景确定争议条款的含义,是周延的。

(八)参考磋商过程确定争议条款的含义

合同的成立大多不是一蹴而就的,而是几经讨价还价,方才妥协而成。如果合同条款明确无误,就意味着各方当事人抛弃了与此有异的磋商过程中出现的意见,任何人都不得以磋商过程中的意见取代明确无误的合同条款。不过,如果某个或某些合同词句、条款模糊不清、存在歧义,或者存在合同漏洞,那么,磋商过程中的意见至少有助于澄清合同词句、条款的含义,帮助补充合同漏洞。

以上所论,表明了磋商过程只是作为确定争议条款的含义的参考,而非必须基于磋商过程确定争议条款的含义,故《合同编通则司法解释》第1条第1款使用"参考""磋商过程""确定争议条款的含义"的措辞,值得肯定。

(九)参考履行行为确定争议条款的含义

依合同约定为给付方为适当履行,则消灭相应的义务。假如偏离合同约定为给付,则产生违约责任。当然,这些断语是以合同条款明确无误为前提的,在合同条款模糊不清时就难以"依合同约定"为给付。不过,尽管合同条款存在歧义,但因种种原因债务人还是履行了合同,倒是反过来为确定争议条款设立了"参照物",至少在有些情况下是这样。如果债权人受领了给付,对债务人的给付不具异议,则可以将此视为双方当事人澄清了合同条款的含义,或者变更了合同约定。遇有此种情形,参考履行行为确定争议条款的含义,就有其道理。总之,《合同编通则司法解释》第1条第1款使用"参考""履行行为""确定争议条款的含义"的措辞,是周延的、合适的。

(十)何为确定争议条款的含义所参考的"等因素"?

对于确定争议条款的含义所参考的因素,《合同编通则司法解释》第1条第1款规定的兜底条款,除缔约背景、磋商过程、履行行为之外的因素,"等因素"也是确定争议条款的含义时可参考的。此处"等因素"固然需要在个案中才会较为恰当地被选取,但也有些是不应被忽视的。例如,"先前

---

[1] See Mannai Investment Co. Ltd. (1997) AC 749. 转引自杨良宜:《合约的解释》,法律出版社2007年版,第279页。

的交易"这种"等因素",经常用于帮助确定合同当事人各方是否已经形成了一个对其关系的不同寻常的完美的共同理解,包括助其作出明智判断的阅历、知识和经验。[1] 再如,在缔约时,一方当事人向另一方当事人提供广告单、产品目录和价目表,实际上在表达其期望的权利义务;一方当事人在作出表示时所体现出来的那些个人情况。[2]

(十一)推定不违法

《合同编通则司法解释》第1条第3款前半句关于"对合同条款有两种以上解释,可能影响该条款效力的,人民法院应当选择有利于该条款有效的解释"的规定,在中国立法史上首次确立了推定不违法的解释规则。

对推定不违法的解释规则,笔者曾较为详细地讨论过,[3] 认为它符合《合同编通则司法解释》第1条第3款前半句的要义,如今依然坚持之,其要点如下:(1)该项规则适用于某个合同条款有两种以上解释的场合,不适用于仅有一种解释的领域。(2)合同条款违反《民法典》第144条、第146条第1款、第153条第1款中所指代的"法律、行政法规的强制性规定"和第2款、第154条以及第506条的规定,就应当是绝对无效的,不允许作出合同条款有效的解释。例如,一个无权处分的合同,同时符合《民法典》第597条第1款和第146条第1款的构成,应当适用后者认定该合同无效,而排斥适用前者,不把该合同看作有效的,因为合同无效制度旨在坚决否认违反强制性规定的合同,于此场合不适用推定不违法的合同解释规则。这表明,《合同编通则司法解释》第1条第2款十分重要,千万不可忽视之。(3)如果某合同条款可能有两种合理解释,其中一种解释不违反《民法典》第144条、第146条第1款、第153条第1款中所指代的"法律、行政法规的强制性规定"和第2款、第154条以及第506条的规定,另一种解释则相反,那么,宜用使之合法的方式解释该合同或其条款。

(十二)在无偿合同的场合应当选择使债务人负担较轻的解释

在双务合同关系中,双方当事人的主给付义务立定于对价关系,在合同条款存在两种解释可能的情况下,若解释合同条款时选取使一方当事人的

---

〔1〕 See K. M. Sharma, *From "Sanctity" to "Fairness": An Uneasy Transition in the Law of Contracts?*, NYLS Journal of International and Comparative Law, Vol. 18:2, p. 95(1999).

〔2〕 参见[德]维尔纳·弗卢梅:《法律行为论》,迟颖译,法律出版社2013年版,第365页。

〔3〕 参见崔建远:《合同解释规则及其中国化》,载《中国法律评论》2019年第1期。

负担较轻的方案,则意味着加重了另一方当事人的负担,这违反了合同正义,不足取。与此有别,在无偿合同中,双方当事人之间不存在给付等值关系,于此场合,若合同条款存在两种解释可能的,则选取使债务人负担较轻的解释,无违背合同正义之嫌,倒符合债务人主义。于是,《合同编通则司法解释》第 1 条第 3 款后半句规定:"属于无偿合同的,应当选择对债务人负担较轻的解释。"

对此解释如何评价?一方面该解释有其道理:在双务合同关系中,双方当事人的主给付义务立于对价关系,在合同条款存在两种解释可能的情况下,若解释合同条款时选取使一方当事人的负担较轻的方案,则意味着加重了另一方当事人的负担,这违反了合同正义,不足取。与此有别,在无偿合同中,双方当事人之间不存在给付等值关系,于此场合,若合同条款存在两种解释可能,则选取使债务人负担较轻的解释,无违背合同正义之嫌,倒符合债务人主义。另一方面也要看到该解释没有承认例外,这有些绝对。例如,在借用合同关系中,若着眼于借用人返还借用物的义务,选择使借用人负担较轻的解释,就未必妥当,因为借用人这个债务人无对价地享尽了合同利益,应当承受与此相应的负担,而不是认定其负较轻的责任。[1]

二、合同成立的要件及其在竞价缔约中的认定

(一)合同的成立要件

关于合同的成立要件,《合同法》(已被废止)、《民法典》均未设明文,最高人民法院《关于适用〈中华人民共和国合同法〉若干问题的解释(二)》(法释〔2009〕5 号,已被废止)第 1 条第 1 款填补了该法律漏洞。《合同编通则司法解释》设置第 3 条,对其有承继也有发展。所谓发展,主要表现在:(1)或明或暗地表达了合意也是合同成立的要件;(2)列举了即使具备当事人姓名或者名称、标的和数量,就部分事项达成合意也不认定合同成立的情形。

对于合同成立要件,笔者曾就当事人及其规格要求、标的及其不同学

---

〔1〕 在 2023 年 11 月 5 日举行的由中国法学会民法学研究会主办,大连海事大学法学院、大连海事大学民商法学研究中心等单位承办的"《民法典》合同编通则分编解释与适用大家论坛"上,上海交通大学凯原法学院副教授沈健州博士认为,在赠与合同中,应当选择使债务人负担较轻的解释;但在借用合同中则不宜选择使债务人负担较轻的解释。特此致谢!

说、合意及其把握发表过意见,[1]这仍然适合于解读《合同编通则司法解释》第3条,于此不再重复,只是补充论述如下:

在法人作为合同当事人的情况下,可能是法人直接缔约,也可能是其代理人代为缔约,于是引出何为法人行为与代理行为及其区分标准的问题,这也是颇有争议之事。

有观点主张,凡是合同文本上加盖法人的公章或合同专用章的,均为法人行为。笔者不赞同此说。由于法人与其法定代表人具有同一人格,法定代表人以法人的名义亲自缔约,不论是合同文本上仅有法定代表人的签字,还是仅仅加盖了法人的公章或合同专用章,抑或二者兼而有之,形成的合同均属于法人行为。法定代表人虽然没有亲自洽商,但命办公人员在相对人提供的合同文本上加盖法人的公章或合同专用章,该合同也应为法人行为。与此有别,代理人代法人为意思表示或受意思表示订立合同,即使在合同文本上加盖了法人的公章或合同专用章,也应以代理行为论。如此区分的实际益处,在下个自然段中展开研讨。

实际上,存在如下观点:即使代理人以被代理人(为便于叙述,本部分所谓被代理人仅限于法人)的名义为被代理人订立合同,只要在合同文本上加盖有法人的公章甚至合同专用章,该合同也属于法人的行为,而非代理行为;或像某些学者界定的那样——属于经由代理行为订立的合同(为便于叙述,暂时忽略理念上的分歧,本文均称为代理行为)。第一种观点,笔者称为"法人行为说",但不赞同该说,而坚持"代理行为说",理由如下:(1)代理的概念是代理人以被代理人的名义实施法律行为,此处以被代理人的名义如何体现?如同上述,一种情形是被代理人授予代理权时不仅向代理人出具授权委托书,还交给其法人的公章或合同专用章;另一种情形是被代理人不向代理人出具授权委托书,仅交给其法人的公章或合同专用章。除此之外的情形,如代理人不出示授权委托书、法人的印章,仅向交易相对人陈述其为代理人,交易相对人否认其享有代理权的,不构成代理,仅成立狭义的无权代理。[2]法人行为说与代理是代理人以被代理人的名义实施代理行为这个代理要素相冲突了,使法人行为与代理行为在一个领域重叠了,在概念

[1] 参见崔建远:《合同成立探微》,载《交大法学》2022年第1期。

[2] 北京大学法学院刘凯湘教授于2022年1月16日的研讨会上坚持这种观点,特此致谢!

和逻辑上犯了的大忌。(2)在前述案型中,洽商者不是被代理人而是代理人,为意思表示或接受意思表示者亦非被代理人而是代理人。这不符合《民法典》第61条规定的法人行为的规格(因为法人行为必须以法人所为的意思表示为要素),却符合《民法典》规定的代理行为的要件。(3)若代理人越权实施代理行为但在合同文本上加盖法人的公章或合同专用章,或者行为人盗用法人的公章或合同专用章加盖在擅自草拟的合同文本之上,此类合同均非被代理人的真实意思。依法人行为说,法人都必须承受此类合同项下的权利义务,除非证明交易相对人非善意,这在事实上是难以举证证明的。在法人行为说的架构下,法人无法通过狭义的无权代理或冒名缔约不予追认的(这种相对容易成功的)路径来摆脱此种后果,可能遭受重大损失。这违反意思表示理论,也背离公平正义。与此不同,采取代理制度处理此类问题,被代理人可以借助于狭义的无权代理规则、冒名缔约非自己之意、不构成表见代理的路径及理由,避开此类合同产生的后果。这是符合意思表示理论和公平正义的。(4)反对笔者观点之人可能认为:法人行为制度中有越权行为规则及理论,借助它也能使作为被代理人的法人不承受于其不利的后果,在这方面不输代理行为说。笔者对此不予认同,因为越权行为制度仅能使法人在某些场合摆脱责任,在另外的情况下法人仍须负责,在这些"另外的情况下"摒弃法人行为说,采取代理行为说,就能适用狭义的无权代理、冒名缔约的制度,法人即可免负责任。其理由在于:越权与否的判断标准是法人章程(《民法典》第61条第1款、第2款)、股东会决议或董事会决议(《公司法》第16条第1款、第2款[1])赋予法定代表人的权限,法定代表人以法人名义订立合同,只要在外观上没有超越上述赋权,就不构成越权行为,法人必须承担行为后果[《民法典》第61条第2款、第3款,第65条,第504条;最高人民法院《关于适用〈中华人民共和国民法典〉有关担保制度的解释》(法释〔2020〕28号)第7条]。可在有的情况下,代理人以被代理人的名义订立合同并加盖法人的公章或合同专用章,虽然该行为没有超越法人章程、股东会决议或董事会决议赋权的范围,但的确超出了代理权授予的范围,更遑论冒名缔约了;并且,这些行为都欠缺构成表见代理的要件,被代理人有权援用《民法典》第171条等规定,不承受行为后果。由此显现出,代理

〔1〕 2023年12月29日修订后,为《公司法》第15条第1款、第2款。——编者注

行为说优越于法人行为说。(5)代理人不履行或者不完全履行职责(未尽忠诚、勤勉的注意),造成被代理人损害的,应当承担民事责任(《民法典》第164条第1款)。代理人和相对人恶意串通,损害被代理人合法权益的,代理人和相对人应当承担连带责任(《民法典》第164条第2款)。这是采用代理行为说能够发生的效果。但依法人行为说,实施法人行为之人与交易相对人恶意串通,等于法人与交易相对人恶意串通,在相互之间适用过失规则,不适用连带责任的规定。追究实施法人行为之人的责任,只得通过法人内部机制解决法人所受损害的问题,在实施法人行为之人没有足够的责任财产用于赔偿法人时,法人的损害将部分甚至全部不能得到赔偿;追究交易相对人的责任,若构成违约责任还算好,若不成立违约责任时只得借助于侵权责任制度,可当法人所受损害不是固有利益,而是缔约机会丧失等非固有利益时,就不成立侵权责任了,法人所受损害将部分甚至全部不能得到赔偿。(6)代理行为说较好地区分了法人行为、狭义的代理行为和表见代理三种制度及其效果,而法人行为说则在一定程度上混淆了这些制度的分界和法律效果。

(二)以竞价方式缔约场合认定合同成立的规则

以竞价方式缔约的场合,合同何时成立、合同的内容如何确定,存在分歧。学者大多主张:采取招标投标方式缔约,合同自中标通知书到达中标人处时成立;采取现场拍卖方式缔约,合同自拍卖师落槌时成立。但是,一些判决、裁决却认定成交确认书甚至合同书签署时合同才成立。至于采取网络拍卖方式缔约,合同何时成立,要么被忽视,要么众说纷纭。这会导致类案不同判的负面后果,亟待统一标准,做到类案同判。

《合同编通则司法解释》从实际出发,尊重法理、区分情况、设置规则、抉择适当、值得赞同。其第4条第1款确立的规则为:采取招标方式订立合同,合同自中标通知书到达中标人时成立,这符合承诺生效合同成立的规则;成交确认书、书面合同一是具有证据法上的效果,二是能够使合同关系的内容丰满。这避免或减少了合同漏洞,履行合同时可操作性强。不仅如此,《合同编通则司法解释》第4条第1款第2句还明确:"合同成立后,当事人拒绝签订书面合同的,人民法院应当依据招标文件、投标文件和中标通知书等确定合同内容。"

《合同编通则司法解释》第4条第2款确立的规则为:采取现场拍卖、网络拍卖等公开竞价方式订立合同,合同自拍卖师落槌、电子交易系统确认成交时成立,这同样符合承诺生效合同成立的规则。不仅如此,《合同编通则司法解释》第4条第2款第2句还明确:“合同成立后,当事人拒绝签订成交确认书的,人民法院应当依据拍卖公告、竞买人的报价等确定合同内容。”

既有的学说注意到了前述两种情形,但忽视了如下情节:产权交易所等机构主持拍卖、挂牌交易时,公布了交易规则/规程,专就合同成立的要件和时间点作出了规定,且不同于拍卖师落槌合同成立的传统学说。在这种背景下,继续迷恋教条,明显脱离实际,从实际出发更弦易辙,方为明智。有鉴于此,《合同编通则司法解释》从实际出发,于第4条第3款规定,“产权交易所等机构主持拍卖、挂牌交易,其公布的拍卖公告、交易规则等文件公开确定了合同成立需要具备的条件,当事人请求确认合同自该条件具备时成立的,人民法院应予支持”,可资赞同。

三、格式条款之认定、订入合同

(一)格式条款的认定

某合同条款是否被认定为格式条款,直接影响到当事人的权益,不容小觑。《民法典》首先界定格式条款,路径是关注格式条款的实质(第496条第1款),未从外在形式方面对其进行勾勒。这虽然抓住了事物的本质,但因其较为抽象致使在个案中对格式条款的认定存在困难。与此相关,学说对于在个案中以何种标准或规格认定格式条款,也看法不同。一种观点主张借鉴德国民法的下述意见:能够成为一般交易条款即格式条款的,原则上应当是为大量合同而预先拟定的,也就是说,使用人必须打算多次使用该条款。[1] 其应供订立3个以上同类合同使用,有时,只用于3次仍然不够。[2] 不过,消费者合同是个例外,其被使用一次就够了[《德国民法典》(债法现代化法)第310条第1项第2款],因为经营者往往使用事先印好的格式条款,消费者不能对合同内容产生影响,故需要对他们进行特别保护。[3] 另

〔1〕 See BGH, NJW 1997, 135.

〔2〕 参见[德]迪特尔·梅迪库斯:《德国民法总论》,邵建东译,法律出版社2000年版,第301页;[德]汉斯·布洛克斯、[德]沃尔夫·迪特里希·瓦尔克:《德国民法总论》(第33版),张艳译,中国人民大学出版社2012年版,第104页;刘春堂:《民法债编通则(一)·契约法总论》,台北,三民书局2001年版,第110页。

〔3〕 See Leuschner, AcP207(2007), 491(505);参见[德]罗歇尔德斯:《德国债法总论》(第7版),沈小军、张金海译,中国人民大学出版社2014年版,第127页。

一种观点认为："'为了重复使用'只是格式条款的通常表现形式，并不是其本质特征。格式条款的本质特征在于'未与对方协商'，因此即使不是'为了重复使用'，只要相对方无法对合同条款施加影响、没有对合同条款进行修改的余地，都可以称为'格式条款'。"[1]全国人大常委会法工委民法室基本上采纳了此种意见，主张对《民法典》第496条第1款所谓"为了重复使用"，不能作僵化理解，不是要当事人去证明实际重复使用了多次，只要格式条款提供方具有重复使用的目的，不论使用的次数多少，都可认为是"为了重复使用"。[2]《合同编通则司法解释》遵循全国人大常委会法工委民法室对格式条款的认定思路和标准，于第9条第2款第1句规定："从事经营活动的当事人一方仅以未实际重复使用为由主张其预先拟定且未与对方协商的合同条款不是格式条款的，人民法院不予支持。"由于不强调重复使用或实际使用的次数系判断格式条款的外在表现，而是将之摆在提供格式条款一方的目的层面，因而，主张合同条款为格式条款的，需要举证证明提供条款的一方具有重复使用的目的；否认合同条款为格式条款的，需要举证证明提供格式条款的一方无重复使用的目的。

对方当事人主张某合同条款系提供该条款的当事人为重复使用所拟，因而其属格式条款的，可举证证明提供合同条款的一方于双方磋商过程中不容对方修改合同条款之一字的记录、录音等事实，系争合同条款是合同示范文本，在同类交易中合同条款已被使用数次，等等。

提供条款的一方否认合同条款属于格式条款的，可举证双方当事人的洽商记录、中间人居中斡旋合同条款草拟乃至敲定的事实、合同条款的修改版本等。在这方面，《合同编通则司法解释》的表态是：当事人一方"有证据证明该条款不是为了重复使用而预先拟定的除外"（第9条第2款但书）。

如何把握《合同编通则司法解释》第9条第1款的规定？一方面，格式条款有不同的形成方式，合同示范文本系其中之一，并且一般地说，经由行业组织、行政主管机关等团体制定的合同示范文本都较好地平衡了双方当事人的权益。单就此点而论，《合同编通则司法解释》第9条第1款认定合同示范文本属于格式条款，有其道理，值得赞同。另一方面，在个案中，某合

[1] 黄薇主编：《中华人民共和国民法典合同编释义》，法律出版社2020年版，第84页。

[2] 参见黄薇主编：《中华人民共和国民法典合同编释义》，法律出版社2020年版，第84页。

同示范文本作为双方当事人草拟合同的参考材料,是经过逐字逐句地研讨和比较,最后得出的结论,当事人自己表达的合同条款不如合同示范文本,于是以合同示范文本为准来固定各自的权利义务。这表明该合同示范文本成为双方当事人之间的合同文本,是经过双方当事人协商一致,而非单方制作的;再加上有时当事人并无重复使用的目的,故不应把此类合同示范文本认定为格式条款。有鉴于此,解释《合同编通则司法解释》第 9 条第 1 款的规定时,不可忽视它开宗明义的“合同条款符合民法典第四百九十六条第一款规定的情形”,也就是说,符合《民法典》第 496 条第 1 款界定的格式条款规格的合同示范文本,就是格式条款,不会属于本自然段中“另一方面”所述案型;反之,不符合《民法典》第 496 条第 1 款规定的合同示范文本,如本自然段中“另一方面”的案型,便不是格式条款。

此外,双方当事人选定某合同示范文本作为约束他们的合同,同时共同约定该文本不属于格式条款,如何认定之?《合同编通则司法解释》第 9 条第 1 款关于“合同条款符合民法典第四百九十六条第一款规定的情形,当事人仅以……双方已经明确约定合同条款不属于格式条款为由主张该条款不是格式条款的,人民法院不予支持”的规定,有些简单化、绝对化,应予再思。

双方当事人的这种约定属于《民法典》第 146 条第 1 款规定的虚假的意思表示吗?从双方当事人“指鹿为马”的角度看,双方当事人把本为格式条款的合同条款约定为非格式条款,似乎构成虚假的意思表示,按照《民法典》第 146 条第 1 款的规定,该约定无效,仍以格式条款论。但笔者不赞同这种路径,因为双方当事人在这里没有隐藏什么,从内心到表示都是不将该合同条款作为格式条款,“表里如一”,故此类约定不属于虚假的意思表示。

假如坚持某合同条款只要符合《民法典》第 496 条第 1 款要求的规格就只得是格式条款,不允许当事人通过约定排除这样的立场及观点,那么,“双方已经明确约定合同条款不属于格式条款”,就变成重大误解,且为法律上的误解,而非事实上的误解,因为究竟为格式条款抑或非格式条款这属于法律性质的范畴。对法律上的重大误解不适用可撤销制度,而是按照法律的规定、法律的定性和定位来认定,不以当事人的认识为转移。就此说来,《合同编通则司法解释》第 9 条第 1 款中“……双方已经明确约定合同条款不属于格式条款为由主张该条款不是格式条款的,人民法院不予支持”的规定,有其根据。

上个自然段中的立场及观点用于消费者合同的领域,对消费者的保护有利,可资赞同;但用于商事合同的领域,有无必要,则存在讨论的空间。在商家们的谈判地位、实力旗鼓相当,其交易经历能使其感受到某合同示范文本固定的权利义务关系最佳的背景下,双方当事人共同选定某合同示范文本形成它们之间的合同,有何不妥呢?如果不以它们关于该合同条款不是格式条款的约定为准,而坚持认定该合同条款只能是格式条款,就给背信的一方寻找借口,为牟取不正当的利益而挑起争端打开了方便之门。再就是,双方当事人都打算将该交易进行到底,只是在非必要之点发生分歧,就被裁判者援用《民法典》第 497 条的规定,判决系争合同无效,迫使双方当事人不得不再订合同继续前述合同约定的交易,导致效率低下。有鉴于此,不如在商事合同的领域,认可“双方已经明确约定合同条款不属于格式条款”,除非此类约定存在《民法典》第 153 条第 1 款中所指代的“法律、行政法规的强制性规定”、第 153 条第 2 款、第 154 条等规定的无效原因,或者存在《民法典》第 148 条等条款规定的可撤销原因且被撤销的情形。其实,如果双方明确约定合同条款不属于格式条款,只要此种约定是经过深思熟虑的,真实地反映了双方当事人的意思,那么,这些条款就是经过了双方当事人协商的合同条款,它们不符合《民法典》第 496 条第 1 款关于格式条款的规格要求,不应属于格式条款。

行文至此,引出了意思自治原则与《民法典》第 496 条第 1 款以及《合同编通则司法解释》第 9 条第 1 款之间的关系的问题。总的说来,《合同编通则司法解释》第 9 条第 1 款的规定完全将意思自治原则排除于格式条款的认定和法律适用的领域,有些“过了”,与鼓励交易原则未尽契合。较为可取的理念是,如果“双方以明确约定合同条款不属于格式条款为由主张该条款不是格式条款”这一约定不存在法定的无效原因,未被当事人撤销,则应当贯彻意思自治原则,认可双方当事人关于合同条款不属于格式条款的明确约定。

(二)格式条款订入合同

1. 提示对方注意的格式条款方可成为合同内容

《民法典》规定,经过提示对方注意,甚至完成说明义务的格式条款,方可成为合同内容(第 496 条第 2 款),也可以说成为合同条款,或曰被订入合同。至于提供格式条款的一方实施何种行为、达到什么程度,才算提示对方注意，才算对格式条款说明的义务完成，《民法典》未予明确。为便于操作，统一把握尺度，《合同编通则司法解释》特设第10条第1款，以解释《民法典》第496条第2款规定的“提示对方注意”：“提供格式条款的一方在合同订立时采用通常足以引起对方注意的文字、符号、字体等明显标识，提示对方注意免除或者减轻其责任、排除或者限制对方权利等与对方有重大利害关系的异常条款的，人民法院可以认定其已经履行民法典第四百九十六条第二款规定的提示义务。”其中，“在合同订立时”，表达了提示对方注意在时间方面的要求；“通常足以引起对方注意的文字”“明显标识”，在外文的格式条款、少数民族语言的格式条款的情况下，仅仅是黑体字、粗体字等标识，往往并不“足以引起对方注意”，可能需要翻译，才达到“明显标识”的程度；“通常足以引起对方注意的……符号、字体等明显标识”，属于提示对方注意的程度要求，也含有方式要求之意。

2. 某些格式条款须向对方说明方可成为合同内容

《民法典》第496条第2款区分提示注意和对格式条款说明，在这种框架内，提示注意为第一步，条款利用人使相对人注意到格式条款的存在即可，至于使相对人理解格式条款的含义甚至法律效果，应在条款利用人对格式条款说明这个环节完成。此处“说明”，泛指就相对人问询的格式条款予以语义解释、范围界定、目的揭示等行为。该项说明义务的产生以相对人提出要求为必要，除非法律另有规定；说明的对象为免除或减轻其责任等与相对人有重大利害关系的条款，并非漫无边际，否则，条款利用人的负担过重。鉴于《民法典》第496条第2款的规定仍显概括，《合同编通则司法解释》特设第10条第2款，细化和明确：(1)需要说明的对象包括“与对方有重大利害关系的异常条款的概念、内容及其法律后果”；(2)说明的方式可以是书面的，也可以是口头形式的；(3)说明达到的层次，或者说基准是“通常能够理解”的程度。

四、合同订立中的第三人责任

(一)《合同编通则司法解释》第5条之释评

《合同编通则司法解释》第5条确立的规则，使相对关系的效力外溢，在一定程度上束缚或至少是影响到第三人，这不合传统的合同法理论。改成侵权法的进路，《合同编通则司法解释》第5条确立的规则就天然地具有合理性吗？也不尽然，道理如下：《合同编通则司法解释》第5条的“损失”，是指无辜的缔约人承受合同项下的债务(在无偿合同的场合),或者承受债务扣除合同项下的权益之后的负担。此类债务、负担不是缔约人于缔约前就存在的,而是因第三人实施欺诈或胁迫的行为而不得已地缔约所新增的。它们均为该合同成立甚至有效带来的,故属交易领域的利益,而非固有利益。以第三人这个侵权行为人的视角,第三人行为侵害缔约人的权益,不是固有利益,而是交易领域的利益。此种利益由侵权法保护,是不符合传统的侵权法学说关于侵权责任的构成以固有利益受到侵害为必要的见解的,此其一。《民法典》第 1165 条规定的是典型的侵权行为及其责任,其构成要件中的过错,是行为人违反一般注意义务时的主观状态,而非违反较高的注意义务(如《民法典》第 157 条、第 509 条第 2 款、第 1198 条)时的主观状态。而《合同编通则司法解释》第 5 条所要求的过错在判断标准上应指违反较高的注意义务,此其二。

如此说来,《合同编通则司法解释》第 5 条设置该项规则似乎是错误的。但是,笔者不这样认为。按照过错责任原则、自己责任原则,实施欺诈、胁迫之人天然地应对其欺诈、胁迫的不法行为的后果负责,无辜的缔约人因第三人的不法行为遭受的损失应当得到填补。传统理论机械地囿于侵权法保护固有利益、合同法保护交易利益的分工,既有的法律未设这方面的规则是其缺陷,并非合理。经济基础与上层建筑关系的原理决定,法律必须适应社会生活的要求而不断发展、完善自己,《合同编通则司法解释》顺应趋势,于第 5 条创设规则,值得赞同。

至于此处欺诈、胁迫的构成要素,无异于《民法典》第 1 编"总则"所设可撤销民事法律行为制度中关于欺诈、胁迫构成的要求,不再赘述。

(二)《合同编通则司法解释》第 5 条确立规则的意义

上文已经显露出,在缔约人的固有利益未因第三人的有关行为受到侵害时,依传统的侵权法学说,缔约人难以成功地请求第三人承担侵权损害赔偿责任。《合同编通则司法解释》第 5 条的设置可以较为圆满地解决问题,此其一。完全依赖侵权法,受案由制度的限制,无法在同一个诉讼中一并请求合同撤销和损害赔偿,《合同编通则司法解释》第 5 条的设置即可全面地解决问题,此其二。《合同编通则司法解释》第 5 条的设置,使缔约人在个案中综合考量证据、责任构成要件和赔偿数额等因素,而后选定请求权基础——《民法典》第 7 编"侵权责任"之第 1165 条,或者《合同编通则司法解释》第5条。

五、预约合同

(一)预约合同的认定

《民法典》已经规定了预约合同(第495条),专家学者们均予赞同,但对于哪些合同属于预约合同,预约合同与本约合同的界限如何,在什么情况下把预约合同作为本约合同对待和处理,违反预约合同的违约损害赔偿包括哪些项目,却存在着歧见。《合同编通则司法解释》第6条、第7条、第8条回应了这些,积极意义是明显的。

关于哪些约定属于预约合同,一直存在分歧。在制定《民法典》的过程中,一些专家学者态度坚决地反对把意向书、备忘录纳入预约合同的范围,使得《民法典》第495条第1款的表述是:"当事人约定在将来一定期限内订立合同的认购书、订购书、预订书等……"其实,预约合同的认定标准,不应是文件的称谓,而应是文件所载内容是否具备预约合同的构成要件,或者说应根据意思表示的内容来确定某协议是否为预约合同。这为多数说。据此,当意向书、备忘录含有预约合同的构成要件时,或者说其为在未来一定期限内订立合同的约定的,就应当将其定性和定位为预约合同。《合同编通则司法解释》采纳了该说来解释《民法典》第495条第1款"认购书、订购书、预订书等",将符合预约合同成立要件的意向书、备忘录纳入"等"之中,于第6条第1款明确:"当事人以认购书、订购书、预订书等形式约定在将来一定期限内订立合同……能够确定将来所要订立合同的主体、标的等内容的,人民法院应当认定预约合同成立。"初步协议(preliminary agreement)是否可为预约合同,《民法典》及《合同编通则司法解释》均未明确,在笔者看来,仍应遵循前文中阐释的标准予以认定。

对于框架合同是否为预约合同,有持肯定意见的,[1]也有持否定意见的。原则上否定但承认例外之说的理由主要有如下几点:(1)在典型情况下,框架合同与具体合同系一对相互配合的关系。框架合同可以包含订立

---

〔1〕 参见上海市奉贤区人民法院民事判决书,(2018)沪0120民初23199号;上海市第一中级人民法院民事判决书,(2019)沪01民终7411号。

具体合同的义务,但不是必须包含;预约合同必须包含订立本约合同的义务。[1] 如果框架合同包含订立具体合同的义务,并且满足预约合同的其他要求时,框架合同同时也是预约合同。[2] 因此,可以基于预约合同诉请订立本约合同,但并不总是可以基于框架合同请求订立具体合同。(2)预约合同具有初步和暂时的性质,本约合同订立时预约合同得以履行;而框架合同并不具有暂时和初步的性质,而是当事人长期合作的基础,其存续时间长于具体合同,单个具体合同订立甚至履行之后,框架合同仍可继续存在。(3)预约合同与本约合同属于平行的一对一的关系,一个预约合同对应一个本约合同;而框架合同和具体合同则属于不同阶层的一对多的关系,框架合同较具体合同处于高位阶且一个框架合同可能对应多个具体合同。(4)框架合同除了制约具体合同的订立外,还规范当事人长期交易的一般规则,只有框架合同的存续期间届满或满足合同解除的条件时,框架合同才归于消灭;预约合同仅着眼于本约合同的订立,但并不调整长期交易关系。[3] (5)在"预约合同—本约合同"的模式中,本约合同一经订立,预约合同便失去效力,至多可作为本约合同的交易背景,用于解释本约合同,绝不可径直把预约合同条款移至本约合同之中。与此不同,在"框架合同—具体合同"的模式中,框架合同不因具体合同的订立而失去效力,框架合同与具体合同相互配合、相互补充,解释合同时须将它们作为一个整体看待。

此外,如果存在定金合同这种从合同,又有证据证明有关约定具备了未来的本约合同的成立要件,《合同编通则司法解释》也承认可以认定本约合同成立,故于第6条第1款同时明确,当事人"为担保在将来一定期限内订立合同交付了定金,能够确定将来所要订立合同的主体、标的等内容的,人民法院应当认定预约合同成立"。

(二)设计初衷为预约合同但结果按照本约合同对待的情形

预约合同的初衷为未来订立本约合同所用,本约合同成立之日,预约合同便"功成身退"。但实际情况变化多端,由于种种原因,本约合同文本没有

---

〔1〕 See Fikentscher, Schuldrecht, Rn. 136; Hoffbauer, Der Rahmenvertrag in der Lieferbeziehung, S. 22; K. Schmidt, Handelrechts, s 20 I 2b(S. 599); Jauering - Vollkommer, $ 305, Rn. 32.

〔2〕 See Fikentscher, Schuldrecht, Rn. 136; Hoffbauer, Der Rahmenvertrag in der Lieferbeziehung, S. 22; Fuchs - Wissemann,l Abgrenzung. S. 107.

〔3〕 参见陈进:《框架合同研究》,清华大学2013年博士学位论文,第58页。

出现。于此场合，是否就下结论：不存在本约合同？笔者认为，不得如此绝对、轻率。为了效率，应当鼓励交易，在预约合同文本所载内容具备了本约合同的成立要件时，应当认定本约合同成立。《合同编通则司法解释》吸纳学说、判决、裁决的意见，于第6条第3款规定："当事人订立的认购书、订购书、预订书等已就合同标的、数量、价款或者报酬等主要内容达成合意，符合本解释第三条第一款规定的合同成立条件，未明确约定在将来一定期限内另行订立合同，或者虽然有约定但是当事人一方已实施履行行为且对方接受的，人民法院应当认定本约合同成立。"

（三）违反预约合同的认定

预约合同成立并生效后，本约合同没有出现，原因种种，应当根据个案情形认定构成违反预约合同与否。如果因不可归责于各方当事人的原因致使订立本约合同没有必要，例如，各方当事人预设的本约合同是在A滩涂造田，但于本约合同签署前因地壳变化，A滩涂变成海峡，于此场合就不应认定违反预约合同。再如，各方当事人预设的本约合同是开设B餐馆，但因新冠疫情暴发，开设B餐馆显非明智，于此场合，不宜认定违反预约合同。

但是，预约合同生效后，当事人一方拒绝订立本约合同或者在磋商订立本约合同时违背诚信原则导致未能订立本约合同的，《合同编通则司法解释》第7条第1款认定该当事人不履行预约合同约定的义务，这就是正确的，值得赞同。

所谓"当事人一方……在磋商订立本约合同时违背诚信原则导致未能订立本约合同的"，可能构成两种案型：其一，违反本约合同视野中的先合同义务，成立缔约过失责任；其二，违反预约合同，成立违反预约合同的违约责任。至于如何认定当事人一方在磋商订立本约合同时违背诚信原则，《合同编通则司法解释》第7条第2款规定，"……应当综合考虑该当事人在磋商时提出的条件是否明显背离预约合同约定的内容以及是否已尽合理努力进行协商等因素"，考虑得较为周全，同样值得肯定。

所谓"当事人在磋商时提出的条件是否明显背离预约合同约定的内容"，例如，某房屋租赁合同附带的该房屋买卖合同的预约合同约定，每平方米9000元人民币，届时由双方当事人另行签订《房屋买卖合同》。待该房屋租赁合同期满，双方当事人应该签订《房屋买卖合同》之际，当地房价已经上涨到每平方米23,000元人民币，出租人/预约合同的出卖人坚持《房屋买卖合同》必须约定每平方米 23,000 元人民币,承租人/买受人拒绝此项要求。在该案中,出租人/出卖人关于每平方米 23,000 元人民币的要求,就属于当事人在磋商订立本约合同时提出的条件严重背离预约合同约定的内容。所谓当事人"是否已尽合理努力进行协商",例如,某以股权抵偿债权合同约定,乙公司欠甲公司的 2 亿元人民币的债务,由乙公司在丙公司中的股权偿付,至于该股权的价值评估由中立的第三方评估机构为之,评估机构的确定必须由双方一致同意。在合同履行过程中,无论甲公司提出哪家评估机构,乙公司都不予同意;甲公司请乙公司提出评估机构的人选,直至诉讼开始,乙公司也没有提出过评估机构。乙公司所为应属当事人未尽合理努力进行协商。

(四)违反预约合同的违约责任

预约也是合同,违反将成立违约责任,乃当然之理,故《民法典》第 495 条第 2 款规定:"当事人一方不履行预约合同约定的订立合同义务的,对方可以请求其承担预约合同的违约责任。"《合同编通则司法解释》第 8 条第 1 款予以承继。

如果预约合同约定了违约金,就依其约定。对此,《合同编通则司法解释》第 8 条第 2 款前半部分的用语是"前款规定的损失赔偿,当事人有约定的,按照约定"。

预约合同未约定违约金时,因订立本约合同这种行为价值几何,也就是确定违反预约合同的损害赔偿的范围,委实困难。《合同编通则司法解释》第 8 条第 2 款后半部分给出的方案是:"人民法院应当综合考虑预约合同在内容上的完备程度以及订立本约合同的条件的成就程度等因素酌定。"其意为:预约合同越接近本约合同的成立,越接近本约合同实际履行,就越宜确定为可得利益的损害赔偿,或者把违约方因违约获得的利益确定为非违约方在合同履行后可以获得的利益;金钱债务中的违约损害赔偿可以违约行为发生时 LPR 为基础,加 30% ~50% 计算。预约合同与本约合同差距较大时,或者准予守约方对其付出的成本获得赔偿,或者获得准予机会利益的损害赔偿。

笔者原则上赞同《合同编通则司法解释》第 8 条第 2 款的规定,再补充论证如下。违反预约合同的损害赔偿,与本约被违反时的损害赔偿,有时不得挂钩。例如,某演员与某剧场签订预约合同,约定双方将于 10 日后签订演出合同。但此后因该演员的原因而未签订演出合同。于此场合,追究该演员违反预约合同的违约责任,不得按照该演员履行演出合同会给剧场带来多少盈利来计算违约损害赔偿的数额,只能按照该演员耽误了该剧场聘请另外的相同重量级的演员带来的损失来计算违约损害赔偿的数额,这往往只是演员出场费的差额。与此不同,有时会以违反本约合同所带来的损害赔偿来计算。例如,某探矿权转让协议书于第 4 条约定:"本协议签订后 15 日内先由乙方[受让方——笔者注]预付甲方[转让方——笔者注]探矿权价款 500 万元人民币,其余价款和付款期限,待国土资源部[现自然资源部]《探矿权转让批复》文件下发后,再签订正式转让合同。"第 11 条约定:"探矿权分割未获国土资源部批准,可进行整体转让,具体条款由甲乙双方协商确定,若无法达成一致意见,本协议可终止履行,甲方退还乙方已预付的 500 万元探矿权价款。"但是后来由于涉案工作区打井,发现了四口井出煤既多又好,新来的县长便不愿继续履行,以上述约定为据,主张该合同不是正式合同。3 个审级的法院都支持了这个主张。退一步说,即便将该探矿权转让协议书作为预约合同,转让方承担的违约责任也必须按照违反本约合同所致损失的路径计算。其理由在于:(1)该探矿权转让协议书应当作为本约合同来看,它只差自然资源管理部门的批准;(2)它具备了本约合同的主要条件;(3)受让方支付了转让款,且进行了勘探,打了 15 口井。再如,订购某设备合同的预约合同,约定出卖人先行准备,双方于 1 个月届满时签订某设备买卖合同(本约合同)。出卖人据此准备贷款、购进制作设备的材料、租赁加工设备所需场地。此时,买受人拒不签订某设备买卖合同(本约合同),追究该买受人违反预约合同的违约责任,应当按照违反设备买卖合同(本约合同)来计算损害赔偿。这样处理的理由在于:(1)该本约合同是特定设备的订购合同,不是通用设备的买卖合同,其标的物难以卖给第三人。(2)预约合同允许出卖人先行准备,出卖人确实先行准备并支出了若干费用。按照违反预约合同来计算损害赔偿,出卖人所受损失难获填补。

相得益彰:民法典司法解释的制定与完善*

杨立新

摘要:《民法典》实施前后,最高人民法院通过"立改废",对民法司法解释进行清理,制定新的适用《民法典》司法解释,使得适用《民法典》司法解释体系初具规模,与《民法典》形成了相得益彰的适用效果,有助于统一法官的法律适用思想,保障《民法典》的贯彻施行。同时,也应当看到适用《民法典》司法解释存在的不足,有的应当进行完善。对最高人民法院司法解释应当视为我国的法官法,与制定法一道,构成我国的法律体系。适用《民法典》司法解释属于民法的法官法,应当服从于《民法典》的立法精神和基本原则,补充和完善制定法,使之相得益彰,共同完成保护民事主体合法权益的立法和司法任务。

关键词:《民法典》;司法解释;制定法;法官法;相得益彰

2021年1月1日《民法典》生效实施前后,最高人民法院为了保障《民法典》的贯彻实施,制定、修订了一大批司法解释,实现《民法典》新规则的"落地",保障在司法实践中正确实施《民法典》,保护好民事主体的合法权益。直至2023年9月,有关适用《民法典》的配套司法解释已经初具规模,产生了与《民法典》规范相得益彰的效果。不过,批量"生产"司法解释,难免存在需要改进的问题。本文试图总结《民法典》司法解释形成的经验和不足,使之更能适应司法实际需要,与《民法典》的规范适用相得益彰,推动我国社会发展和文明进步的建设。

---

* 原文发表于《法学论坛》2023年第6期,收入本书时略有修改。

一、最高人民法院对贯彻实施《民法典》开展的司法解释工作

（一）基本情况

2020年5月28日《民法典》通过以后，最高人民法院立即开展贯彻实施《民法典》的司法解释清理和制定工作，基本工作方法是“废改立”，即废除与《民法典》不合的原有民法司法解释，修订可以适用的原有民法司法解释，制定新的《民法典》司法解释。这些工作的主要情况分为以下两个方面。

1. 对原有民法司法解释的整理工作。自2020年6月以来，最高人民法院开展适用《民法典》司法解释工作的重点，是对原有民法司法解释进行清理，即进行“废”和“改”两项工作。这一工作的工作量是巨大的，因为积累了几十年的类法典化民法的司法解释的数量巨大，需要有人力、物力和时间的保障。经过统一部署、落实分工，组织团队、认真清理，解决问题、凝聚共识，多轮复核、取得成果，[1]于2020年12月28日召开的最高人民法院审判委员会第1826次会议通过了最高人民法院民法典贯彻实施工作领导小组办公室《关于为确保民法典实施进行司法解释全面清理的工作情况报告》，2020年12月23日初次审议决定对截至当时有效的591件司法解释，废止116件，修改111件，继续有效适用的364件，其中经过修改，作为适用《民法典》的司法解释为27件，共有475个条文。

2. 制定适用《民法典》的新司法解释。在全面清理原有民法司法解释的基础上，最高人民法院通过“立”的工作，制定适用《民法典》的新司法解释。这项工作目前分为前后两个阶段。

第一阶段，自2020年6月至12月，用了半年多一点的时间，最高人民法院制定了与《民法典》同时实施的7件司法解释。分别是：(1)2020年12月14日审判委员会第1821次会议通过最高人民法院《关于适用〈中华人民共和国民法典〉时间效力的若干规定》。(2)2020年12月25日审判委员会第1824次会议通过最高人民法院《关于适用〈中华人民共和国民法典〉有关担保制度的解释》(以下简称适用民法典担保制度解释)。(3)同日第1825次会议通过5件司法解释：最高人民法院《关于适用〈中华人民共和国民法典〉

---

〔1〕 参见最高人民法院民法典贯彻实施工作领导小组办公室：《关于为确保民法典实施进行司法解释全面清理的工作情况报告》，载最高人民法院民法典贯彻实施工作领导小组、最高人民法院研究室编：《最高人民法院实施民法典清理(立改废)司法解释文件汇编》，人民法院出版社2021年版，第2～3页。

婚姻家庭编的解释(一)》。(4)最高人民法院《关于适用〈中华人民共和国民法典〉继承编的解释(一)》。(5)最高人民法院《关于适用〈中华人民共和国民法典〉物权编的解释(一)》。(6)最高人民法院《关于审理建设工程施工合同纠纷案件适用法律问题的解释(一)》。(7)最高人民法院《关于审理劳动争议案件适用法律问题的解释(一)》。这些适用《民法典》司法解释在提出草案后,经过充分研究论证,征求地方法院、有关中央国家机关、法学理论界以及全国人大常委会法工委的意见后,制定完成。有关婚姻家庭编、继承编和物权编的解释,是在原有的物权法司法解释、婚姻法司法解释和继承法司法解释的基础上修订而成,成为适用《民法典》的司法解释。有关《民法典》时间效力、担保制度的司法解释以及建设工程施工合同解释、劳动争议合同解释是新制定的司法解释。这7件司法解释的条文共有355条。

第二阶段,是在2021年1月1日《民法典》实施以后,最高人民法院又陆续制定了10件关于适用《民法典》的司法解释。包括:(1)最高人民法院《关于审理证券市场虚假陈述侵权民事赔偿案件的若干规定》;(2)最高人民法院《关于审理生态环境侵权纠纷案件适用惩罚性赔偿的解释》;(3)最高人民法院《关于生态环境侵权案件适用禁止令保全措施的若干规定》;(4)最高人民法院《关于审理铁路运输人身损害赔偿纠纷案件适用法律若干问题的解释》;(5)最高人民法院《关于审理使用人脸识别技术处理个人信息相关民事案件适用法律若干问题的规定》;(6)最高人民法院《关于审理银行卡民事纠纷案件若干问题的规定》;(7)最高人民法院《关于审理国家赔偿案件确定精神损害赔偿责任适用法律若干问题的解释》;(8)最高人民法院《关于审理侵害知识产权民事案件适用惩罚性赔偿的解释》;(9)最高人民法院《关于审理涉执行司法赔偿案件适用法律若干问题的解释》[1];(10)最高人民法院《关于适用〈中华人民共和国民法典〉总则编若干问题的解释》(以下简称适用民法典总则编解释)。这10件司法解释的条文共有188条。

最高人民法院关于《民法典》司法解释的制定工作还在继续进行,例如,最高人民法院《关于适用〈中华人民共和国民法典〉合同编通则若干问题的

---

〔1〕 这一司法解释并非对适用《民法典》的解释,但是其中关于债权侵权责任的规定,对适用《民法典》第1165条规定具有重要借鉴意义。

解释》将于近期公布，最高人民法院《关于适用〈中华人民共和国民法典〉侵权责任编的解释(一)(征求意见稿)》正在审议中，制定完成后，可以使适用《民法典》的司法解释基本形成体系，对保障正确实施《民法典》，保护好民事主体的民事权益，具有重要意义。

(二)总体评价

从总体上看，最高人民法院关于适用《民法典》司法解释的“废改立”工作有以下特点。

1.规模庞大，史无前例。适用《民法典》司法解释的“废改立”工作，是最高人民法院有史以来进行的最大规模的司法解释制定和清理工作。特点是时间短、任务重、规模大、内容复杂，涉及对几十年累积的民法司法解释的清理，对《民法典》新规则的适用进行系统解释，无论规模还是范围、数量，都可以称为史无前例。这表达了最高人民法院对贯彻实施《民法典》的重视和保障《民法典》规范全面“落地”的决心，为在司法实践中正确适用《民法典》提供了基础。

2.“废改立”并举，统一法律适用标准。适用《民法典》司法解释的“废改立”工作，通过清理原有的民法司法解释，废除不符合《民法典》规定的司法解释，修订可以适用于《民法典》的司法解释，制定《民法典》新的司法解释，集中解决了司法解释与《民法典》规定不一致、司法解释相互之间不协调，以及司法解释名称不规范、内容不准确等问题，形成了在适用《民法典》的统一目标下的司法解释体系，促进了《民法典》司法解释的科学化、规范化，统一了《民法典》的法律适用标准。

3.统一执法思想，构建解释体系。我国进入民法典时代，应当探索适用《民法典》司法解释的体系构建思路。在深入思考和探索中，面对《民法典》的适用要求，司法解释以问题为导向、以审判执行需求为出发点、以准确理解和适用法律为原则，构建多层次的《民法典》司法解释体系[1]：一是解释《民法典》的整体适用问题，例如《民法典》时间效力和担保制度的司法解释；二是解释《民法典》某一编的法律适用问题，例如对《民法典》总则编、物

---

〔1〕参见最高人民法院民法典贯彻实施工作领导小组办公室：《关于为确保民法典实施进行司法解释全面清理的工作情况报告》，载最高人民法院民法典贯彻实施工作领导小组、最高人民法院研究室编：《最高人民法院实施民法典清理(立改废)司法解释文件汇编》，人民法院出版社2021年版，第6页。

权编、婚姻家庭编、继承编的解释;三是解释《民法典》某编的部分一般规则,例如对合同编通则的解释;四是解释某类具体案件的法律适用问题,例如关于审理买卖合同解释、人身损害赔偿解释等。这就为最终形成分层次、多方位的《民法典》司法解释框架体系奠定了基础,保障《民法典》的贯彻实施,保护好民事主体的合法权益。

二、数量众多的司法解释对适用《民法典》发挥的重要作用

对当前已经构建起来的适用《民法典》司法解释进行整体观察,可谓数量众多,初步构成体系,对正确适用《民法典》能够起到很好的保障作用。

(一)基本特点

目前形成的适用《民法典》司法解释体系,从总体上看,具有以下特点。

1. 适用《民法典》司法解释基本形成规模。在原有的类法典化民法立法体系下,最高人民法院的民法司法解释比较分散,数量较多却不具有规模效应,缺少对民法司法解释整体体系建设的思考。在经历了几十年时间分别就个别问题进行司法解释后,逐步形成对某一部民法单行法进行体系解释的做法,例如对《婚姻法》连续进行了三次司法解释,对《合同法》也进行多次解释,包括对不同典型合同分别进行的解释。进入民法典时代,制定适用《民法典》司法解释必须有统一的解释目标。在很短的时间里,通过对司法解释"废改立"的工作,初步形成了相当规模的适用《民法典》司法解释群,总计条文达到1010多条,数量接近《民法典》的条文数量。这还只是有关民事领域的司法解释,不包括对商法、知识产权法等的司法解释,如果把这些司法解释都集中在一起,数量会远远超过《民法典》的条文数量。

2. 适用《民法典》司法解释已经形成体系。在已经形成的千余条适用《民法典》司法解释中,构成了比较严密的司法解释体系。在制定《民法典》司法解释中,存在两种不同的思路,一是以问题意识为导向,有什么问题就解释什么问题,不搞体系化解释;二是尽管对《民法典》的解释应当以问题意识为导向,但是,仍然应当突出司法解释的体系化和科学化,不可就事论事,也不能让司法解释杂乱无章。在民法法典化的基础上,适用《民法典》司法解释不可能没有体系化的要求。即使坚持问题意识导向,也不能不顾及司法解释的体系要求和科学化内容的要求。如果司法解释仅仅以问题为导向,有什么问题就解释什么问题,就会忽视法典的体系,不能实现对《民法

典》司法解释的科学化和体系化。既然如此，何不在设计司法解释之初，在突出问题意识的基础上，按照体系化的要求进行构建呢？目前的《民法典》司法解释已经形成了三层次、多方位的科学体系。三层次包括对《民法典》的整体适用、对《民法典》某一编的法律适用和对某类型案件的法律适用；多方位表现在既有综合性解释、系统性解释和具体问题解释，实现司法解释的多样性，形成了《民法典》司法解释的树形结构体系。将来的适用《民法典》司法解释仍须按照这样的体系不断发展、完善。

3. 适用《民法典》司法解释突出实用价值。司法解释应当有一个突出特点，就是要"管用"，而不是"作势"。就目前情况看，适用《民法典》司法解释突出了司法实践的实用价值，突出了"管用"的特点。例如，现有的《民法典》司法解释中最管用的就是最高人民法院《关于适用〈中华人民共和国民法典〉时间效力的若干规定》，四章 28 条，从《民法典》适用的时间效力的原则到例外，规定了《民法典》适用时间效力的一般规定、溯及适用的具体规定、衔接适用的具体规定，条条都"管用"，其实就是我国的《民法典》施行法。[1] 只是我国在立法上不采用新法实施时制定某部法律施行法的方法，而是由最高人民法院颁布司法解释，确定法律实施的有关规则。在具体问题上，最管用的司法解释如最高人民法院《关于审理医疗损害责任纠纷案件适用法律若干问题的解释》，其中针对《民法典》和其他法律没有规定医疗损害鉴定，实践中对医疗损害责任的司法鉴定与医学会的医疗事故鉴定的效力争论等问题，依据全国人大常委会关于司法鉴定的决定，进行全面解释，不仅规定了当事人依法申请、法院依职权委托鉴定，申请医疗损害鉴定的具体办法，还对委托医疗损害鉴定提交真实、完整、充分的鉴定材料，委托鉴定书应当有明确的鉴定事项和鉴定要求，鉴定意见应当经当事人质证，当事人委托鉴定人作出的医疗损害鉴定意见，当事人共同委托鉴定人或者自行委托作出的医疗损害鉴定意见的效力确定等作了具体规定，在实践操作中具有"管用"性。

4. 适用《民法典》司法解释具有创新性。就目前适用《民法典》司法解释的具体内容看，新制定的司法解释比修订的司法解释要好得多。其原因，

---

〔1〕 参见杨立新、李怡雯：《从原则到例外：〈民法典〉时间效力规则的体系化展开》，载《法学杂志》2022 年第 1 期。

一是原有司法解释经过修改适用于《民法典》的解释,仍然部分存在类法典化民法司法解释遗留的问题,即使经过修订,创新性也不够突出。新制定的司法解释则不同,基本上都有创新性。创新性效果最好的是适用民法典担保制度解释,条文数量多并不是其特点,创新性强且具有扎实的指导《民法典》适用的实际效用,才是其突出特色,不仅对担保制度的一般规定进行了解释,还针对担保物权、保证、新型增信措施的类型及其适用效力都作了规定,[1]特别是对《民法典》第388条第1款规定的“其他具有担保功能的合同”概念的解释,具有特别重要的价值,对于物权法定缓和以及这种合同所包含的具体内容,都有充分的解释,使有关《民法典》规定的担保制度在司法实践中的具体应用,具有重要的指导价值。[2] 其中关于差额补足、流动性支持等第三人提供增信措施,根据不同特征分别适用第三人加入债务、连带责任保证、一般保证等具体规则,[3]紧密结合司法实际,是能够解决实际应用的创新性司法解释。

(二)重要作用

初步形成体系的适用《民法典》司法解释与《民法典》相互配套,在具体的司法适用中能够发挥相得益彰的重要作用。

1.统一适用《民法典》的指导思想和原则。一部法律的实施必须有施行法,以此统一具体实施方法。其他国家和地区的立法,一般都有施行法统一法律的适用方法。以《俄罗斯联邦民法典》为例,分四次完成编纂的民法典,在每一次完成部分的施行之前,都制定了相关规定,如《关于施行〈俄罗斯联邦民法典〉第一部分的联邦法律》《关于施行〈俄罗斯联邦民法典〉第二部分的联邦法律》《关于施行〈俄罗斯联邦民法典〉第三部分的联邦法律》《关于施行〈俄罗斯联邦民法典〉第四部分的联邦法律》,规定了四次完成的民法典部分的施行要求。[4] 在我国,民国时期颁布的《民国民法》,五编也都有各

---

[1] 参见杨立新、李怡雯、阙梓冰编著:《〈最高人民法院关于适用《中华人民共和国民法典》有关担保制度的解释〉案例解读》,中国法制出版社2021年版,第5~8页。

[2] 参见杨立新:《物权法定缓和的绝处逢生与继续完善——〈民法典〉规定“其他具有担保功能的合同”概念价值》,载《上海政法学院学报(法治论丛)》2021年第1期;杨立新:《“其他具有担保功能的合同”概念的实用功能》,载《中国政法大学学报》2022年第3期。

[3] 参见杨立新、李怡雯、阙梓冰编著:《〈最高人民法院关于适用《中华人民共和国民法典》有关担保制度的解释〉案例解读》,中国法制出版社2021年版,第247~250页。

[4] 参见《俄罗斯联邦民法典(全译本)》,黄道秀译,北京大学出版社2007年版,第1~31页。

编的施行法。

1949 年以来,我国民事立法没有同时颁布施行法的做法。1978 年改革开放后,我国颁布新法,通常采用最高人民法院发布通知的方式,统一新法实施的要求。例如,2010 年 7 月 1 日施行《侵权责任法》,最高人民法院于 2010 年 6 月 30 日发布最高人民法院《关于适用〈中华人民共和国侵权责任法〉若干问题的通知》,共有 4 条,对施行《侵权责任法》规定了统一要求。颁布实施《民法典》也须有一部"施行法"。因此,最高人民法院出台了全面规范适用《民法典》时间效力具体要求的规定,不仅规定了适用《民法典》时间效力的一般规定,还规定了每一编具体适用的时间效力的具体规则。毫无疑问,这样的司法解释对适用《民法典》具有特别重要的作用,统一了适用《民法典》的指导思想和原则。

2. 统一适用《民法典》与其他法律的关系。《民法典》是民法基本法,围绕在其周围,还有一个庞大的民法特别法的法群,构成民法的庞大体系,包括商法特别法、知识产权特别法、权利保护特别法以及其他法律中包含的民法特别规范等。[1] 对此,《民法典》第 11 条规定了民法特别法适用的一般性规则,即"其他法律对民事关系有特别规定的,依照其规定",表明了民法特别法规定的优先适用原则。在具体适用中,怎样处理《民法典》与其他法律规定的关系,还需要有具体的规范进行指导。适用民法典总则编解释第 1 条第 2 款规定:"就同一民事关系,其他民事法律的规定属于对民法典相应规定的细化的,应当适用该民事法律的规定。民法典规定适用其他法律的,适用该法律的规定。"

这是对《民法典》第 11 条规定适用的具体解释,包括两点:第一,就同一民事关系,《民法典》有一般规定,其他法律有细化规定的,应当适用该法律的细化规定。这里不仅包括商法单行法、知识产权单行法等法律的规定,还包括其他法律对于民事法律关系具体规则的细化规定。例如《消费者权益保护法》第 25 条规定的 7 天无理由退货的远程购物合同特别解除权的规定,就是对《民法典》第 563 条第 1 款第 5 项关于法定合同解除权中"法律规定的其他情形"的细化规定,当然优先适用。第二,《民法典》规定适用其他法律,一是《民法典》第 11 条规定的特别规定即特别法规定,二是《民法典》

[1] 参见杨立新:《〈民法总则〉规定的民法特别法链接条款》,载《法学家》2017 年第 5 期。

具体条文关于适用其他法律的规定,例如第 1208 条关于“依照道路交通安全法律”的有关规定,就是适用《道路交通安全法》第 76 条关于道路交通事故损害赔偿责任承担规则的规定。有了这些关于《民法典》适用与其他法律适用之间关系的规定,在适用法律时,法官容易掌握和操作。

3. 统一《民法典》适用的具体方法。《民法典》对民事关系的法律适用规定了 600 多项新规则,[1]在司法实践中怎样适用,应当有具体方法。最高人民法院在司法解释中,依循问题导向着重进行解释,对这些新规则的具体理解和适用具有重要作用。

例如,《民法典》第 10 条首次规定了习惯的补充法源地位,但是,对习惯的确认和具体适用,我国司法实践还比较陌生,原因是以往的民法单行法只有《物权法》在相邻关系中有过适用习惯的规定。[2] 适用民法典总则编解释第 2 条对习惯的适用规定了具体适用方法:第一,确定怎样认定习惯,即“在一定地域、行业范围内长期为一般人从事民事活动时普遍遵守的民间习俗、惯常做法等,可以认定为民法典第十条规定的习惯”。第二,规定了习惯的证明方法。首先,“当事人主张适用习惯的,应当就习惯及其具体内容提供相应证据”;其次,“必要时,人民法院可以依职权查明”。兼用当事人主义和职权主义,且遵循“前者为主,后者为辅”的原则。第三,确定适用习惯的基本原则是“不得违背社会主义核心价值观,不得违背公序良俗”,违背公序良俗的习惯不得适用。

又如,在司法实践中,对民法基本原则怎样适用规定得不够明确,甚至有直接依据民法基本原则作出判决的案例。对此,适用民法典总则编解释第 1 条第 3 款规定:“民法典及其他法律对民事关系没有具体规定的,可以遵循民法典关于基本原则的规定。”对于那些特殊民事关系,《民法典》没有规定,其他法律也没有具体规定的,不是“适用”《民法典》规定的基本原则,而是“可以遵循”《民法典》关于基本原则的规定。应当明确的是,《民法典》规定了多个民法基本原则,其中具有“造法”功能的主要是诚实信用原则,它不仅要求当事人实施民事法律行为、进行民事活动须诚实守信,还要求法官

---

[1] 根据笔者统计,《民法典》规定的新规则为 613 条。具体内容请见杨立新、李怡雯:《中国民法典新规则要点》,法律出版社 2021 年,目录。

[2] 原《物权法》第 85 条规定:“法律、法规对处理相邻关系有规定的,依照其规定;法律、法规没有规定的,可以按照当地习惯。”

在适用法律时，出现立法当时未预见、未设具体法律规定的新案型时，授权法院依诚实信用原则，行使公平裁量权，直接调整当事人之间的权利义务关系，实现当事人之间利益关系的衡平，[1]实现诚信原则的补充法功能。例如，《民法典》规定相邻关系，并没有规定越界枝丫和果实、共有墙、共有沟渠等诸多相邻关系，有习惯规范的当然可以依据习惯，如果没有习惯规范，就可以遵循《民法典》规定的民法基本原则特别是诚信原则作出判决。

有了这些对《民法典》规定适用方法的解释，法官在司法实践中的操作就能够统一起来，使《民法典》的规定能够准确适用。

4. 统一对《民法典》规定的具体规则的适用方法。《民法典》具体条文规定的新规则在具体操作中应当怎样适用，存在较多需要解决的问题。例如，《民法典》第416条规定了动产抵押"超级优先权"，是我国民法第一次规定的担保规则，条文内容比较生涩难懂，而且操作方法不明，必须进行解释。对此，适用民法典担保制度解释第57条作了全面解释，说明了具体的操作方法。第一，适用的情形是，担保人在设立动产浮动抵押并办理抵押登记后，又购入或者以融资租赁方式承租新的动产，权利人为担保价款债权或者租金的实现而订立担保合同，并在该动产交付后10日内办理登记，主张其权利优先于在先设立的浮动抵押权的，法院应予支持。第二，权利人为购入或者以融资租赁方式承租新的动产订立的担保合同涉及的主体包括：一是在该动产上设立抵押权或者保留所有权的出卖人；二是为价款支付提供融资而在该动产上设立抵押权的债权人；三是以融资租赁方式出租该动产的出租人。第三，适用的方法是，买受人取得动产但未付清价款或者承租人以融资租赁方式占有租赁物但是未付清全部租金，又以标的物为他人设立担保物权，这些权利人为担保价款债权或者租金的实现而订立担保合同，并在该动产交付后10日内办理登记，主张其权利优先于买受人为他人设立的担保物权的，其"超级优先权"成立，法院应予支持。第四，同一动产上存在多个价款优先权，也就是多个"超级优先权"竞合的，法院应当按照登记的时间先后确定清偿顺序。[2] 经过这样的解释，艰涩难懂的条文就具有了可操

---

[1] 参见梁慧星：《民法总则讲义》，法律出版社2021年版，第16页。

[2] 对这些规则的详细解读，参见杨立新、李怡雯、阙梓冰编著：《〈最高人民法院关于适用《中华人民共和国民法典》有关担保制度的解释〉案例解读》，中国法制出版社2021年版，第416～420页。

作性。

在1000多条适用《民法典》司法解释的条文中,多数是这样的具体解释,使《民法典》具体规则有了统一的适用规则,能够保障正确施行。

三、适用《民法典》司法解释的规范缺漏

从总的方面来看,最高人民法院对《民法典》适用的司法解释是成功的、卓有成效的,但是,由于时间、规模等原因,也还存在一些问题。

(一)适用《民法典》司法解释存在的主要问题

1. 个别解释存在错误。适用《民法典》司法解释存在的个别错误,主要是修改原有民法司法解释存在的问题。在新制定的司法解释中,基本上没有发现这样的问题。这说明,制定新的司法解释的态度是谨慎的;由于需要清理的原有民法司法解释的内容太多,在"废改立"的"改"的那一部分中存在一定的疏忽,因而造成部分修订的司法解释存在问题。

例如,2003年最高人民法院《关于审理人身损害赔偿案件适用法律若干问题的解释》第5条规定的侵权连带责任规则存在较多问题,主要是否定被侵权人对侵权连带责任人的选择权,并且规定被侵权人不追加全部连带责任人参加诉讼,法院就可以认定被侵权人放弃对不追加的连带责任人的损害赔偿请求权,违反原《侵权责任法》第13条和第14条规定的连带责任规则。这样的错误是非常明显的,破坏了连带责任的本质要求,笔者早就指出过。[1] 修正后的最高人民法院《关于审理人身损害赔偿案件适用法律若干问题的解释(2022修正)》第2条还是继续沿用这一违反法律的规定,仍然坚持这一侵害被侵权人选择权的错误规则,违背《民法典》第178条规定的连带责任规则,剥夺了被侵权人对连带责任人的选择权。[2]

又如,《民法典》第1187条规定的"分期支付",并不是严格意义上的定期金赔偿,2021年人身损害赔偿司法解释规定的定期金赔偿具体规则,能够解决司法之急需,但是,也存在明显欠缺,即没有将死者生前扶养人生活费赔偿纳入定期金赔偿的范围中,对于定期金判决的既判力和变更也没有作出具体规定等,都应当予以补充。司法实务应当不断完善定期金适用规则,

---

〔1〕 参见杨立新:《应当维护侵权连带责任的纯洁性——〈关于审理人身损害赔偿案件适用法律若干问题的解释〉规定的连带责任研究》,载《判解研究》2004年第6期。

〔2〕 对上述问题的分析,参见杨立新:《被侵权人对侵权连带责任人的选择权》,载《当代法学》2022年第1期。

对符合定期金赔偿目的的人身损害赔偿，基于权利人的申请都应当予以适用，保护好侵权赔偿权利人的权利，平衡好当事人之间的利益关系。[1]

这些都说明，《民法典》司法解释在有些规则上，存在与《民法典》规定相悖的问题。

2. 应当解释的规则不予解释。《民法典》规定的规则有些不够具体、明确，需要司法解释进一步明确而使其具体且具有可操作性，对《民法典》第416条规定进行的解释就是典范。现有《民法典》适用司法解释还存在一些应当解释而不加以解释的问题，是比较明显的。例如，《民法典》第16条关于对胎儿利益保护的规定，已经明确被保护的利益只有"遗产继承"和"接受赠与"，胎儿还有哪些利益应当保护，只规定了一个"等"字，其中包含的是胎儿的哪些利益应当适用部分民事权利能力规则进行保护，法官无法具体掌握，司法解释应当进行解释。在起草适用民法典总则编解释（草案）时，参与讨论的地方各级法院法官和学者都普遍认为，应当将胎儿的人身利益纳入"等"字之中，使胎儿在人身利益受到损害时能够有明确的救济方法。但是，最终却删除了该司法解释第4条的相关内容，仅规定"涉及遗产继承、接受赠与等胎儿利益保护，父母在胎儿娩出前作为法定代理人主张相应权利的，人民法院依法予以支持"，对"等"字所含内容需要被解释的问题却只字未提。河南省三门峡市中级人民法院作出（2022）豫12民初56号民事判决，就是适用《民法典》第16条规定的胎儿"等胎儿利益"的规定，确认其在胎儿期间的抚养请求权受到侵害，出生后有权请求间接侵权人承担赔偿责任，认可胎儿受保护的利益中包含身份利益，在没有司法解释的情况下，作出了先例判决。[2] 这样的问题较多，仅举一例，不再列举。

3. 应当填补的立法漏洞采取措施不力。不必讳言，《民法典》有些规定并非十全十美，仍然存在立法空白，需要司法解释进行填补。这不是司法僭越立法权，而是解决司法急需进行法律续造之必须，否则司法实践无法完成对立法缺漏的民事关系的裁判。况且立法也不可能规定所有的民事关系，司法填补立法空白的续造是必须的，也是司法能动性的必然表现。2022年

---

〔1〕 参见杨立新：《侵权损害赔偿定期金规则的欠缺与具体适用》，载《法学论坛》2021年第5期。

〔2〕 参见杨立新、李怡雯：《自然人死后人工辅助生殖技术所生子女享有抚养来源丧失损害赔偿请求权——（2022）豫12民初56号民事判决释评》，载《法律适用》2023年第7期。

1 月召开的全国高级法院院长会议提出,“发挥司法智慧,努力创造符合时代精神、满足人民企盼、引领规则导向的伟大判决”,其基础就是审理者要在没有法律明确规定,没有可以遵循的习惯,也没有司法解释作为依据的情况下,依据法理进行创造性的能动司法,才能创造出伟大判决,如果有了法律规定、有了习惯法规范甚至有了司法解释作为依据,是很难创造伟大判决的。所谓的创造,就是依据法理补充立法不足。试想,宜兴人体冷冻胚胎权属争议案,不就是在没有法律规定、没有习惯参照的情况下,依照法理作出的伟大判决吗?〔1〕

问题是,《民法典》第 10 条规定民法法源只规定了法律和习惯,并没有规定法理是补充法源。因此,不仅出现了民法法源立法的空白,〔2〕还造成了立法和司法的脱节,使大量的以法理作为裁判依据的案件成为无法律根据的判决。对此,司法解释应当提出办法加以解决,规定能够适用法理作为第二位阶补充法源的办法。适用民法典总则编解释第 1 条第 3 款规定的办法是:“民法典及其他法律对民事关系没有具体规定的,可以遵循民法典关于基本原则的规定。”这里规定的是“可以遵循”《民法典》规定的基本原则补充空白。一方面,对《民法典》关于基本原则的适用并非“依照”而是“遵循”,性质并不相同;另一方面,《民法典》关于基本原则只是原则,而非具体裁判规则,因此,仍需提供能够作为裁判依据的具体规则。在没有法律、习惯作为依据时,必然要依据法理,只有如此才能“遵循”《民法典》关于基本原则的规定,将其作为具体裁判的依据。可见,适用《民法典》关于法源的规定,虽然提出了遵循《民法典》关于基本原则规定的办法,却没有规定可以在遵循《民法典》关于基本原则规定的基础上适用法理作为裁判依据,没有对法源的立法空白进行必要的填补,仍然维持着司法实践法律适用空白的现状。

4. 对《民法典》适用司法解释的全面规划不足。目前的《民法典》适用司法解释的体系已经足够庞大了,虽然在总体上能够区分体系构成的基本逻辑层次,但是还存在不够清晰的问题。另外,有的司法解释经过整理后仅

---

〔1〕 该案的案情,参见杨立新:《人的冷冻胚胎的法律属性及其继承问题》,载《人民司法》2014 年第 13 期;杨立新:《一份标志人伦与情理胜诉的民事判决——人的体外胚胎权属争议案二审判决释评》,载《法律适用》2014 年第 11 期。

〔2〕 参见易军:《论作为民法法源的“法理”》,载《现代法学》2022 年第 1 期。

剩几个条文,仍然“硬撑”着一个足够“庞大”的标题,不够严肃。2001年最高人民法院《关于确定民事侵权精神损害赔偿责任若干问题的解释》共有12个条文,全面规定了民事侵权精神损害赔偿适用法律的裁判规则,堪称人格权立法中国经验的第二个里程碑,[1]具有重要价值。但是,经过修正,2020年最高人民法院《关于确定民事侵权精神损害赔偿责任若干问题的解释》只剩下6个条文,除了第2条规定侵害身份权、第5条规定确定精神损害赔偿应当考虑的因素之外,其他差不多都是重复《民法典》的规定和并无实际应用价值的规定。例如,《民法典》第1183条第2款规定了“因故意或者重大过失侵害自然人具有人身意义的特定物造成严重精神损害的,被侵权人有权请求精神损害赔偿”,2020年最高人民法院《关于确定民事侵权精神损害赔偿责任若干问题的解释》第1条规定“因人身权益或者具有人身意义的特定物受到侵害,自然人或者其近亲属向人民法院提起诉讼请求精神损害赔偿的,人民法院应当依法予以受理”还有多大的实用价值呢?顶多是将“被侵权人”解释为“自然人或者其近亲属”。这样的司法解释基本丧失了这个标题应有的“大格局”,剩下的这些内容完全可以再进一步简化,放在正在制定的适用《民法典》侵权责任编解释中规定。最高人民法院《关于审理物业服务纠纷案件适用法律若干问题的解释》经过修正,只剩下5个条文,现有的内容较为宽泛,损害了司法解释的严肃性。

(二)《民法典》适用司法解释存在上述问题的主要原因

1. 急迫。《民法典》适用司法解释存在上述问题的主要原因之一,是时间紧、任务重。最高人民法院民法典贯彻实施工作领导小组办公室《关于为确保民法典实施进行司法解释全面清理的工作情况报告》和最高人民法院《关于修改〈最高人民法院关于在民事审判工作中适用《中华人民共和国工会法》若干问题的解释〉等二十七件民事类司法解释的决定》,决定对截至当时有效的591件司法解释,废止116件,修改111件,继续有效适用364件。2020年12月25日,审判委员会第1825次会议通过了有关《民法典》婚姻家庭编、继承编、物权编、建设工程施工合同、劳动争议案件5件司法解释。[2]

---

〔1〕 参见杨立新:《人格权立法中国经验发展的三个里程碑》,载《判解研究》2021年第2期。

〔2〕 参见最高人民法院民法典贯彻实施工作领导小组、最高人民法院研究室编:《最高人民法院实施民法典清理(立改废)司法解释文件汇编》,人民法院出版社2021年版,第3、5、53~88页。

这样庞大规模的司法解释和这样的审议速度，难免出现纰漏。诚然，对于《民法典》适用司法解释的“立改废”确实有时间限制，要在《民法典》实施之前完成，但是，即使在压力之下也必须保证司法解释的质量，因为这关系到《民法典》适用的指导问题。

2. 主观。对《民法典》适用解释的主观性，主要表现在对一些司法解释的“改”没有进行深入论证，没有广泛征求意见，只是由最高人民法院有关庭室的工作人员进行审查，经过一般性讨论，就提出了最高人民法院《关于修改〈最高人民法院关于在民事审判工作中适用《中华人民共和国工会法》若干问题的解释〉等二十七件民事类司法解释的决定（草案）》，提交审判委员会讨论。相对比而言，在适用《民法典》司法解释“立”的部分质量是有保证的，因为进行了多层次的深入讨论。存在的问题基本上是在“改”的司法解释中出现的，修改的主观性主要表现在这一方面。

3. 审查。制定司法解释是最高人民法院的权力，应当独立行使，依照自己的职权，决定什么样的法律适用问题应当进行解释。当然，制定司法解释应当民主，广泛征求各方面的意见，但是，最终决定权还是由最高人民法院审判委员会享有。就目前情况看，最高人民法院在很多问题上独立行使司法解释的权力受限，无法对一些本应当解释的问题作出解释。

四、正确对待我国司法解释的法官法性质和具体功能

在我国的法律体制中，最高人民法院是最高审判机关，其审判职能之一，是对审判工作中具体应用法律的问题进行司法解释，统一全国法院对法律的理解和适用。[1] 面对司法解释在各级地方人民法院中越来越大的权威性，各界对司法解释的争论越来越多，形成比较明显的对立意见，支持和反对的声音都存在，要求限制最高人民法院司法解释权力的不在少数。这些都涉及对最高人民法院司法解释的定位问题。对此，本文提出以下意见。

（一）承认最高人民法院司法解释具有法官法的地位

作为一个成文法国家，要承认最高人民法院具有造法的权力似乎比较困难，笔者对此也曾持怀疑态度。笔者在 2006 年随全国人大常委会法工委访问团出访德国和荷兰，为制定原《侵权责任法》做准备。在访问中，德国法

---

〔1〕《人民法院组织法》第 18 条第 1 款规定：“最高人民法院可以对属于审判工作中具体应用法律的问题进行解释。”

官都在强调某些裁判规则是法官法,某些裁判规则是制定法。笔者当时质疑,成文法国家的法院也可以造法吗?德国法官肯定地告诉我,德国法分为两部分,一是制定法,即《德国民法典》以及其他成文法规定的裁判规则,另一部分就是法官法,是法官在司法实践中创造的裁判规则,法官法是法律体系不可或缺的组成部分。[1] 在学理上,自德国法系的几部重要民法典颁布实施以来,制定法就被视作主要的法源。因此,所有的方法论教科书都着力于详论法律解释。传统上,在法律解释这一部分论述之后,紧接着的另外一个独立部分是"法官进行法的续造方法"或者称为"补充的法的续造",也被称为"法官法",还被称为"漏洞场合的法律适用"或者"法官的法律背离",[2]受这一思想的启发,结合我国司法解释的具体实际,笔者接受法官法的概念,将法官法作为制定法的解释和补充。

将《民法典》适用司法解释确认为法官法的性质,有以下理由。

1. 法官法的基础:现行法律规定存在不足需要进行补充。我国《民法典》规定的规则并非十全十美。规定的行为规范和裁判规范存在不完整、不完善的问题,缺少应当规定而没有规定的规范,须有相当数量的司法解释作为补充,方能形成补充《民法典》规范不足的规范体系。

首先,《民法典》规定的行为规则和裁判规则不完备,存在立法空白或者缺漏。例如前述对民法法源的规定,就欠缺法理这一补充法源,构成民法法源体系的缺漏。在具体的行为规则和裁判规则方面,欠缺比较明显。例如,民法典继承编通常要有 100 ~ 300 多个条文进行规范,才可形成继承法律规范的完备体系。而我国《民法典》规定的继承规范只有 45 个条文,比原《继承法》的 37 个条文仅增加了 8 个条文,其中遗产管理人的规则就增加了 5 个条文,可见后者在前者基础上没有大的改变,法定继承的继承人范围过窄、继承顺序不足,遗嘱继承缺少后位继承、特留份权,一些继承规则不适当。在这样的情况下,进行法律续造就是必然的。

其次,《民法典》规定的一些新规则不具体。《民法典》在行为规则和裁判规则上增加了很多新规则,对于保护民事主体的合法权益具有重要价值。

---

〔1〕 参见杨立新:《德国与荷兰侵权行为法考察工作日记》,载杨立新主编:《中华人民共和国侵权责任法草案建议稿及说明》,法律出版社 2007 年版,第 408 ~ 409 页。

〔2〕 [德]赖因哈德·齐默尔曼:《德国法学方法论》,毕经纬译,载《比较法研究》2021 年第 2 期。

不过，有些新增加的规则过于抽象，不够具体，需要司法解释予以补充，使之具体化，才能使抽象的规则具有可操作性。例如，《民法典》第322条规定了添附，但是，添附中的加工、附合、混合的具体规则是什么，不加以解释，司法实践很难操作；《民法典》第1073条第一次规定了亲子关系确认和否认，但是，对亲子关系确认和否认的具体规则和后果没有明确规定，对与此相关的婚生子女推定、婚生子女准正等一系列相关规则都没有规定，需要司法解释规定具体的裁判规则。

再次，《民法典》现有规范中有较多的不确定条款，究竟包含的内容是什么，无法确定，需要进行司法解释。例如，条文大量使用"等"字，这样的"等"字究竟包含哪些内容，不经过解释就不能确定，任由审判案件的法官解释，必然会造成司法不统一。这样的经验在以往的法律中就存在，例如，原《侵权责任法》第2条第2款规定侵权责任保护的范围，在列举了18种权利后，用了"等"民事权益的表述，"等"字中是否包含债权，至今仍然没有形成统一理解。《民法典》第1177条规定自助行为使用了"扣留侵权人的财物等合理措施"的"等"字，也存在这样的问题。《民法典》规定民事责任经常使用的"相应责任"，也是不确定概念。对这些大量的不确定概念，不经过司法解释就不能统一法律的适用。

最后，《民法典》规定的一些规则不适当。不能否定《民法典》立法的成功，但是，并不能因此就看不到《民法典》具体规定中存在的不适当问题。例如，继承编关于法定继承人的范围，只规定到配偶、子女、父母，以及兄弟姐妹、祖父母、外祖父母，将孙子女、外孙子女以及侄子女、甥子女都规定为代位继承人，其范围过于狭窄，不符合当代继承法扩大法定继承人的要求；继承顺序过少，只有两个法定继承顺序，具体规定不适当。[1] 近亲属概念过于狭窄，四世同堂的家庭竟然存在不具有法定权利义务关系的一代亲属。[2] 对于意定监护，在立法过程中始终不接受设立意定监护监督制度的建议，试图用普通的监护监督代替应当适用特别规则的意定监护监督。适用民法典总则编解释第11条第2款规定："该成年人丧失或者部分丧失民事行为能力后，协议确定的监护人有民法典第三十六条第一款规定的情形

---

〔1〕 参见王歌雅：《〈民法典·继承编〉：编纂争议与制度抉择》，载《法学论坛》2020年第1期。

〔2〕 参见杨立新：《民法典婚姻家庭编完善我国亲属制度的成果与司法操作》，载《清华法学》2020年第3期。

之一,该条第二款规定的有关个人、组织申请撤销其监护人资格的,人民法院依法予以支持。"其目的是要解决意定监护监督人的问题,但是,仍然存在适用通常的监护监督人的规则,对意定监护监督需要的协议指定监护监督人仍然没有解决办法的问题。[1]

2. 法官法的任务:对法律欠缺根据需求进行续造。由于《民法典》存在这些需要进一步解释和完善的问题,最高人民法院的司法解释权力应当充分行使,根据司法实践需要,作出"管用"的司法解释,形成具有规模的法官法。首先,对立法中存在的空白部分进行填补,使经过补充的法官法与制定法相互协调,构成整体。其次,对现行立法中存在的不完善、不完备之处进行完善和完备。最后,对现行法律中存在的抽象规则、不确定条款进行解释,使之具体化,具有统一的操作规范。即使对那些法律目前没有规定的规则,不能认为是司法解释不可涉足的问题,而应当依据民事法律"法无禁止即可为"的原则,依据法理积极进行解释,使立法空白得到补充。

最高人民法院在运用自己的审判权力时,通过以上方法制定系统的司法解释,进行法律续造,将会形成具有特色的法官法体系。这并不是说现在不存在法官法,因为现有的司法解释的整体就是我国的法官法。对于适用《民法典》而言,是要通过有目的、有意识的上述做法,使《民法典》的法官法形成规模和体系,与制定法相得益彰,共同担负起维护民事主体合法权益的重任。

3. 中国法官法的定位:司法解释是法官法的主要内容。对法官法的法律定位,并非空穴来风,而是有先例可以借鉴的。

应当提到的是德国的法官法。前文提到,德国的法官法是客观的、现实的。例如,让与担保和一般人格权的裁判规则形成,就是德国法官法的经典之作。《德国民法典》直至今日也没有规定让与担保,即法律并未规定让与担保是法定担保物权。在19世纪,法院依据司法裁判逐步形成确认让与担保具有担保物权效力的规则,继而影响德国所有法院,最终形成统一的让与担保裁判规则,成为法官法的组成部分,[2]并且影响到其他国家和地区的

---

〔1〕 参见杨立新:《民法典总则编司法解释对成年意定监护制度的完善》,载《人民法院报》2022年2月28日,第2、4版。

〔2〕 参见陈本寒:《担保物权法比较研究》,武汉大学出版社2003年版,第361～362页。

法律或者法院确认让与担保为担保物权。[1] 对于一般人格权，《德国民法典》立法时并未采纳，在20世纪中期，涉及名誉权、隐私权的保护问题，德国最高法院适用《基本法》关于人的尊严的规定，确立一般人格权的概念，形成统一的裁判规则，[2]成为德国法官法的重要组成部分。

借鉴这些法官法的先例，将我国最高人民法院的司法解释以及指导性案例的总和称为法官法，[3]应当没有问题。在今天，最高人民法院的规范性司法解释越来越丰富，就个案的批复性司法解释越来越少，随之而来的指导性案例成为法官法的重要组成部分。这里的原因是将适用法律中的难题逐级请示上级法院的做法几乎被废除，代之而来的是筛选适用法律能够解决法律适用争议的典型案例，经过法定程序选作指导性案例，对地方各级人民法院的法律适用具有指导意义。不过，笔者仍然认为，对于法律适用的个别问题经过请示，由最高人民法院采用批复方法作出具体解释，仍然不失为一种及时解决法律适用具体问题的办法。因而利用规范性司法解释、批复性司法解释以及指导案例等形式形成我国的法官法，建立我国适用《民法典》的法官法体系，是完善我国民事法律建设的一个好方法。

（二）相得益彰是制定法与法官法关系的基本准则

1. 我国民事法律表现为制定法和法官法的客观必然性。我国进入民法典时代，民事立法实现了法典化，不再是类法典化时期由民法单行法构成的松散体系。不过，由于实行民商合一的立法体例，且知识产权法不能像《俄罗斯联邦民法典》那样整体入典，[4]因而在《民法典》的周围形成了体系庞大的民法特别法。这是我国民法的制定法体系。同样，我国最高人民法院制定《民法典》及民法特别法适用的司法解释，以及指导民法适用的指导性案例，构成了规模宏大的法官法体系，配合《民法典》以及民法特别法的实施，形成我国民事法律的整体结构。因此，我国的民事法律实际上客观存在着制定法和法官法这两条线，当然最终都归结到《民法典》的体系之中，形成

---

[1] 最高人民法院《关于适用〈中华人民共和国民法典〉有关担保制度的解释》第68条和第69条分别规定了普通财产权让与担保和股权让与担保为法定担保物权，也是对德国法官法上述规则的借鉴。

[2] 参见王利明：《王利明学术文集·人格权编》，北京大学出版社2020年版，第270页。

[3] 《人民法院组织法》第18条第2款规定："最高人民法院可以发布指导性案例。"

[4] 《俄罗斯联邦民法典（全译本）》将知识产权法规定为第7编"智力活动成果和个别化手段的权利"。《俄罗斯联邦民法典（全译本）》，黄道秀译，北京大学出版社2007年版，第427页。

我国民法的整体体系。

2. 相得益彰是制定法和法官法相互协调构成民法整体体系的要求。我国《民法典》的制定法和法官法相互协调的基本要求,就是相得益彰。相得益彰并不是说制定法和法官法的地位平等、相互补充,而是立法和司法相互区别,制定法是基本立法,法官法是补充法,形成有主有从的法治体系。制定法和法官法相得益彰的具体要求体现在以下四个方面。

(1)统一性:法官法统一于制定法的立法思想和原则。在制定法和法官法之间,制定法是灵魂、主宰,法官法是为制定法的正确实施而形成的裁判规则。所以,法官法的形成应当服从于制定法的立法思想和基本原则,不能超出制定法的立法思想和基本原则另搞一套。目前我国的法官法不存在这样的问题,即使将来继续制定法官法,也必须保持与制定法的立法思想和基本原则的统一性。

(2)创造性:填补制定法的漏洞和欠缺。事实上,法官法服从于制定法的立法思想和基本原则,也不能否认法官法应当具有的创造性。法官法的创造性主要体现在,针对制定法存在的立法空白和立法漏洞进行创造性司法解释,也就是发挥其能动司法的积极性,在立法空白和立法漏洞上,创造新的规范,使制定法的漏洞和空白经过法官法的续造、填补而表现得更加完整和平顺。对此,最高人民法院《关于审理民间借贷案件适用法律若干问题的规定》第 23 条对利用商品房担保民间借贷的规定,就是具有创造性的法官法,特别是在 2015 年该解释第 24 条第一次作出这个规定时确认其担保功能。当然,在《民法典》第 388 条第 1 款规定了"其他具有担保功能的合同"的概念之后,将此作为具有担保功能的合同进行解释,使这一概念的内涵和外延更加丰富,能够适应时代进步和经济生活发展的需求,表现了法官法创造性与制定法统一性的和谐关系。

(3)完善性:对不确定的规则进行完善。法官法的另一个功能,就是对制定法的不确定条款或者规则进行解释,使不确定条款或者规则具有确定性,司法操作方法明确、统一。例如,《民法典》条文使用过多的"等"字究竟各自包含何种内容,必须予以明确。《民法典》第 1177 条规定自助行为的"等合理措施"究竟包括何种措施,何种措施是合理措施,应当予以明确。其实,这个问题并不复杂,就是适当拘束侵权人的人身而已。[1] 对那些含而不露、吞吞吐吐的立法表述,法官法应当予以完善,否则,难以统一法官的理解,做到立法和司法的统一。

(4)补充性:补充制定法的规则不足。《民法典》规定某些新规则,并未对其进行具体规范,使得规定操作性不强。对此,法官法必须对裁判规则进行补充,使之能够统一操作。对没有具体裁判规则的添附、亲子关系确认和否认等条文,应当采用前述对第416条规定的动产抵押中的"超级优先权"解释的方法,作出补充性解释,使《民法典》制定法规定的规则更能够保障统一适用。

应当明确的是,尽管德国法的法的续造通常被划分为2个阶段:法律内容的法的续造和超越法律的法的续造。第一个阶段要借助在法律中表达出的评价和目标设定来填补一部法律的漏洞。在第二个阶段涉及的则是,法律适用者超越法律的框架或者"计划",并因此不再涉及法律的内在目的论。[2] 但是,我国的法官法应当服从于《民法典》规定的立法精神和基本原则,不能超越《民法典》的框架和基本原则。通过法官法对《民法典》以及特别法的统一性、创造性、完善性和补充性的解释和续造,制定法和法官法就能够实现相得益彰,取得更好的社会效果。

(三)对适用《民法典》的法官法的改进意见

通过上述对法官法与制定法相得益彰的分析,在完善适用《民法典》的法官法上就会有明确的、有价值的改进意见。

1. 各司其职。各司其职最主要的表现,是立法和司法各司其职,立法是立法机关的职能,司法是司法机关的职权,原则上不能相互代替,做到权限分明,不能以立法代替司法,也不能以司法代替立法。立法机关对司法机关行使职权的监督是事后监督,而不是事前或者事中的监督。对司法机关制定司法解释的监督也应当是事后监督,将监督权前置,将会使各自的职权不明、相互代替。在制定适用《民法典》的法官法中,这样的职责界限分明更为重要,否则各司其职就是一句空话。

2. 遵守原则。适用《民法典》的法官法必须遵循统一的民法立法思想和

---

〔1〕 参见杨立新、李怡雯:《中国民法典新规则要点》,法律出版社2021年版,第610页。

〔2〕 参见[德]赖因哈德·齐默尔曼:《德国法学方法论》,毕经纬译,载《比较法研究》2021年第2期。

基本原则,不能超出《民法典》规定的立法思想和基本原则另搞一套。如果超出《民法典》规定的立法思想和基本原则制定司法解释或者指导性案例,立法机关有监督权,可以通过行使监督权,提请全国人大常委会讨论决定撤销这样的司法解释。

3. 敢于创新。制定适用《民法典》的法官法必须敢于创新,而不是拘泥于现有立法。如果司法解释不能创新,就不是对应用法律进行解释,就会没有任何实用价值。像是目前《民法典》适用司法解释中存在的没有创新性的条文,在将来应当避免制定。

4. 服务实践。司法解释的基本价值在于指导司法实践、服务司法实践,应当突出问题意识,进行针对性的解释,推出具有实践应用价值的指导性案例,否则将失去其价值,也违反最高人民法院监督地方各级法院的法律职能。

五、结语

《民法典》实施已久,最高人民法院已经积累了比较丰富、数量众多的司法解释和指导性案例,形成了规模可观的《民法典》适用的法官法。在我国进入民法典时代的初期,对已经形成的《民法典》适用的法官法体系,既要看到其成功之处,又要检视其存在的不足,对将来形成《民法典》适用法官法的权威和规模效应具有重要意义。经过长期努力,使我国《民法典》的制定法和法官法相得益彰,加强我国民事的法治建设,共同对保护民事主体的合法权益发挥更大作用。

法典化背景下地方政府环境职责的纵向划分与规范配置*

黄锡生　叶　舟

摘要：地方政府环境职责纵向配置是行政领域"生态环境法典"与地方环境立法实现外部体系协调的重要耦合工具。但统一性法典与多样化地方立法存在协调配置纵向地方政府环境职责的体系化张力，集中体现为职责纵向划分在中央、央地、地方立法中产生的职责不清、职责重复、职责缺位的递进式困境。部门宪法、整体政府、客观诉讼等理论有助于区分地方政府的差异性环境事权，为地方政府环境职责纵向类型划分的完善提供标准指引。应将省、市、县、乡四级政府的环境职责纵向序构为制度建构、综合管理、具体执法三种类型，进而通过"生态环境法典"与地方环境立法协调配置授权、组织及程序规范，合理分配三类纵向职责，加强法典"向下引领"与地方立法"向上兼容"的体系协调。

关键词：生态环境法典；地方立法；地方政府环境职责；纵向划分

一、问题的提出

2021年，全国人大常委会立法工作计划正式启动了行政领域"生态环境法典"的编纂工作，需对上千部央地立法构成的"环境法律金字塔"进行内外部体系化整合。[1] 因而，"生态环境法典"的"适度法典化"编纂思路需要

---

* 原文发表于《内蒙古社会科学》2023年第5期，收入本书时略有修改。

〔1〕 参见何江：《为什么环境法需要法典化——基于法律复杂化理论的证成》，载《法制与社会发展》2019年第5期。

实现三项体系化目标。第一,法典与现有中央环境单行法的内部体系协调[1];第二,不同法典间的外部体系借鉴;第三,统一性法典与分散化地方立法的外部体系协调[2]。现有研究主要集中于法典编纂的内部体系协调[3]及对《民法典》的外部体系借鉴[4],缺乏对法典编纂与地方立法的外部体系协调研究。因而,需要对央地环境立法共同规范的行政领域基础范畴与概念进行体系化配置,助力最后一重体系化目标的实现。

"生态环境法典"是问题导向的行政领域立法,法典编纂应同时兼顾行政立法的一般属性与环境立法的特别属性。环境行政涉及一统体制下多元化央地国家能力的整合,[5]强调"资源—环境—生态"一体三面的整体系统保护,关涉区域间"社会—生态—经济"系统差异化的环境与发展综合决策。受环境行政特性的影响,纵向合理配置地方层级政府环境职责可以发挥生态环境综合管理的天然优势,既能弥合地方层级政府内部不同环境保护主管部门间的职责分割,又能够协调各级地方政府与上级各类环境管理部门的职责冲突,实现地方政府环境职责统一性纵向关联与地域性层级差异两方面的整合。地方层级政府间环境职责的纵向划分不仅是地方政府环境职责体系化的关键,更是"生态环境法典"编纂过程中实现外部体系协调的重要耦合工具。以地方政府环境职责的体系化为切入点,探究"生态环境法典"与地方环境立法的外部体系协调具有法理与实践的现实意义。

目前,"生态环境法典"的编纂对政府环境职责体系化的研究聚焦于中央环境立法中"政府环境职责的内部体系协调",同时关注总则部分的"政府环境职责类型化区分"[6],以及责任编中的"政府环境职责与责任的转化"[7],但尚未深入研究央地环境立法中地方政府职责纵向划分的外部体系协调。虽然,"行政法典"编纂的研究关注到了地方政府职责纵向划分的

[1] 参见吕忠梅:《中国环境法典的编纂条件及基本定位》,载《当代法学》2021 年第 6 期。
[2] 参见彭峰:《中国环境法法典化的困境与出路》,载《清华法学》2021 年第 6 期。
[3] 参见杜群、丁宁:《环境法法典化中自然资源法的定位与展开》,载《北京航空航天大学学报(社会科学版)》2022 年第 3 期。
[4] 参见张忠民、冀鹏飞:《〈民法典〉中环境保护规范的内部逻辑与外部衔接》,载《内蒙古社会科学》2022 年第 3 期。
[5] 参见曹正汉、王宁:《一统体制的内在矛盾与条块关系》,载《社会》2020 年第 4 期。
[6] 陈海嵩:《国家环境保护义务在我国环境法典中的定位与表达》,载《现代法学》2022 年第 4 期。
[7] 刘长兴:《论环境行政法律责任的创新及专门化发展》,载《环球法律评论》2022 年第 6 期。

外部体系协调,[1]并聚焦于地方政府职责在授权、组织、程序法方面的一般性建构,[2]但却无法彰显政府环境职责多样化与综合性在“生态环境法典”编纂外部体系协调中的独特教义[3]。央地环境立法中存在大量关涉地方政府环境职责的领域性特别法规范。这些职责规范承担着在环境行政领域纵向划分地方政府环境职责的任务,并导向职责的差异化实施。然而,央地环境立法中地方政府环境职责纵向类型划分的理论依据不明,不同类型地方政府职责的功能定位不清,这导致统一性法典编纂与多样化地方立法存在协调配置纵向地方政府环境职责的体系化张力。因此,本文所研究的职责纵向配置的张力消解路径将为法典与地方立法实现外部体系协调的系统工程提供有益思路。

二、地方政府环境职责纵向划分不清的困境

环境行政的地域差异性与整体统一性要求地方各级政府在中央统一领导下发挥地区整合与领导优势。“生态环境法典”编纂应引领不同层级立法差异化设置地方各级政府的职责类型与权限,以配合环境行政的实施。

受立法部门利益、地方立法形式化、重外部执法轻内部整合、重强制规制轻柔性规制等因素的影响,地方政府环境职责纵向划分在环境立法中产生了中央立法职责不清、央地立法职责重复、地方立法职责缺位的递进式困境,这导致地方政府纵向环境职责履行的现实需求与央地环境立法的规范供给间出现了“供求失衡”问题。

(一)中央立法职责不清

第一,中央立法中的一般性地方政府职责规范呈现出复杂的法律关系,导致履职主体与方式的指向模糊。我国中央环境立法多以环境资源要素规制为基础,对已有宪法、行政法等不同层级法律部门的法律关系进行领域性的二次调整,汇聚组织、程序、管理等实体与程序规范,在公民与国家、国家机关间形成“权利—权力”共存的立体法律关系。[4] 以《环境保护法》为核心的中央立法出现两类一般性规范:一是地方政府对本区域环境质量、污染

---

[1] 参见应松年等:《行政法典编纂七人谈》,载《法学评论》2023 年第 1 期。
[2] 参见马怀德:《行政基本法典模式、内容与框架》,载《政法论坛》2022 年第 3 期。
[3] 参见肖新喜:《科学哲学视域下法教义学与社科法学审思》,载《求是学刊》2022 年第 6 期。
[4] 参见吕忠梅:《环境法典编纂方法论:可持续发展价值目标及其实现》,载《政法论坛》2022 年第 2 期。

防治、生态保护负责，二是由国家建立、健全、实行重要的环保制度。由于地方各级政府属于"国家"的当然组成部分，因此两类规范的教义均可解释地方政府的环境职责属性。[1] 但问题在于这两类规范并未对职责履行主体与方式作出规定，也未考量如何调控统一性职责规定与区域多样性职责履行方式间的关系，从而造成职责规范履行的模糊性。

第二，中央立法中一般性职责规范具有多种解释可能性，导致授予权力类型与具体规制主体指向不清。《立法法》与《地方各级人民代表大会和地方各级人民政府组织法》要求地方政府保证中央环境立法的区域执行效果，同时授予省市两级政府地方环境立法权。上述一般性地方政府职责规范存在4个方面的功能：一是授予省市两级人大执行法律的环境立法权；二是授予省市两级政府执行法律的环境行政立法权；三是授予省、市、县三级政府综合环境行政管理权；四是授予并控制省、市、县、乡四级政府具体的环境行政执法权。中央环境立法中一般性地方政府环境职责的教义解释忽视了职责规范发挥的多层级功能，职责规范不清晰客观上造成了不同层级地方立法机关和行政机关履职逃逸或推诿行为的发生，失去了此类职责应有的规范功能。

（二）央地立法职责重复

第一，央地立法中同构性重复职责的规范配置过多，不同层级地方政府履职的差异性组织能力与重复性环保任务的要求不匹配。环境问题的复杂性与地域性要求中央环境立法打破秩序行政的"传送带"规制模式，[2] 通过"反思性法"的方式将面向自然的整体环境综合管理直接纳入职责范围，[3] 赋予地方政府更多职责履行整合权限，以灵活组合的整体行政活动完成政府职责中环境治理的环保任务。由于地方环保事务同属央地立法的规制范围，因此，中央立法一般规范"同构"职责，统一配置各层级政府完成整体环保任务的综合管理职责。例如，《环境保护法》主要配置县区级以上各级地方政府整体的环保任务，而不规范具体的层级政府任务；地方立法则需在同

---

〔1〕 参见吕霞：《我国〈环境保护法〉中的政府环境质量责任及其强化》，载《法学论坛》2020年第5期。

〔2〕 参见胡苑：《环境法律"传送带"模式的阻滞效应及其化解》，载《政治与法律》2019年第5期。

〔3〕 参见图依布纳：《现代法中的实质要素和反思要素》，矫波译，载《北大法律评论》编委会：《北大法律评论》第2卷·第2辑，法律出版社2000年版，第615页。

构职责基础上进行差别化"异构",根据地域差异与治理能力将环保任务具体化,以实质性结果和履职资源整合为导向,[1]确定组织结构和履职方式,差异化界定不同层级地方政府的综合管理职责。例如,地方立法对省、市、县实现自然保护地治理任务的要求与方式具有差异性。

通过梳理2022~2023年具有地域差异性和完整政府层级的省级环保条例发现,不区分政府层级的环境综合管理职责规范的出现频次远高于区分政府层级的环境综合管理职责规范,地方政府职责规范也出现了"重复同构"多于"差别异构"的龃龉(见表1)。环保任务关涉层级政府组织的规模结构,地方立法中关于"分解环保任务与匹配层级政府"的差异化职责配置路径不明,无法指向层级政府履职的行政活动(不同类型的协调机制或综合环境决策),难以体现任务实现的组织分工。

表1　代表性省级环保条例中地方政府环境综合管理职责规范出现频次

单位:次

地方条例	不区分政府层级的环境综合管理职责规范频次		区分政府层级的环境综合管理职责规范频次				
2022~2023年订立(修改)/具有地区差异性和完整政府层级的省级环保条例	各级人民政府及其部门	县级以上人民政府及其部门	省级政府及其部门	省/市政府及其部门	市/县政府及其部门	市级政府及其部门	县级政府及其部门
浙江省生态环境保护条例(2022年)	4	21	7	4	4	0	1
福建省生态环境保护条例(2022年)	18	23	11	6	4	4	0
广东省环境保护条例(2022年)	19	11	9	1	2	2	0
西藏自治区环境保护条例(2023年)	27	22	14	1	4	0	0

[1] 参见[美]诺内特、[美]塞尔兹尼克:《转变中的法律与社会》,张志铭译,中国政法大学出版社1994年版,第93页。

续表

地方条例	不区分政府层级的环境综合管理职责规范频次		区分政府层级的环境综合管理职责规范频次				
青海省生态环境保护条例(2022年)	15	24	9	1	0	3	1
辽宁省环境保护条例(2022年)	11	13	6	1	5	2	0

第二,央地立法职责重复无法为地方各级政府履行综合管理职责提供层级分工与资源整合的组织保障。由于实现环保任务需要进行多元利益协调与资源整合,不同层级地方政府在治理目标、能力匹配、事权划分等方面均有不同,完成环保任务的职责履行具有资源整合权限以及分工协作的差异性。例如,省级政府侧重全省政策、标准制定等重大环保决策,地市与区县政府则侧重环境综合管理的区域组织协调与具体环保决策。通过梳理2022～2023年的典型省级环境保护条例发现,虽然地方立法细化扩大了地方政府综合管理职责的多样性与灵活度,但不区分政府层级的统一性管理职责配置较多,不同层级政府的差异化职责配置较少,资源差异整合的组织保障不足。央地立法"重复"职责规范难以纵向区分不同地方政府的综合管理职责,无法满足多样化地方环境综合管理的需求。

(三)地方立法职责缺位

第一,地方立法中地方政府内部纵向环境执法协助的程序性职责规范缺位。地方政府环境职责履行的末端需以具体个案执行方式介入相对人的法律关系,通过规制"人—自然—人"的涉环境行为,间接完成环保任务。环保垂改、综合执法改革与执法权下沉改革实施后,我国逐渐形成了地市环境保护主管部门、区县环保派出机构以及乡镇政府协调履行基层环保执法职责的格局。环境执法职责履行的完整程序要求地市部门、区县派出机构、乡镇政府在纵向上形成内部执法配合的模式。因而,为保障外部执法效果而履行的内部纵向执法协助程序也属于执法职责的有机组成部分。例如,司法判例中将乡镇政府向上级政府报告的内部协助程序认定为执法职责。除此之外,上级部门委托乡镇政府履行执法职责的授权程序、地市环境保护主管部门协助执法机构进行环境监测的内部程序等,均属于内部纵向执法协助的程序性职责。现有地方立法中规定地方政府外部强制性环境执法职责的规范较多,但规定不同层级政府间相互支援、辅助等内部执法协助程序的规范较少,滞后于现有地方实践与改革需求,容易导致履职主体逃逸的结果。

第二,地方立法中多样化、非强制性地方政府外部环境执法职责规范缺位。约束相对人行为的具体环境职责一般由行政诉讼监督最终进行界定,呈现从法律规定到司法确定的样态。我国同时存在以救济权利为主的主观抗告普通诉讼和以监督行政为主的客观抗告行政公益诉讼。[1] 循此,基层政府环境执法职责除普通诉讼监督的损益强制性职责外,至少还包括可由客观诉讼界定的非强制性外部职责。例如,体现行政协商与合作的指导、督促等柔性执法职责,以及行政奖励等给付执法职责。[2] 受主观诉讼发展先于客观诉讼、"相对人权利保护—强制性职责审查"路径依赖、立法授权限制等反作用因素的影响,地方立法中非强制性地方政府环境执法职责长期未被视为执法权类型,且没有被全部纳入权责清单范围,呈现分散、模糊、缺失等规范配置特点,在数量与质量上均弱于强制性规范。

三、地方政府环境职责纵向划分的理论基础

现有政府职责纵向划分标准研究大都是基于对"职责同构"的扬弃,以及对职责重理[3]、权责清单功能机制[4]等划分方法的有益探索,形成以事权差异为主线的政府职责纵向划分标准,以实现央地政府纵向职责边界与事权大小的统一。但现有划分标准仍过于抽象,难以应对环保等特定领域的事权差异性、地方四级政府环境职责分工和职责划分的法律规范配置等现实问题。因而地方政府环境职责的纵向划分需要深化事权差异性标准在环保领域的理论基础。部门宪法理论、整体政府理论及客观诉讼理论可为央地立法中地方政府环境职责的纵向划分提供类型化事权划分标准,实现职责的功能拓展。基于"职责—事权"的匹配原理,可将地方政府环境事权

---

〔1〕 参见赵清林:《类型化视野下行政诉讼目的新论》,载《当代法学》2017 年第 6 期。

〔2〕 参见杜辉:《"设区的市"环境立法的理想类型及其实现——央地互动的视角》,载《法学评论》2020 年第 1 期。

〔3〕 参见邱实:《同构视阈下的政府职责体系构建——理念转向、支撑条件与路径探索》,载《南开学报(哲学社会科学版)》2021 年第 6 期。

〔4〕 参见赵志远:《政府职责体系构建中的权责清单制度:结构、过程与机制》,载《政治学研究》2021 年第 5 期。

划分为行政立法权、行政管理权与行政执法权三种形态，进而类型化纵向划分地方四级政府的环境职责。

(一)以部门宪法理论扩展职责的授权功能

以环境宪法呈现的部门宪法理论可通过教义学体系解释，将环境立法中一般性地方政府环境职责纳入国家环境义务的实质性规范同构范围。地方政府在"基本权利—国家义务"具体化分析框架下行使行政立法权，扩展职责的授权功能。

"生态文明"入宪后，统合《宪法》与环境立法规范，具有解释张力的部门环境宪法理论逐渐形成。[1] 目前，学界关于部门宪法范围的界定存在理论争议。一是认为部门宪法是调整宪法法律关系的独立法律部门，包含不同效力位阶的法律规范[2]；二是认为部门宪法仅限于《宪法》文本中调整特定种类根本社会关系的宪法规范[3]；三是认为部门宪法可包括存在于《宪法》文本以外，而内在于宪法教义学体系的特殊宪法领域[4]。本文认同第三种观点，认为环境宪法文本虽仅限于《宪法》中的生态环境条款，但环境立法中一般性地方政府职责规范应属于实质解释性环境宪法范畴，具有调整环境宪法法律关系、履行国家环境义务的教义学属性。

在我国，地方政府施行独立的立法权以及立法执行的行政权，[5] 可通过地方行政立法实施与地方行政执行两种方式履行中央立法中规定的地方环境职责。环境立法中一般性地方政府环境职责设定包括地方环境质量目标实现、环保制度建构等类别，以实现国家环境目标，并保护公民的基本环境权益、实施环境保护的基本国策。[6] 此类职责主要经由从立法授权到立法义务的框架路径，授予地方政府行使环境立法权，在地方提出具体化的国家环境义务要求，通过压缩公权力的行动空间保证环境宪法的有效实施，厘清央地立法机关与行政立法机关的权责结构。具体表现为 3 个方面。其一，课以地方政府制定地方性环保制度的积极作为义务，并授予制度形成的

---

[1] 参见张翔:《环境宪法的新发展及其规范阐释》，载《法学家》2018 年第 3 期。

[2] 参见宁凯惠:《部门宪法、分支宪法学之构建研究》，载《政治与法律》2020 年第 7 期。

[3] 参见上官丕亮:《部门宪法的实质》，载《法学论坛》2022 年第 5 期。

[4] 参见苏永钦:《再访部门宪法》，载《治理研究》2020 年第 3 期。

[5] 参见黄宇骁:《立法与行政的权限分配》，载《法学家》2020 年第 1 期。

[6] 参见钭晓东、叶舟:《国家环境义务溯源及其规范证成》，载《苏州大学学报(哲学社会科学版)》2020 年第 1 期。

裁量边界,通过地方立法细化执行中央立法的重要制度建构职责;其二,要求地方政府根据区域环境行政特点创制环保制度,为实现地方环境质量目标提供制度建构;其三,一般性地方政府环境职责履行一方面可以限缩地方立法的恣意空间,另一方面可以加强中央立法与地方立法的体系联系。

(二)以整体政府理论明确职责的组织功能

整体政府理论推动政府履职方式从司法审查的节点控权模式向最佳化行政的多元利益整合协调模式转变,引导不同层级地方政府行使行政管理权,实现差异化环境综合管理的内部整合,明确职责的组织功能。

整体政府理论源于科层制下碎片化政府职责无法应对环保等公共性问题的制度反思,旨在推动政府职责的整合履行。在跨部门、跨区域的整体性问题中,地方政府需要根据具体的综合管理议题将不同部门职能整合于统一框架之中,综合性地行使行政管理权。[1] 在内部整合方面,整体政府基于目的导向的组织结构,建立共同遵循的行为规范,形成政府系统内部上下协同、左右分工配合的和谐稳定关系,[2] 实现同一层级政府内的部门职能整合、纵向层级和横向同级政府间的职能协同;在外部整合方面,整体政府提供组织化的共同决策平台,吸引私营主体与公众等多元主体参与协同治理,以伙伴关系共同完成行政任务。

现有环境立法中地方政府环境职责具有形式和实质两种面向。形式主义的“传送带”节点模式在一定程度上导致政府职责履行的碎片化与部门化,不利于应对环境综合管理等整体性问题;而职责的实质主义面向要求不同层级地方政府以结果为导向,在履职过程中进行开放性价值判断和实质性利益衡量,通过行政系统的组织整合,独立行使配置职能部门权限、全面管理地方行政事务的完整行政管理权。[3] 整体政府理论可为地方层级政府履行实质主义环境职责提供职责整合的组织化保障,搭建职责履行的组织结构,提供载体和形式,以结果为导向模块化内部横向职责、协同外部纵

---

〔1〕 参见张贤明、张力伟:《政府治理现代化的原则遵循、结构调适与职责优化》,载《吉林大学社会科学学报》2022 年第 4 期。

〔2〕 参见王太高:《我国整体政府思想的形成及其展开——以〈法治政府建设实施纲要(2021~2025 年)〉切入》,载《探索与争鸣》2022 年第 1 期。

〔3〕 参见王敬波:《面向整体政府的改革与行政主体理论的重塑》,载《中国社会科学》2020 年第 7 期。

向职责、嵌入社会主体参与履职，高效动态地实现环境治理任务。[1]

（三）以客观诉讼理论促进职责的程序功能

以客观诉讼理论为基础的行政公益诉讼注重监管政府职责履行的整体过程，审查地方政府行使环境执法权的完整行政活动。以保护客观公益为目的的地方政府环境执法职责可被分解为由行政程序牵引的多样化行政活动。此时，职责履行的多阶段程序成为监管核心，凸显职责的程序功能。客观诉讼理论源于狄骥公益保护的客观法学说。[2] 该理论区别于以个人权利救济为目标的主观诉讼，认为客观诉讼以保护客观法秩序为目的，一般行政行为违反客观法规则及其统一法秩序即损害了公共利益，需要受到司法监督。在保护客体上，客观诉讼主要保护制定法体系形成的客观法秩序公益，而非特定领域的主观公益。[3] 在监督方式上，客观诉讼理论侧重监督行政机关执行法律的过程性规制，[4] 覆盖行政机关的从节点到整体、从内部到外部的具体行政活动。

在客观诉讼理论视野下，行政公益诉讼的司法监督可将地方政府环境职责具体分解为一系列连贯的过程化行为，全面审查履职行为的合法性，评价行政活动的每一个程序是否符合法规范与法秩序的要求。相较于主观诉讼只关注地方政府终局化、静态化的强制性履职行为，客观诉讼更加关注地方政府环境职责履行的全过程程序，呈现为可拆分的系列行为结合体。[5] 这些结合体由多个单独发生外部效力的强制性或柔性行政行为、不对公民个人权利义务产生直接影响的过程性行政行为构成。以增强说服性和可接受性为主的柔性化执法行为、为担保法效果间接外化的政府间内部过程性行为等长期不被法律规范明确化的职责类型[6] 均成为环境执法职责程序的组成部分。

---

[1] 参见包国宪、周豪：《从转变政府职能到优化政府职责体系：中国行政体制改革的视角转换与分析框架》，载《理论探讨》2022 年第 2 期。

[2] 参见［法］狄骥：《公法的变迁》，郑戈译，商务印书馆 2013 年版，第 155～157 页。

[3] 参见薛刚凌：《行政公益诉讼类型化发展研究——以主观诉讼和客观诉讼划分为视角》，载《国家检察官学院学报》2021 年第 2 期。

[4] 参见梁鸿飞：《预防型行政公益诉讼：迈向"过程性规制"的行政法律监督》，载《华中科技大学学报（社会科学版）》2020 年第 4 期。

[5] 参见石佑启、杨治坤：《中国政府治理的法治路径》，载《中国社会科学》2018 年第 1 期。

[6] 参见章剑生：《作为担保行政行为合法性的内部行政法》，载《法学家》2018 年第 6 期。

四、地方政府环境职责的纵向类型划分

依据部门宪法、整体政府、客观诉讼等关联理论阐释，可按照“行政立法权—行政管理权—行政执法权”的政府环境事权差异性标准将地方政府环境职责纵向划分为制度建构型、综合管理型、具体执法型三种类型。根据地方政府环境事权的实际履行能力将三种类型职责在地方四级政府间进行再分配，形成“职责序构”的格局。[1] 具体表现为“同构归堆”与“异构分层”的职责嵌套特征。即地方政府既履行类型相同但层级不同的纵贯职责，又履行层级相同但类型不同的差异职责。纵向政府间的序构职责具有治理关联性，但有所区别、各有侧重，为《生态环境法典》与地方环境立法协调、合理地配置地方政府环境职责奠定了类型学基础。

（一）制度建构型地方政府环境职责

制度建构型地方政府环境职责是指地方政府行使环境行政立法权事权，具体化实质环境宪法范围内的一般性地方政府职责规范，订立生态文明领域地方政府规章、细化与创制地方环保制度的职责类型。《立法法》授权省市两级地方政府在执行上位环境法律法规、管理辖区内环境行政事务两种情形下制定地方政府规章履行制度的建构职责。一般认为前者为执行性地方立法，后者为创制性地方立法。[2] 省市两级地方政府可通过两类立法来细化和创制地方环保制度。

制度建构型职责的执行性立法履职进路一般会采取明示宽泛的授权模式，其具有较少的立法裁量空间以及较高要求的立法义务。中央立法要求建立健全某项环保制度的一般性地方政府环境职责规范即表明存在宽泛授权，地方环境政府规章需执行上位法建立具体的环保制度的要求，以实现国家环保制度的地域性具体化。该模式存在两种多样化的执行链条。第一，单一明示、宽泛授权。例如，《河北省环境监测管理办法》根据《环境保护法》宽泛授权建立环境监测制度，细化规定监测种类、监督管理体制、监测机构权利义务。第二，以“明示宽泛 + 明示具体”作二次授权。例如，《辽宁省环境保护条例》根据《环境保护法》一次宽泛授权在本区域建立生态保护补偿机制，又通过二次明示具体授权进一步在《辽宁省生态公益林管理办法》

---

〔1〕 参见朱光磊、杨智雄：《职责序构：中国政府职责体系的一种演进形态》，载《学术界》2020年第5期。

〔2〕 参见郑毅：《规范视野下的地方性事务》，载《中国法学》2022年第5期。

中建立森林生态效益补偿制度。

制度建构型职责的创制性立法履职进路一般采取默示授权模式，具有更加宽泛的立法裁量空间以及更低要求的立法义务。有观点认为没有上位法依据，地方政府不得制定创制性地方政府规章。[1] 而依据环境宪法教义学解释，《宪法》中的生态文明建设相关政府职权规范与中央立法中环境质量目标实现的一般性职责规范即为默示授权依据，地方环境政府规章可根据地方环境行政管理需求创制新兴环保制度。这有利于地方政府将国家政策要求与地方特殊情形经由合法性授权纳入制度体系。该模式存在两种多样化的执行链条。其一是单一默示授权。例如，在没有上位法具体依据的前提下，《福建省碳排放权交易管理暂行办法》《广东省碳排放管理试行办法》根据国家"双碳"政策与本地环境管理需求建立了详细的碳排放权交易管理制度。其二是"默示＋明示"的具体二次授权。例如，《海南热带雨林国家公园条例（试行）》已建立区域性国家公园管理制度，并进一步通过明示具体的授权方式，在《海南热带雨林国家公园特许经营管理办法》中建立国家公园特许经营制度，对经营范围、主体、方式等进行具体化规制。

（二）综合管理型地方政府环境职责

综合管理型地方政府环境职责是指地方政府行使环境行政管理权事权，以实现法定环保任务为目标，通过组织手段灵活整合横纵向、内外部职责，实施各类综合环境决策等行政活动，从而直接保护环境的职责类型。此类职责履行不直接面向相对人，而是以整体政府方式，经由"环保任务匹配—协调机制保障—综合环境决策"的传导机制进行组织化实施。履职主体为具有差异性整体环境行政管理权的省、市、县三级地方政府。

第一，具体环保任务的实现需要匹配综合管理型职责履行的差异化组织载体。法定环保任务是法律具体规定的环境治理目标，亦即地方政府综合管理职责的履职对象。综合管理型职责履行首先需要依循"以任务定组织"的路径，通过立法确定具体环保任务实现的层级政府，由其整合内外部资源，履行整体性、过程性综合管理职责。由于环保任务具有多样性、层次性和综合性特点，法律无法细致规定地方政府的履职细节，因此，需要依赖

[1] 参见王腊生：《新立法体制下我国地方立法权限配置若干问题的探讨》，载《江海学刊》2017年第1期。

于不同层级政府间差异化的组织规模和结构,将不同类型的环保任务赋予具有相应履职能力和资源整合权限的地方政府。例如,各地关于环境质量限期达标、乡村污染防治、生活废弃物处置、自然保护地保护、生态资源利用、清洁能源推广等综合管理的环保任务在要求与内涵方面存在较大差异,因此,需要根据任务差异性匹配具体履职的省、市、县等地方政府,确立具体环境综合管理的组织载体,实现具体环保任务的组织匹配。

第二,环保协调机制是综合管理型职责履行的整合性组织架构。一般认为,协调机制是履行临时性行政任务的非常设组织架构,[1]但环保任务通常具有长期性,需要经常性地整合经济、社会、环境领域的政府部门职责,协调社会主体参与履职。在机构精简改革的背景下,环保协调机制通常为地方层级政府主导的非实体组织架构,发挥职责横纵向、内外部的整合功能。目前,法定环保协调机制主要包括综合保护(生态环境保护)、特定领域保护(农业农村环保、近岸海域保护、生态补偿)、特定生态系统保护(黑土地、湿地)三种类型。环保协调机制以功能实现为导向,灵活整合不同层级地方政府的环境职责,为履职过程中的复杂环境治理需求提供利益协调的框架性平台。可以发挥合理分配地方政府职能部门职责、吸收社会主体参与履职的协同效用。因此,环保协调机制是保障综合管理职责高效履行的一般性组织架构,为未来综合管理职责的履行确立了结构性前提。

第三,环保行政决策制定与实施是综合管理型职责履行的组织活动方式。环保行政决策是地方层级政府为实现环保任务,经由各类协调机制实施的模块化综合行政活动,包括政策制定与实施的全过程。根据环保任务要求和协调机制权限的差异性,地方政府环境行政决策一般包括制定与实施公共政策、规范性文件、环保相关规划、地方环境标准、环境风险应急计划、生态环境保护整体方案,以及地方环保公共设施建设等多种类型。环保行政决策兼具抽象和具体、外部与内部的整合性、多种类行政行为特性,[2]可以把环境综合管理相关的全过程、多类型行政活动要素连接成一个整体,通过不同层级政府进行多元利益协调以便整合性地组织实施各类政策。

---

〔1〕 参见胡业飞:《组织内协调机制选择与议事协调机构生存逻辑——一个组织理论的解释》,载《公共管理学报》2018 年第 3 期。

〔2〕 参见江国华、梅扬:《行政决策法学论纲》,载《法学论坛》2018 年第 2 期。

（三）具体执法型地方政府环境职责

具体执法型地方政府环境职责是指地方政府行使环境行政执法事权，在具体个案中规制环境违法相对人，间接保护环境的职责类型。客观诉讼理论扩大了具体执法职责的内涵范围，使其具有"市（县）、乡镇政府—行政相对人"与"市（县）政府—乡镇政府"内外两个维度，并以执法程序串联起了外部执法行为与内部执法协助行为。具体执法型地方政府环境职责履职主体为具有环境执法权的市（县）政府及其执法部门和乡镇政府，履职方式以多元化的乡镇、市（县）执法协助机制为内部程式，以"金字塔模型"执法强度谱系为外部形式[1]，以权责清单为程序牵引。

第一，纵向执法协助机制是职责履行的内部程式。执法协助是指某一行政主体为有效完成执法行为而请求其他行政主体协助的内部行政行为。[2] 环境执法改革在"属地 + 事务"双重执法管辖的基础上形成了执法权纵向分离的格局。因此，具体执法职责在履职的内部程式上形成了地市、区县、乡镇等层级政府间相对固定的纵向执法协助机制。即一级政府集中履行对外执法职责，多层级政府内部履行多样化执法协助程序职责的内部程式。包括乡镇报告、市（县）执法、市（县）监测、乡镇执法、市（县）指导等多种类型。纵向执法协助机制可助成一体化履职流程，将履职"内部黑箱"外部化、过程化、程序化，厘清不同层级政府执法内部具体行为的职责分工。

第二，从"给付—柔性—强制"逐级上升的"金字塔模型"执法强度谱系是职责履行的外部形式。《法治政府建设实施纲要（2021—2025 年）》要求执法"广泛运用说服教育、劝导示范、警示告诫、指导约谈等方式"，这表明环境执法在向权利保护型的非强制执法形式转变。环境执法改革形成了市（县）政府及其部门与乡镇政府共同履行外部强制及非强制环境执法职责的执法格局，并存在同领域联合执法的可能性。因而，职责履行的外部形式可依据威慑性的高低，形成从增益至损益逐级向上的"金字塔模型"，并容纳行政给付、行政劝导、宣传教育、行政处罚、行政强制等多元形式，且"塔基"的非强制执法相较于"塔尖"的强制执法在形式上更具多元化和优先性。地方政府在履职时即可依据相应程序，按模型协作有序执法。

---

[1] See Ian Ayres, John Braithwaite, *Responsive Regulation: Transcending the Deregulation Debate*, Oxford University Press, 1992, p. 35 – 38.

[2] 参见关保英：《论行政执法中的行政协助》，载《江淮论坛》2014 年第 2 期。

第三,权责清单是职责履行的程序链接工具。权责清单不仅是环境执法职责的履职依据,还是履职过程的约束工具,[1]具有全过程记录职责履行的"痕迹管理"特征以及融合衔接纵向层级政府环境执法职责的程序属性,可以完整呈现纵向层级地方政府执法职责从规范到行为、从内部协作到外部执法的完整执法流程,公开执法职责中"产生—传递—实施"的完整程序衔接过程,厘清市(县)政府与乡镇政府执法职责履行的边界、方式、限度,实现央地立法中分散执法职责规范的整合化。

五、法典化指引下地方政府纵向环境职责的规范配置

地方政府类型化环境职责的纵向划分应以规范配置为依归,聚焦"生态环境法典"编纂过程中法典与地方立法的外部体系协调。"适度法典化"模式下,地方政府环境职责配置应围绕"生态环境法典"统一性、引领性与地方环境立法差异性、协调性的相互关系展开。地方政府环境职责的纵向划分可厘清央地立法中地方政府环境职责规范呈现的差异性环境事权,纵向序构不同类型职责的履职主体与方式,有助于"生态环境法典"与地方环境立法协调配置地方政府职责规范。"生态环境法典"应发挥总则部分的外部协调功能,统一配置三类职责,分别通过授权、组织、程序规范等程序加强对地方环境立法的"向下引领";地方环境立法则需根据地域性多样化配置三类职责,通过执行授权规范、协同配置组织规范、多元配置程序规范等程序实现"向上兼容"的目的。

(一)统一配置制度建构职责的授权性规范

以"'生态环境法典'统一性引领、地方环境立法协同执行"的授权性规范完善进路配置制度建构型职责。"生态环境法典"中的制度建构型职责规范应发挥"环境宪法"的功能,以制度建构的立法授权为主要任务,明确其对地方环境行政立法的授权属性,减少纯粹的授权管理性规范,在授权的同时细化义务。[2] 课以省市地方政府立法义务并授予立法裁量权,要求地方政府积极订立地方政府规章,具体化"生态环境法典"中的地方政府环境质量职责与重要的生态环境保护制度。

第一,"生态环境法典"应在总则部分建立地方行政立法制定与实施的

---

〔1〕 参见刘启川:《"依清单行政"之辨正》,载《法学》2022 年第 12 期。

〔2〕 参见吕忠梅:《类型化思维下的环境法典规范体系建构》,载《现代法学》2022 年第 4 期。

人大报告制度。将环境行政立法权的实施纳入地方政府生态环境保护职责的人大监督范围,加强授权规范的义务属性。目前,部分省市政府向同级人大报告的年度环境状况和环境保护目标完成情况已存在包含地方环境行政立法制定和执行情况的实践。具体方式为省市政府向人大报告地方的环境行政立法情况,即制度建构型职责履行不同层级政府每年向本级人大及其常委会报告提升环境质量与落实环保制度的地方政府规章的制定与执行工作。

第二,"生态环境法典"应在总则的环境监管体制部分设置专门条款,规定省市政府履行制度建构型职责的方式与义务。明确地方政府应以建构制度的地方行政立法方式执行"生态环境法典"中的制度建构职责,将宽泛或默示的授权条款明确化,授予省市地方政府不同程度的立法裁量权。一方面,规定省市政府执行国家建立健全某项环保制度的地方行政立法义务,通过地方环境政府规章细化建构相对应的地方环保制度,克服地方立法的不作为情形;另一方面,鼓励省市政府依据环境行政管理和环境质量提升需求,在管辖区域制定地方政府规章、创制环保制度,避免出现以环境政策代替立法的情形。

(二)协同配置综合管理职责的组织性规范

以"《生态环境法典》整体性引领、地方环境立法差异化协同"的组织性规范完善进路配置综合管理型职责。组织法是调整行政机关设置、地位和职责及相互关系的法,[1]包括管理机构、管理体制、职权责任、活动方式等内容,具有建构并规范组织结构与塑造从过程到结果的行政事务处理关联管制的双重功能。[2]地方层级政府根据环境治理任务的差异化需求对内部组织进行灵活调配,进而能够高效履职,以实现任务与组织间的匹配性,并以环保任务的匹配促进组织法的完善,实现组织与管理的嵌套。[3]"生态环境法典"与地方环境立法应通过整体性与差异性并进的组织法的完善,协同配置综合管理型职责。

第一,在组织载体方面,"生态环境法典"应在总则部分整体性、全面性

---

〔1〕参见叶必丰:《行政组织法功能的行为法机制》,载《中国社会科学》2017年第7期。

〔2〕参见[德]施密特·阿斯曼:《秩序理念下的行政法体系建构》,林明锵等译,北京大学出版社2012年版,第225~226页。

〔3〕参见贾圣真:《行政任务视角下的行政组织法学理革新》,载《浙江学刊》2019年第1期。

地规定地方各级政府需要实现的各类环保任务。在任务方面应囊括污染防治、生态保护、绿色低碳发展等一般和重点目标,防止地方立法分割规制整体生态环境,阻断“环保部门权力化—利益化—法制化”的链条。[1] 地方环境立法则需依据区域特点细化、分解法典规定的各类环保任务,并区分履职层级政府,差异化地确定省、市、县政府中一级或两级政府对应的具体地方环保任务,减少对法典中任务与组织的复刻。第二,在组织架构方面,“生态环境法典”与地方环境立法应区分化确立地方层级政府主导、落实综合性环保任务的常设性法定环保协调机制。“生态环境法典”不应细化规定各层级地方政府的环保协调机制建立任务,可通过组织法规范统一要求地方政府建立法定化协调机制,以此保持地方各级政府环保协调机制的整体统一贯彻。地方环境立法则应差异化规定建立环保协调机制的对应负责政府与机制涵盖范围,根据地方需要嵌入社会参与规范,注重协调机制应对不同环保任务的差异整合性。第三,在组织实现方面,“生态环境法典”只应进行概括性的规定,并充分授权地方环境立法依据区域差异,分层级、多样性地规定地方政府的环境决策职责及其运行方式。

(三)多元配置具体执法职责的程序性规范

以“‘生态环境法典’,原则性引领、地方环境立法多元协同”的程序性规范完善进路配置具体执法职责。执法职责除受组织法配置外,还受诉讼监督的“反向”界定,在具体执法中需还原为一系列由程序串联的“内部担保＋外部执行”的具体行政行为。程序法不仅规范地方政府具体环境执法职责的行为合法性,更关注过程导向的职责履行内外部程序建构,是职责履行“实体结果的形成法”[2]。地方环境立法应以“生态环境法典”的执法程序体制完善为基础,通过多元化程序法规范完善具体执法职责的协同配置。“生态环境法典”应对地方政府环境执法程序体制作出原则性安排。第一,在环境执法体制中部分确立乡镇政府的环境执法资格,原则性规范乡镇政府具体执法的履职程序。完善环保执法领域执法权下放的程序制度,规定省级政府将市(县)政府履行的各类强制性环境执法职责下放到乡镇政府履职的具体程序中。第二,在环境执法体制中部分授权地方各级政府建立内

[1] 参见吕忠梅:《中国环境立法法典化模式选择及其展开》,载《东方法学》2021年第6期。

[2] 王万华:《我国行政法法典编纂的程序主义进路选择》,载《中国法学》2021年第4期。

部环境执法协助机制，通过程序法机制为环境执法的内部秩序预置法律规范。[1] 第三，在基本管理体制部分规定地方各级政府应按照环保权责清单履行相应职责。清单制度可通过程序法发挥"程序规权"[2]与"程序助权"功能。一方面，规范执法职责运行程序以约束权力运行并实现行政目标；另一方面，通过职责运行流程图对执法职责进行归类，明确职责运行程序与衔接流程。

地方环境立法应对地方政府环境执法职责履行的内部程式与外部形式规范作出多样性的程序法安排。第一，通过列举方式明确地方各层级政府履行外部环境执法职责的具体程序，以程序规范建构执法的具体方式与层级权限。强化非强制性外部执法职责履行的程序规范，建立柔性职责向刚性职责逐级递增的程序机制。第二，以区域执法体制为基础，多样化规范纵向内部执法协助机制，通过程序法规范具体的内部执法行为，保证内部执法行为的外部担保效力与可监督性。第三，地方环境立法应要求相应层级政府建立权责清单。例如，《唐山市生态环境保护条例》要求市、县级政府在条例实施6个月内制定权责清单。一方面，将多样化纵向执法职责协调履行方式阶段化、程序化、公示化；另一方面，将外部执法职责"金字塔模型"化，并分类嵌入职责履行程序。以权责清单流程图实现地方政府执法职责内部程式与外部程式的履职程序衔接，从程序法上实现分工合作、集中整合。

统一性"生态环境法典"与多样性地方环境立法的外部体系协调是"适度法典化"编纂需要着重解决的问题。本文提出以地方政府环境职责的纵向类型划分与规范配置为突破口，将地方政府环境职责类型化重构为四级地方政府序构化纵向履行的职责体系，通过"生态环境法典"与地方环境立法的授权、组织、程序规范协同配置三类纵向职责，克服职责纵向划分的类型模糊在中央、央地、地方立法中产生的递进式困境，为"生态环境法典"编纂过程中法典"向下引领"与地方立法"向上兼容"的外部体系协调提供行政领域的编纂经验。

---

〔1〕参见黄捷：《论程序法的三种类型》，载《湖南师范大学社会科学学报》2018年第4期。

〔2〕王湘军、李雪茹：《从"碎片化"到"整体化"：清单管理制度健全路径探论》，载《行政论坛》2019年第2期。

法定抵销溯及力理论的现代反思*

朱 虎

摘要:从制度史和比较法视角支持法定抵销溯及力的理由所具有的论证强度较弱,而制度价值层面的理由无法成立。从抵销有无溯及力的实践差异出发,抵销溯及力使抵销权产生至行使期间的迟延利息、违约金和损害赔偿等不应被计算,在结果上与双方清偿和应收账款质押的结果明显不同,从而与抵销所具有的简化清偿和担保功能相抵触。同时,抵销溯及力也削弱了诉讼时效在抵销场景中的价值功能,产生了诉讼时效所欲避免的强制清偿结果。抵销溯及力与通知抵销方式在法律确定性方面存在目的背反,且欠缺相关配套规则,并导致抵销抵充无法完全地参照适用履行抵充规则。法定抵销有溯及力与约定抵销、破产抵销和执行抵销均无溯及力不同,从而在抵销制度内部产生了不必要的不一致。因此,抵销不应具有溯及力,即使非独立抵销也不例外。

关键词:法定抵销;溯及力;诉讼时效;通知抵销

在生活中,逝者如斯夫,过往之事无法重来。在法律中,一般也是如此,但仍存在试图逆转时间之流的溯及力这种人为构建,包括法律的溯及力以及诸如撤销权、法定解除权和法定抵销权等形成权行使的溯及力等。所有这些溯及力的构建都需要相当强的正当化理由,本文即针对其中法定抵销的溯及力。[1] 所谓抵销溯及力,指的是抵销权一旦行使,其效力即溯及至抵销权产生或者抵销条件成就之日,因此,双方互负的债务在同等数额内均

---

* 原文发表于《法学》2024 年第 4 期,收入本书时略有修改。

〔1〕 本文中的"抵销溯及力",如无特别说明,均指法定抵销的溯及力。

自抵销权产生时而非抵销权行使时消灭。

无论是原《合同法》第99条第2款还是《民法典》第568条第2款，均仅规定了“通知自到达对方时生效”，未明确规定抵销是否具有溯及力。最高人民法院《全国法院民商事审判工作会议纪要》(法〔2019〕254号)第43条则明确抵销具有溯及力：“抵销的意思表示自到达对方时生效，抵销一经生效，其效力溯及自抵销条件成就之时，双方互负的债务在同等数额内消灭。”理论通说认为抵销具有溯及力，〔1〕但反对观点越来越多〔2〕。司法裁判对此同样观点不一。〔3〕 最高人民法院《关于适用〈中华人民共和国民法典〉合同编通则部分的解释(征求意见稿)》第58条规定了抵销无溯及力和有溯及力两种方案；相应地，针对已过诉讼时效债务的抵销这一问题，该征求意见稿第61条同样规定了抵销无溯及力和有溯及力两种方案。最终公布的最高人民法院《关于适用〈中华人民共和国民法典〉合同编通则若干问题的解释》(以下简称《合同编通则解释》)第55条和第58条明确规定抵销无溯及力。但是，即使司法解释最终作出了决定，这仍不能也不应妨碍法学理论界继续追问抵销有无溯及力以及何种理论更具有正当性。〔4〕

本文认为抵销无溯及力更具有正当性。围绕这一论题，首先，检讨支持抵销溯及力的理由强度，阐明抵销有无溯及力所可能产生的实践差异。其次，从功能协调性角度将抵销溯及力纳入法体系整体中观察，论证抵销溯及力与抵销和诉讼时效的功能均存在不一致。最后，从规则协调性角度论证

---

〔1〕 参见杨代雄主编：《袖珍民法典评注》，中国民主法制出版社2022年版，第516页；崔建远：《合同法》(第4版)，北京大学出版社2021年版，第330页；韩世远：《合同法总论》(第4版)，法律出版社2018年版，第710～711页。

〔2〕 参见朱广新、谢鸿飞主编：《民法典评注·合同编·通则(2)》，中国法制出版社2020年版，第228页；王利明：《罹于时效的主动债权可否抵销?》，载《现代法学》2023年第1期，第11～12页；张保华：《抵销溯及力质疑》，载《环球法律评论》2019年第2期。

〔3〕 肯定抵销溯及力的案例，参见最高人民法院民事裁定书，(2020)最高法民申3725号、最高人民法院民事判决书，(2019)最高法民再12号、最高人民法院民事判决书，(2018)最高法民再51号；广东省阳江市中级人民法院民事判决书，(2020)粤17民终1355号。否定抵销溯及力的案例，参见最高人民法院执行裁定书，(2017)最高法执监3号；广东省广州市中级人民法院民事判决书，(2015)穗中法民二终字第1886号。

〔4〕 需要说明的是，抵销是否具有溯及力是一个默认规则的选择问题。即使法律规定了抵销溯及力，但该规定仍然是任意性规范，当事人之间关于抵销无溯及力的约定是有效的。Vgl. MüKoBGB/Schlüter, 9. Aufl. 2022, § 389 Rn. 11. 同样地，即使认为抵销无溯及力，但在民事交易中，如果当事人在抵销条件成就之后长期互不行使抵销权，也有结合其他证据认为当事人通过默示协议约定了抵销具有溯及力的可能性。

抵销溯及力与既有规则之间存在不一致。

一、抵销溯及力理论的理由强度和实践问题定位

(一)抵销溯及力理论的理由强度

抵销的溯及力应由法律明确规定。《民法典》第568条第2款对抵销并未如第155条对撤销那样明确规定具有溯及力,在此情况下,更为合理的解释是抵销无溯及力。主张抵销有溯及力者就需要承担更大的论证责任。支持抵销有溯及力的观点大多从制度史和比较法着眼,认为罗马法和主要国家的法律都承认抵销的溯及力,抵销有溯及力是对欧洲共同法观念的延续。主张抵销无溯及力的观点则认为这种理论延续是未经反思的,是潘德克顿学派固守、迁就传统观念以及对罗马法文献的妥协乃至误读,一些未受此观念影响的国家未承认抵销溯及力。[1]

抵销方式与抵销溯及力之间有很强的关联,如果采取抵销条件成就时即发生抵销效力的自动抵销方式,就不会发生真正的抵销溯及力问题。[2]但是,无论在罗马法还是现代法中,是否存在上述形式的自动抵销一直存在争议。关于古典罗马法是否采取了自动抵销,基于对罗马法文本中"ipso iure"(依法当然)的解释,存在三种观点:(1)被告不需要提出抗辩,抵销即当然生效;(2)在被告提出抗辩之后,抵销即当然生效;(3)被告如果不提出抵销,承审员就无法知晓,故不是由被告的意思而是由承审员依职权抵销。[3] 只要不采取上述第一种解释就会发生抵销溯及力问题。对古典罗马法中的抵销有无溯及力同样是有争议的。而在后期罗马法尤其是优士丁尼时期,似乎将自动抵销一般化而认为抵销具有溯及力,因此,双方当事人只需支付抵销条件成就后的利息差额部分。[4]

此后,经由中世纪注释法学派对罗马法的解释,2016年修订前的《法国

〔1〕 Vgl. HKK/Zimmermann, 2007, §§387-396 Rn. 27; Silvia Dullinger, Handbuch der Aufrechnung, 1995, S. 172; Pascal Pichonnaz, *The Retroactive Effect of Set-off (Compensatio) - A Journey through Roman Law to the New Dutch Civil Code*, 68 Tijdschrift voor Rechtsgeschiedenis 541 (2000).

〔2〕 Pascal Pichonnaz, *The Retroactive Effect of Set-off (Compensatio)—A Journey through Roman Law to the New Dutch Civil Code*, 68 Tijdschrift voor Rechtsgeschiedenis 541 (2000).

〔3〕 参见周枏:《罗马法原论》(下册),商务印书馆2014年版,第923页。

〔4〕 See Nils Jansen & Reinhard Zimmermann eds., *Commentaries on European Contract Laws*, Oxford University Press, 2018, p. 106.

民法典》第1290条和《意大利民法典》第1241条采取了自动抵销。[1] 但是,在法国法中,有权援引抵销的一方不援引的,等同于放弃抵销,并不会产生抵销的效果。[2] 《意大利民法典》第1242条第1款则明确规定,法官不得依其职权提出抵销,这意味着只有当被告在法庭上提出抵销时,法官才可以判决抵销。[3] 而更多国家或地区就此规定了通知抵销的方式,抵销的效果仅能通过抵销通知发生。[4] 目前,大多数国家或地区承认抵销的溯及力。[5] 但是,当前的国际性文件一方面采取了通知抵销的方式,另一方面否认了抵销的溯及力,认为自抵销通知到达对方时发生抵销效力。[6] 在罗马法中,抵销并非像在现代法中一样被视为债的消灭方式之一,而是诉讼过程中的一环,仅在诉讼过程中考虑抵销。[7] 存在享有附高额利息债权的当事人一方不当拖延诉讼以获取高额利息的可能,需要抵销溯及力理论避免此等不公平。在现代法中,抵销逐渐从程序法概念转变为实体法概念。[8] 但是,罗马法上的程序法抵销概念也部分体现在英国法上的抵销中,其抵销被区分为制定法(legal)抵销和衡平(equitable)抵销。[9] 前者在传统上是一

---

〔1〕 对相关史料的中文梳理,参见杨勇:《法定抵销溯及力的反思与限缩》,载《华东政法大学学报》2023年第6期。

〔2〕 参见张民安:《法国债法总论》,中山大学出版社2022年版,第1042页;Reinhard Zimmermann, *Comparative Foundations of a European Law of Set - off and Prescription*, Cambridge University Press, 2002, p. 25.

〔3〕 参见[意]阿雷西奥·扎卡利亚:《债是法锁——债法要义》,陆青译,法律出版社2017年版,第174~175页。

〔4〕 参见2016年修订后的《法国民法典》第1347条第2款、《德国民法典》第388条、《瑞士债法典》第124条第1款、《葡萄牙民法典》第848条第1款、《荷兰民法典》第6:127条第1款、2017年改订后的《日本民法典》第506条第1款。

〔5〕 参见2016年修订前的《法国民法典》第1290条、2016年修订后的《法国民法典》第1347条第2款、《意大利民法典》第1242条第1款、《德国民法典》第389条、《瑞士债法典》第124条第2款、《荷兰民法典》第6:129条第1款、《西班牙民法典》第1202条、《葡萄牙民法典》第854条、2017年改订后的《日本民法典》第506条第2款。

〔6〕 参见《国际商事合同通则》(PICC)第8.3条和第8.5条第3款、《欧洲合同法原则》(PECL)第13:104条和第13:106条、《欧洲示范民法典草案》(DCFR)第3-6:105条和第3-6:107条。

〔7〕 参见[德]马克斯·卡泽尔、罗尔夫·克努特尔:《罗马私法》,田士永译,法律出版社2018年版,第565页。

〔8〕 See Reinhard Zimmermann, *Comparative Foundations of a European Law of Set - off and Prescription*, Cambridge University Press, 2002, p. 31.

〔9〕 See William Johnston, Thomas Werlen & Frederick Link eds., *Set - off Law and Practice: An International Handbook*, 3rd ed., Oxford University Press, 2018, p. 12.

个程序性概念，只能在诉讼程序中主张。但与罗马法不同，制定法抵销原则上没有溯及力。衡平抵销则可以自主主张，在基于衡平等因素作出考量时仍存在例外肯定其溯及力的空间。[1] 2016年修订后的《法国民法典》和意大利法学理论承认法定抵销、裁判抵销和约定抵销这三种抵销，其中，裁判抵销也不具有溯及力。[2] 因此，仅从制度史和比较法的角度至少可以得出以下四点结论。(1)罗马法中的抵销是否具有溯及力并非确定无疑，即使抵销有溯及力，也与其抵销方式和将抵销作为程序法概念有关。(2)无论采取自动抵销还是通知抵销，只要抵销权人需要援引抵销或者发出抵销通知，此时就会发生是否承认抵销溯及力的问题。(3)虽然采取"抵销通知+抵销溯及力"的比较立法例更多，但是，抵销方式与抵销是否具有溯及力有关联但并不必然关联，"自动抵销+抵销溯及力""抵销通知+抵销无溯及力"在比较立法例中都是存在的。(4)抵销的程序法性质抑或实体法性质，与抵销是否具有溯及力之间仍然有关联但并不必然关联。更为重要的是，从这一角度论证抵销有无溯及力，其理由强度都较弱。总之，无论是制度史还是比较法角度的论证，仅构成外部理由或者形式理由而非内部理由或者实质理由，最多是论证责任的承担。例如，如果认为自中世纪以来即规定抵销有溯及力是基于对罗马法的误解，主张者就需要承担更大的论证责任。而且，即使是基于误解而承认了抵销溯及力，对于抵销溯及力为何不妥当，反对者仍应当积极地论证。对抵销溯及力的制度史研究有助于理解其历史生成路径，但对现实利益的斟酌有助于对历史路径的反思和对不同路径的选择。

支持抵销溯及力的理由还包括抵销溯及力通常符合当事人的推定意图，更为公平。[3] 但是，这一理由是基于对当事人意图的推定和拟制，因此是不令人信服的，没有证据表明当事人在当时的一般想法究竟如何。[4] 同时，就抵销溯及力所要实现的当事人之间的公平而言，如前所述，这与抵销

---

〔1〕 See Reinhard Zimmermann, *Comparative Foundations of a European Law of Set - off and Prescription*, Cambridge University Press, 2002, p. 23.

〔2〕 参见2016年修订后的《法国民法典》第1348条；[意]阿雷西奥·扎卡利亚：《债是法锁——债法要义》，陆青译，法律出版社2017年版，第179页。

〔3〕 参见最高人民法院民事审判第二庭编著：《〈全国法院民商事审判工作会议纪要〉理解与适用》，人民法院出版社2019年版，第298页。

〔4〕 See Reinhard Zimmermann, *Comparative Foundations of a European Law of Set - off and Prescription*, Cambridge University Press, 2002, p. 39.

须在诉讼中提出的历史传统联系在一起，抵销溯及力有助于避免当事人不当拖延诉讼而获取高额利息所造成的不公平。然而，目前抵销通知无须以诉讼方式提出。[1]

支持抵销溯及力的观点通常还会认为，抵销溯及力能够保护抵销权人的信赖或者抵销预期。[2] 但是，基于以下四个方面的原因，这种观点不能成立。首先，抵销权人的这种信赖在真正的自动抵销情形下才会产生。[3] 其次，该理由构成了一种循环论证：一方面，为了保护抵销权人的信赖，法律应承认抵销溯及力；另一方面，因为法律承认了抵销溯及力，所以抵销权人才会产生上述信赖。再次，如果抵销权人存在信赖，则此种信赖的前提是抵销权人意识到自己享有抵销权。如果其没有意识到可以行使抵销权而消灭债务，那么其就没有任何信赖。如果其意识到可以行使抵销权，基于抵销权行使之前的不确定状态，且抵销权的行使仅需发出抵销通知，成本较低，法律政策是抵销权人应当尽快行使抵销权。如果一方当事人意识到抵销权的存在但不尽快行使抵销权，另一方无过错地不知道对方有抵销权，则后者比前者更值得保护；如果双方都意识到抵销权的存在，则负担更高利息和违约金的债务人就应尽快行使抵销权。[4] 最后，即使抵销权人存在此种信赖但长期不行使，对方可能也会形成抵销权人不行使的信赖，一概承认抵销溯及力可能会忽视对方的此种信赖。[5] 总之，对抵销权人的信赖或者抵销预期确实应予保护，不能得出必须通过抵销溯及力这一手段实现此种保护的结论。

至于支持抵销溯及力的观点偶尔提及的其有利于抵销人这一理由，与其说是理由，不如说是结论，因为承认了抵销溯及力，才最终有利于抵销人。但是，该观点尚未论证的是，为何抵销的效力须有利于抵销人从而不利于相对人。而且，抵销不具有溯及力也不一定不利于抵销人，如果抵销人的债权

---

〔1〕 参见王利明主编：《中国民法典释评·合同编·通则》，中国人民大学出版社 2020 年版，第 524～525 页。

〔2〕 Vgl. Karl Larenz, Lehrbuch des Schuldrechts, band Ⅰ, 14. Aufl. 1987, S. 263.

〔3〕 See Pascal Pichonnaz, *The Retroactive Effect of Set－off (Compensatio)—A Journey through Roman Law to the New Dutch Civil Code*, 68 Tijdschrift voor Rechtsgeschiedenis 541, 560 (2000).

〔4〕 Vgl. Peter Bydlinski, Die Aufrechnung mit verjährten Forderungen: Wirklich kein Änderungsbedarf?, AcP 196 (1996), S. 289 f.

〔5〕 参见张保华：《抵销溯及力质疑》，载《环球法律评论》2019 年第 2 期。

在抵销条件成就和抵销通知到达相对人的期间内所产生的利息、违约金等数额，大于相对人所享有债权产生的利息、违约金等数额，则抵销不具有溯及力反而有利于抵销人。另外，该观点尚未论证的是，即使抵销溯及力有利于抵销人，较非抵销情形下的债权人而言，抵销人就获得了优待，但此种优待的正当理由为何？

（二）抵销溯及力理论的实践问题定位

上述仅为反驳抵销溯及力支持理由的消极论证，如果认为抵销不具有溯及力，仍然需要更多的积极论证，即抵销无溯及力相较有溯及力要更优。这就需要首先分析抵销有无溯及力在哪些实践问题上具有何种差异，进而比较这些实践解决方案的正当性。

只要承认了抵销的溯及力，即使采取通知抵销，仍与自动抵销发生大致相同的实践效果，而与抵销无溯及力的实践效果有很大差异，这主要体现在三个方面。

第一，抵销条件成就至抵销权行使这段期间内的利息和迟延损害赔偿，会因抵销有无溯及力产生计算上的不同。如果抵销有溯及力，则抵销权人因迟延履行而对相对人负有迟延损害赔偿责任，其之后行使抵销权，抵销条件成就至抵销权行使这段期间内的迟延损害赔偿请求权就因溯及力而消灭，即使抵销权人已履行了迟延损害赔偿责任，也可依据不当得利请求返还。〔1〕就利息计算而言，则仅计算抵销条件成就时债权差额的利息，并计算至当事人行使抵销权之时，即“先抵销，后计息”。如果抵销无溯及力，则抵销权人因迟延履行而对相对人负有迟延损害赔偿责任，其之后行使抵销权，仍应承担抵销条件成就至抵销权行使期间内的迟延损害赔偿责任。就利息计算而言，抵销权人在行使抵销权前应付的利息也应计算至行使抵销权之时，但要先进行两个债权的利息计算，再对总额进行抵销，属于“先计息，后抵销”。因此，负担更高利息的当事人必须尽快行使抵销权才能阻止利息的计算。

第二，抵销权人未行使抵销权且履行了债务，在抵销有无溯及力的争论下，存在受领人是否构成不当得利的问题。抵销条件成就时已产生抵销权，如果债务人明知享有抵销权而仍然履行，则可能被认为具有放弃抵销权的

〔1〕 Vgl. Staudinger/Gursky, 2016, § 389 Rn. 21 – 24; MüKoBGB/Schlüter, 2022, § 389 Rn. 6.

意思;但如果债务人不知道抵销权的存在而履行,则很难认为其有此种意思。即使如此,如果抵销有溯及力,则债权债务溯及至抵销条件成就时相应消灭,债务人能够依据不当得利请求债权人返还。但是,此时抵销抗辩与诉讼时效抗辩无法等同对待,《民法典》第192条第2款即规定,诉讼时效期间届满后,义务人同意履行或者自愿履行的,就不得以诉讼时效期间届满为由抗辩或者请求返还。在明确采取抵销溯及力的国家,也有学说和规则就此限制抵销溯及力。例如,德国法虽然承认抵销溯及力,但是通说认为,即使不知道抵销条件成就而履行了债务者也不能以不当得利请求返还。[1]《荷兰民法典》第6:129条第2款规定,已经对一方或者双方的债权支付可请求的利息的,抵销的溯及力不得早于完成利息支付的最后期间结束时。由此,抵销的溯及力在已经支付的利息方面被限制,但此种限制并不及于本金,未将利息和本金等同对待。[2] 在不承认抵销溯及力的情况下,如果债务人在行使抵销权后再履行,则其当然有权依据不当得利请求债权人返还;但是,如果债务人在行使抵销权之前履行,则相应的债权消灭,此时就不再符合抵销的条件,之后再行使抵销权就不能发生抵销效力,且债务人不能请求债权人返还,无论是本金还是利息、违约金等都同等处理。[3] 因此,即使承认抵销溯及力,在抵销权人未行使抵销权且履行债务的情况下,仍然不得请求不当得利返还,不同观点在这一问题上形成了共识。虽然不承认抵销溯及力的观点具有更强的理论一致性,但不同观点在实践结论上并无差异,故下文不再详述此点。

第三,抵销有无溯及力,还涉及在抵销权行使时诉讼时效期间届满,但

---

〔1〕 Vgl. Staudinger/Gursky, 2016, § 389 Rn. 4; MüKoBGB/Schlüter, 2022, § 389 Rn. 1. 日本法上的通说观点也是如此,参见[日]我妻荣:《新订债权总论》,王燚译,中国法制出版社2008年版,第311页。

〔2〕 参见张保华:《抵销溯及力质疑》,载《环球法律评论》2019年第2期。

〔3〕 See UNIDROIT Principles of International Commercial Contracts 2016, Article 8.5, Comment 2. 采取抵销溯及力观点的我国一些学者也同样如此认为,参见韩世远:《合同法总论》(第4版),法律出版社2018年版,第711页;王洪亮:《债法总论》,北京大学出版社2016年版,第181页。

在抵销条件成就时诉讼时效期间尚未届满的主动债权可否抵销的问题。[1] 对此,理论上存在肯定观点,[2] 也存在否定观点。[3] 实践中同样既存在持肯定立场的案例,[4] 又存在持否定立场的案例。[5] 如果采取自动抵销,则当然对此应采取肯定观点。[6] 通常的理解是,如果抵销条件在债权的诉讼时效届满前就已成就,则其依然可以作为主动债权而抵销,这是抵销具有溯及力的必然结果。[7] 严格而言,抵销溯及力仅使得抵销效力溯及至抵销条件成就时,抵销条件在抵销权行使时必须依然具备,如果主动债权的诉讼时效已经届满,则其不具有可强制执行性,抵销条件就不再具备。因此,诉讼时效届满的债权能够作为主动债权而抵销,并非抵销溯及力在逻辑上的必然结果,而是一种法政策考量的结果。[8] 但是,承认抵销溯及力的立法例一般会承认诉讼时效届满的债权能够作为主动债权而抵销。[9] 在英国法中,对不具有溯及力的制定法抵销而言,被告所享有的债权一旦诉讼时效届满,便无法作为主动债权而主张抵销,但对一定情况下具有溯及力的衡平抵

---

〔1〕 如被动债权的时效届满,而主动债权人主张抵销,则相当于其抛弃时效利益,这并无疑义,最高人民法院《关于适用〈中华人民共和国民法典〉合同编通则若干问题的解释》第 58 条第 2 句对此作出明确规定。如果在主动债权时效届满后,抵销条件才成就,则在相对人提出时效抗辩时,当然不能发生抵销效力,参见最高人民法院民事判决书,(2018)最高法民再 51 号。

〔2〕 参见崔建远:《合同法》(第 4 版),北京大学出版社 2021 年版,第 326 页;梁慧星:《民法总论》(第 5 版),法律出版社 2017 年版,第 255 页;陈甦主编:《民法总则评注》(下册),法律出版社 2017 年版,第 1387 页。

〔3〕 参见最高人民法院民法典贯彻实施工作领导小组主编:《中华人民共和国民法典合同编理解与适用(一)》,人民法院出版社 2020 年版,第 670、674 ~ 675 页;王利明:《罹于时效的主动债权可否抵销?》,载《现代法学》2023 年第 1 期。

〔4〕 参见最高人民法院民事判决书,(2019)最高法民再 54 号、最高人民法院民事判决书,(2018)最高法民再 51 号。

〔5〕 参见最高人民法院民事判决书,(2018)最高法民终 282 号、最高人民法院民事裁定书,(2017)最高法民申 854 号、最高人民法院民事判决书,(2014)民二终字第 256 号。

〔6〕 Vgl. F. C. von Savigny, System des heutigen Römischen Rechts, Bd. 5, 1841, S. 403.

〔7〕 参见[德]迪特尔·梅迪库斯:《德国民法总论》,邵建东译,法律出版社 2000 年版,第 103 页。

〔8〕 参见夏昊晗:《〈民法典〉中抵销权与时效抗辩权的冲突及其化解》,载《暨南学报(哲学社会科学版)》2021 年第 5 期。

〔9〕 参见《德国民法典》第 215 条、《瑞士债法典》第 120 条第 3 款、《葡萄牙民法典》第 850 条、《荷兰民法典》第 6:131 条第 1 款、《意大利民法典》第 1242 条第 2 款、2017 年改订后的《日本民法典》第 508 条、《联合国国际贸易法委员会国际货物买卖时效期限公约》第 25 条第 2 款。

销而言,诉讼时效届满的主动债权仍可能适用衡平抵销。[1] 这表明抵销溯及力与对此问题的肯定回答之间至少存在极为密切的关联。如果不采取抵销溯及力,诉讼时效届满的债权仍能作为主动债权抵销,这相当于剥夺了相对人的时效抗辩权。因此,在未采取抵销溯及力的国际性文件中,虽然时效届满的债权仍可作为主动债权抵销,但相对人有权主张时效抗辩而使得抵销不发生效力。[2]

对抵销是否应当具有溯及力问题的回答,不应当单纯地以不确定的推测和抽象的价值为论据,而应当以这些实践问题的结论差异为出发点,分析何种实践结论更为正当,即何种实践结论与抵销和诉讼时效的功能和价值更相契合,更具有规则的协调一致性,且能够适用于抵销的所有实践情形而无须额外设置"原则—例外"的关系。

二、抵销溯及力与抵销功能和诉讼时效功能均相抵触

(一)抵销溯及力与抵销功能不协调

通常认为,抵销作为一种清偿的替代,能减少不必要的履行成本,实现双方当事人之间利益的公平,具有简化清偿的功能;抵销同时具有担保的功能,该功能在抵销相对人履行能力出现问题时尤为重要。[3] 抵销甚至比一般的担保更强大,具体体现在以下三个方面:(1)抵销权无须公示,而担保物权须公示;(2)抵销因无须拍卖变价而实现成本更低;(3)抵销权人不因担保财产难以变价等原因遭受风险。[4] 抵销的上述担保功能会受到一些质疑。

首先,如果相对人破产,保护其中某一破产债权人所享有的抵销权,可能会与公平清偿原则冲突。但是,某一债权人可能享有抵销权,是其他债权人本应预见的风险,在《企业破产法》第 40 条规定了债权人原则上可以行使

---

〔1〕 See Michael E. Chaplin, *Reviving Contract Claims Barred by the Statute of Limitations: An Examination of the Legal and Ethical Foundation for Revival*, 75 Notre Dame Law Review. 1571, 1575(2000).

〔2〕 参见 PICC 第 10.10 条、PECL 第 14:503 条、DCFR 第 3-7:503 条。

〔3〕 参见王利明:《合同法通则》,北京大学出版社 2022 年版,第 404 页;黄薇主编:《中华人民共和国民法典合同编解读》(上册),中国法制出版社 2020 年版,第 373 页。《美国破产法典》第 506 条 a 款第 1 项明确规定,可抵销的债权在可抵销的数额内得以被视为有担保债权。

〔4〕 Vgl. Karl Larenz, Lehrbuch des Schuldrechts, band Ⅰ, 14. Aufl. 1987, S. 255. 参见王欣新:《破产法》(第 4 版),中国人民大学出版社 2019 年版,第 187 页;崔建远:《"担保"辨——基于担保泛化弊端严重的思考》,载《政治与法律》2015 年第 12 期。

抵销权的情形下,其他债权人就不应合理期待可就破产债务人的所有债权受偿。国际上的趋势也支持破产抵销权,破产程序的开始不应剥夺破产债权人此时已享有的抵销权。〔1〕

其次,抵销权无须公示,这种隐形权利负担的高风险迫使其他债权人投入更多的调查成本,从而提高融资难度,总体融资成本上浮。〔2〕但是,如果缺少抵销制度,则债权人只能以要求债务人提供担保等方式避免自己的风险,并在债务人未提供担保的情形下放弃签订合同、放款、展期、继续发放贷款等,这同样会增加债务人的融资成本。同时,在整体的系统成本上,抵销有助于减少巨大数额的风险敞口,降低维持信用额度的成本以及担保覆盖风险敞口的成本;尤其在采取中央对手方机制的交易中,抵销可以有效降低单个市场主体违约带来的风险传染,降低系统性风险,增加资本流动性,扩大金融系统的容量,并降低满足资本充足监管规定所需的成本。〔3〕

最后,如前所述,抵销是一种清偿的替代,具有简化清偿的功能。但是,抵销具有溯及力会使抵销与清偿在结果上存在差异。例如,甲对乙享有200元的债权,到期后的年利率是12%,同时甲对乙负有100元的债务,到期后的年利率是4%,两个债权同时到期。在到期后一年的清偿情形中,则甲的债务总额是104[100×(1+4%)]元,而乙的债务总额是224[200×(1+12%)]元,两个债务的差额为120元。在到期后一年抵销且抵销无溯及力的情形中,应当“先计息,后抵销”,此时,两个债务的差额仍为120元。在到期后一年抵销且抵销有溯及力的情形中,则应当“先抵销,后计息”,此时,抵销后的债务本金数额为100元,总额为112[100×(1+12%)]元。

抵销的简化清偿功能意味着降低清偿的成本,但不意味着结果上的不同。在结果上,抵销应当模拟双方清偿的情形,无溯及力抵销与双方不主张抵销而清偿的结果相同,有溯及力抵销的结果则有所不同。但是,并没有理

---

〔1〕 See UNIDROIT Principles of International Commercial Contracts 2016, Article 8.1, Comment 5;参见[德]莱因哈德·波克:《德国破产法导论》,王艳柯译,北京大学出版社2014年版,第145页。

〔2〕 参见沈佳燕:《论抵销排除扣押的效力——兼评〈民事强制执行法(草案)〉第158条第1项》,载《南大法学》2023年第2期。

〔3〕 参见[英]菲利普·伍德:《国际金融的法律与实务》,姜丽勇、许懿达译,法律出版社2011年版,第286页;《中国银保监会有关部门负责人就〈关于衍生工具交易对手违约风险资产计量规则有关问题的通知〉答记者问》,载中华人民共和国中央人民政府网,https://www.gov.cn/zhengce/2021-11/27/content_5653744.htm。

由证成偶然存在的抵销与没有抵销权的清偿在结果上的不同。[1] 如果采取自动抵销，确实在抵销条件成就之后双方都没有损失，因为其本来就无法获得现实履行。但《民法典》第 568 条第 2 款采取了通知抵销，故在抵销条件成就后至抵销通知到达对方前，当事人仍有可能获得现实履行，没有获得现实履行就会产生损失。假如债务人没有取得主动债权，债务人必须履行，则其没有履行就要承担迟延履行责任，那么，为何债务人偶然地取得了主动债权，但没有行使抵销权，就不承担迟延履行责任呢？

对此可能的回答是，抵销有溯及力更能简化清偿，因为省去了自抵销条件成就至抵销通知生效这一期间内的债权债务计算问题。但是，这种计算成本的减少并无多少意义，计算成本的减少不等于清偿成本的减少。同时，抵销溯及力带来的计算成本增加可能要远大于其能节省的计算成本。首先，抵销权产生的具体时点有时难以确定。其次，当债权数额或价值因为市场利率、价值波动等诸多原因出现浮动时，例如，主动债权在 1 月 1 日为 1000 元，在 3 月 1 日降至 400 元，此时行使抵销权，若肯定抵销溯及力，则以哪个债权数额进行抵销就成为问题；当主动债权和被动债权数额或价值都上升或下降时，具体的计算就更为复杂且存在不同观点，这种复杂性也很容易导致投机可能性。[2]

从抵销的简化清偿功能角度作出的上述论证可能存在反对观点，认为该功能仅是抵销的功能之一，从抵销的担保功能出发，抵销效果不见得必然与清偿效果相同。[3] 这就需要进一步从抵销的担保功能角度分析。仍以上文中的例子为出发点，甲对乙享有 200 元的债权，到期后的年利率是 12%，同时甲对乙负有 100 元的债务，到期后的年利率是 4%，两个债权同时到期。在到期后一年时，甲行使抵销权。如果承认抵销的担保功能，抵销可以类比应收账款质押。如果抵销无溯及力，则类似于甲享有一个应收账款质押担保，担保财产就是乙对甲的应收账款，即附年利率 4% 的 100 元应收

---

〔1〕 See UNIDROIT Principles of International Commercial Contracts 2016, Article 8.5, Comment 1, 2; Peter Bydlinski, Die Aufrechnung mit verjährten Forderungen: Wirklich kein Änderungsbedarf?, AcP 196 (1996), S. 287；参见张保华：《抵销溯及力质疑》，载《环球法律评论》2019 年第 2 期。

〔2〕 Vgl. MüKoBGB/Schlüter, 2022, § 389 Rn. 8 – 10; Staudinger/Gursky, 2016, § 389 Rn. 46.

〔3〕 See Nils Jansen & Reinhard Zimmermann eds., *Commentaries on European Contract Laws*, Oxford University Press, 2018, p. 106.

账款,甲无"担保"的债权数额就是120[200×(1+12%)-100×(1+4%)]元。债权利率会自动影响甲有"担保"债权的数额。如果抵销有溯及力,则在两个债权到期时,甲对乙的债权数额为100元,乙对甲的债权数额为0,甲有"担保"的债权为0。债权利率不会对甲有"担保"债权的数额产生任何影响。但是,如果甲对乙的债权存在应收账款质押,质押并无任何溯及力可言,则在甲得到清偿之前,其债权数额会因其利率而持续增加,而作为担保财产的应收账款债权也会因其利率而持续增加,因此,在实现此种担保权时就必须始终考虑到两个债权的不同利率。就此而言,与应收账款质权的结果相比,抵销无溯及力的结果与其相同;但是,抵销有溯及力的结果就明显不同,且此种不同并无任何理由可以证成。[1]

同时,在最能体现抵销担保功能的破产抵销权中,最高人民法院《关于适用〈中华人民共和国企业破产法〉若干问题的规定(二)》(以下简称《破产法规定二》)第42条第1款规定"抵销自管理人收到通知之日起生效",对破产抵销权采取了无溯及力的立场。学说上也认为破产抵销权无溯及力。[2]如无充分的正当理由,就不应在溯及力问题上对破产抵销权和一般的抵销权采不同的观点。

(二)抵销溯及力与诉讼时效功能不协调

在法定抵销的构成中,通说认为,附有抗辩权的债权不得作为主动债权抵销,否则,抵销相对人的抗辩权就会无任何理由丧失。[3] 如果承认抵销的溯及力,如前所述,主动债权的时效在抵销权行使时届满,但在抵销条件成就时未届满,主动债权人仍能行使抵销权,即使对方提出时效抗辩,仍能发生抵销效力。这与通说观点不一致而构成例外。当然,如果有充分的正当理由,此种例外没有问题。问题由此就转换为此种例外是否具有充分的正当理由。

无论是诉讼时效的何种功能,例如督促权利人行使权利、保护义务人、

[1] Vgl. Peter Bydlinski, Die Aufrechnung mit verjährten Forderungen: Wirklich kein Änderungsbedarf?, AcP 196 (1996), S. 286.

[2] 参见王欣新:《破产法》(第4版),中国人民大学出版社2019年版,第186页。

[3] 参见崔建远:《合同法》(第4版),北京大学出版社2021年版,第327页;韩世远:《合同法总论》(第4版),法律出版社2018年版,第705页。

降低审判成本以及保护与义务人交易的不特定第三人利益等,[1]在抵销中同样有正当性,但抵销的溯及力却影响了诉讼时效功能在抵销中的贯彻。[2] 例如,就诉讼时效的督促功能而言,只要主动债权与被动债权曾经符合抵销要件,不论主动债权时效届满后多久,主动债权人在逻辑上都可以主张抵销溯及的发生效力,这似乎与诉讼时效督促权利人行使权利的功能不一致。债权人在时效届满前原本易于要求债务人清偿债务或主张抵销,但其疏于行使权利,事后却以时效期间届满的债权主张抵销,这缺乏正当性。[3] 在主动债权诉讼时效届满后,如果主动债权人不是主张抵销,而是要求债务人向其履行债务,债务人当然享有时效抗辩权,这不应因为主动债权人请求履行或者主张抵销而有不同。换言之,时效届满后的债权为自然债权,如果允许一方用自然债权抵销对方的债权,则将产生强制履行的结果,导致法律体系内部发生冲突。尤其是考虑到《民法典》第568条第2款采取通知抵销,抵销通知的形式不限,同时第195条规定了诉讼时效中断的多种事由,无论是抵销权行使的成本还是诉讼时效中断的成本都比较低,要求当事人及时行使抵销权或者中断时效就不至于对当事人过分苛刻。这就更无理由在抵销中削弱诉讼时效的功能。[4]

还需要考虑的是,如果允许时效届满的债权作为主动债权抵销,会使债权人获得本无法通过清偿得到的利益,这显然超越了抵销简化清偿的功能。当然,允许时效届满的债权作为主动债权抵销会强化抵销的担保功能。但是,这种强化导致了双方当事人利益的严重失衡,完全不顾未过时效的债权人一方的正当时效利益。在破产程序中,这一问题变得更加复杂,时效届满的债权甚至能获得比担保物权更优势的地位,该状况导致有观点认为在破产程序中,时效届满的债权没有受偿权利,其中包括以抵销的方式接受清

[1] 参见朱虎:《诉讼时效制度的现代更新——政治决断与规范技术》,载《中国高校社会科学》2017年第5期。

[2] 参见欧洲民法典研究组、欧盟现行私法研究组编著:《欧洲私法的原则、定义与示范规则:欧洲示范民法典草案》,高圣平等译,法律出版社2014年版,第1051页;王利明:《罹于时效的主动债权可否抵销?》,载《现代法学》2023年第1期。

[3] 欧洲民法典研究组、欧盟现行私法研究组编著:《欧洲私法的原则、定义与示范规则:欧洲示范民法典草案》,高圣平等译,法律出版社2014年版,第1051页。

[4] 参见夏昊晗:《〈民法典〉中抵销权与时效抗辩权的冲突及其化解》,载《暨南学报(哲学社会科学版)》2021年第5期。

偿。[1] 因此,在承认抵销的担保功能的前提下,也完全有理由认为只有诉讼时效未届满的债权才可享有抵销担保功能的保护。[2]

综上,更为合理的解释方案可能是,时效届满的债权仍可作为主动债权抵销,但债务人有权事先或者在收到抵销通知后主张时效抗辩,使抵销效力不发生,[3]这也能与《民法典》第 192 条第 1 款和第 193 条形成体系上的一致。

三、抵销溯及力与既有规则不协调

(一)抵销溯及力导致规则一致性的欠缺

首先,如果承认抵销的溯及力,则与《民法典》既有规则存在不一致之处,并需要更多的配套规则予以支持。

第一,抵销溯及力与通知抵销之间存在目的背反。如前所述,如果坚守抵销须在诉讼中提出的历史传统,就需要通过抵销溯及力消除当事人之间的不公平。但是,《民法典》第 568 条第 2 款采取了通知抵销而非自动抵销和诉讼抵销,抵销通知不要求特定的形式,也不必在诉讼中主张,这是为了更好地体现意思自治原则,同时使得债权债务状态更为明确。[4] 此时,实现债权债务关系确定性的成本较低,仅需发出不要式的抵销通知,但确定性的收益却较大。但是,如果抵销具有溯及力,此时抵销条件成就的时点就非常重要,而这个具体时点可能因并不清晰而产生不确定性,且无法促使当事人尽快确定债权债务关系。[5] 在抵销无溯及力的情况下,如果债务数额大致相同,只要一方的迟延损害赔偿计算标准高于另一方,前者就会尽快行使抵销权从而结束不确定状态。在实现法律关系确定性的功能方面,当事人对在可以抵销的情况下尽快行使抵销权从而结束不确定状态一事具有利

---

〔1〕 参见王欣新:《破产法》(第 4 版),中国人民大学出版社 2019 年版,第 185 页。

〔2〕 Vgl. Peter Bydlinski, Die Aufrechnung mit verjährten Forderungen: Wirklich kein Änderungsbedarf?, AcP 196 (1996), S. 302.

〔3〕 PECL 第 14:503 条、DCFR 第 3-7:503 条均规定相对人主张时效抗辩的法定期限为抵销通知到达后 2 个月。最高人民法院《关于适用〈中华人民共和国企业破产法〉若干问题的规定(二)》第 42 条第 2 款规定破产管理人对破产抵销的法定异议期为抵销通知到达之日起 3 个月。《民法典》第 192 条第 1 款未一般性地规定义务人主张时效抗辩的法定期间。

〔4〕 参见黄薇主编:《中华人民共和国民法典合同编解读》(上册),中国法制出版社 2020 年版,第 378 页。

〔5〕 参见王利明:《罹于时效的主动债权可否抵销?》,载《现代法学》2023 年第 1 期。

益,其不必再支付本可通过尽快抵销而节省的迟延损害赔偿。[1] 因此,通知抵销的目的之一是实现法律关系的确定性,而抵销无溯及力有助于进一步实现此种确定性,避免抵销溯及力与通知抵销之间的目的背反。

第二,抵销溯及力需要相应的配套规则。在双务合同中,一方有权抵销但其未主张抵销构成迟延履行,经对方催告后在合理期限内仍不履行,对方行使解除权,之后前者主张抵销。如果抵销具有溯及力,则之后的抵销使前者的迟延履行不存在,进而使对方解除的法律基础丧失。《德国民法典》第352条和《荷兰民法典》第6:134条据此规定,双务合同的债务人有权抵销的,可以通过不迟延地行使抵销权,使另一方当事人因合同不履行而解除合同或终止合同的通知归于无效。上述比较立法例试图在抵销溯及力与法律关系确定性之间作出折中:债务人在债权人行使解除权之后毫不迟延地行使抵销权的,基于抵销溯及力,合同解除失去效力;但是,在债务人未毫不迟延地行使抵销权时,为了当事人之间法律关系的确定性而否定抵销溯及力,合同仍将被解除。然而,这使法律关系的确定性大打折扣,解除的效力取决于抵销权是否在解除之后被行使,并在法体系内部造成了新的分裂。[2]

另外,对双方当事人而言,抵销条件成就的时点可能并不一致,故抵销溯及的时点也可能不相同。尤其是《民法典》第568条第1款改变了原《合同法》第99条第1款,如主动债权对应的债务履行期限届至,而被动债权对应的债务履行期限未届至,也允许主动债权人主张抵销,这实际上是其放弃了期限利益而提前履行,只要主动债权人提前履行不损害另一方当事人的利益,这也与《民法典》第530条第1款形成一致。[3] 如果承认抵销的溯及力,当一方行使抵销权的溯及时点早于对方行使抵销权的溯及时点,当后者先发出抵销通知时,前者是否可以通过不迟延地行使自己的抵销权而否定前一个抵销通知的效力,使抵销的溯及力更早发生,进而使前者的迟延履行

---

[1] 参见[德]海因·克茨:《德国合同法》,叶玮昱、张焕然译,中国人民大学出版社2022年版,第274页。

[2] Vgl. Peter Bydlinski, Die Aufrechnung mit verjährten Forderungen: Wirklich kein Änderungsbedarf?, AcP 196 (1996), S. 288. 日本法上的通说观点则不同,其虽承认抵销溯及力,但解除后抵销不能阻止解除的效力。参见[日]我妻荣:《新订债权总论》,王燚译,中国法制出版社2008年版,第312~313页。

[3] PICC第8.1(1)(a)条、DCFR第3-6:102(a)条、PECL第13:101(1)条也不要求抵销人的债务到期,但对该到期前的债务,抵销人有权要求对方受领履行。

责任更轻,《荷兰民法典》第6:133条对此明确肯定。

第三,承认抵销的溯及力,会使抵销抵充无法完全参照适用履行抵充规则。《民法典》第560条、第561条规定了履行抵充规则,但并未规定抵销抵充规则。在抵销人对对方负有种类相同的数项债务,或者抵销人享有的债权不足以抵销其负担的包括主债务、利息、实现债权的有关费用在内的全部债务,且双方不存在其他约定时,应当参照适用履行指定和法定抵充规则,《全国法院民商事审判工作会议纪要》第43条和《合同编通则解释》第56条也如此规定。如果不承认抵销的溯及力,则上述参照适用较为简单。但是,如果承认抵销有溯及力,则上述全面的参照适用就会存在需要解释和进一步明确之处。如果抵销人所负债务附有利息,而主动债权不足以抵销全部债务,参照适用《民法典》第561条的结论就是先抵充实现债权的有关费用和利息;但是,在抵销有溯及力的情形中,抵销人所负债务中的部分主债务或者本金在抵销条件成就时已消灭,不会再发生利息。如果不先按照抵销条件成就的时间确定抵销顺序,则费用和利息数额本身就无法确定。因此,最终就应依据抵销条件成就时已发生的费用、利息和主债务的顺序,参照适用《民法典》第561条确定抵销抵充的顺序。〔1〕

该问题尚可解决,更为困扰的是,如果承认抵销有溯及力,则上述全面的参照适用还可能存在不合理之处。抵销人对对方负有种类相同的数项债务,若参照适用《民法典》第560条第1款,则除当事人另有约定外,抵销人在行使抵销权时有指定权,在发出抵销通知时具体指定拟抵销的债务。但是,如果承认抵销有溯及力,抵销条件成就时当事人对抵销有所期待,此时,就不应允许抵销人作出有悖于对方期待的指定。例如,甲乙双方互相负有等额的不附利息的债务,在抵销条件成就之后,甲又对乙取得附利息的债权,乙行使抵销权,其在抵销通知中指定抵销对其而言负担较重的附利息债权,这就有悖于甲在抵销条件成就时的期待。〔2〕 对此,可以采取两种解释方案。第一种解释方案是虽然抵销人有指定权,但对方有异议权,只要对方不迟延地提出异议,就应参照适用《民法典》第560条第2款的法定抵充规则。〔3〕 第二种解释方案是直接排除对《民法典》第560条第1款指定抵充

---

〔1〕 参见2017年改订后的《日本民法典》第512条第1款。

〔2〕 参见[日]我妻荣:《新订债权总论》,王燚译,中国法制出版社2008年版,第308页。

〔3〕 参见《德国民法典》第396条第1款、《荷兰民法典》第6:137条第2款。

规则的参照适用,抵销人不享有指定权。[1] 但是,在未采取这两种解释方案时,抵销溯及力就与抵销人的指定权不协调。

由上可知,如果承认抵销溯及力就必须规定更多的配套规则,且很多配套规则也会造成法体系内部的分裂。《民法典》并未规定上述配套规则,可能更好的方式就是不承认抵销溯及力。当然,这是在上文第二部分关于功能抵触这一实质理由的基础上作出的补强论证,因此,即使存在相关配套规则,抵销溯及力也仍应因功能不协调而被否定。

其次,如果承认法定抵销的溯及力,还会与约定抵销、破产抵销、执行抵销均不具有溯及力不一致,从而导致抵销制度内部缺乏一致。

第一,约定抵销和破产抵销均不具有溯及力。通说认为,约定抵销原则上不具有溯及力。[2] 在实践中,约定抵销比法定抵销常见得多,最为典型的就是银行作为债权人直接从债务人的存款账户上"扣款收贷"。如果约定抵销有溯及力,则银行就不能扣除债务人在抵销条件成就后至抵销通知到达对方前这段期间所负的利息,这不符合银行的交易惯例,故约定抵销最好不要有溯及力。商事交易中常见的净额结算或者交互计算在本质上是一种事先约定的抵销。[3] 此中抵销也同样不应具有溯及力,否则,在存在多个债权债务的情况下就会出现较大的问题。《德国商法典》第 355 条第 1 款即规定"在结算时取得盈余的人,有权自结算之日起请求该盈余的利息",从而否认了此种情形中的溯及力。[4] 如前所述,破产抵销不具有溯及力。如果不承认抵销的溯及力,则在溯及力这一问题上,法定抵销、约定抵销和破产

---

〔1〕 参见 2017 年改订后的《日本民法典》第 512 条第 2 款第 1 项。

〔2〕 参见徐涤宇、张家勇主编:《〈中华人民共和国民法典〉评注(精要版)》,中国人民大学出版社 2022 年版,第 626 页;韩世远:《合同法总论》(第 4 版),法律出版社 2018 年版,第 713 页。比较立法例参见 2016 年修订后的《法国民法典》第 1348 – 2 条。

〔3〕 参见[德]C. W. 卡纳里斯:《德国商法》,杨继译,法律出版社 2006 年版,第 607 页。

〔4〕 在有中央对手方的场内金融交易中,《证券法》第 158 条第 1 款和《期货和衍生品法》第 93 条明确规定了法定的净额结算。在"一对一"的场外金融交易中,当事人可以约定净额结算,最典型的就是当事人使用了 ISDA(International Swaps and Derivatives Association,国际掉期与衍生交易协会)主协议、NAFMII(National Association of Financial Market Institutional Investors,中国银行间市场交易商协会)主协议等权威示范文本的情形。在这些净额结算中,以抵销为基本依据,都是在双方"互负债务"的每一日自动进行的,关键是不适用关于破产抵销权的限制性规定、破产管理人的选择履行权,管理人行使破产撤销权的范围也限于进行净额结算后的净额;其是否具有溯及力并不重要,因为净额结算条件成就日基本上就是轧差结算日。

抵销就取得了一致。

第二，执行程序中的抵销不应具有溯及力。在执行抵销的情形中，为了提高执行抵销的门槛，避免在执行程序中对抵销债权实体审理的“以执代审”，避免当事人互相串通、制造虚假债务以损害其他债权人的利益，[1]最高人民法院《关于人民法院办理执行异议和复议案件若干问题的规定》第19条规定，当事人互负标的物种类、品质相同的到期债务，在请求抵销的债务已经生效法律文书确定或者经申请执行人认可的情形下，被执行人有权请求抵销。即使抵销权产生于涉及申请执行人所享有债权的裁判生效之前，被执行人行使抵销权仍不会对该生效裁判产生影响，仅可依据其对申请执行人享有的抵销权而提出排除执行的异议。但是，如果认为抵销具有溯及力，则在被执行人行使抵销权之后，抵销效力溯及至抵销条件成就时，即溯及至申请执行人所享有债权的生效裁判作出之前，这就可能会影响之后作出的生效裁判的既判力和执行力，尤其是生效裁判中关于迟延履行的部分。[2] 因此，有案例即认为执行抵销效力发生的时间为被执行人行使抵销权之日。[3]

（二）非独立抵销亦不具有溯及力

《民法典》第549条在债权转让的情形中规定了独立抵销和非独立抵销，该区分在诸多情形中具有非常重要的意义。[4] 但是，该区分在抵销溯及力这一问题上是否有价值仍值得进一步思考。

《联合国国际贸易法委员会国际货物买卖时效期限公约》第25条第2款规定，如果双方的请求权涉及同一合同或在同一交易中订立的数个合同，即所谓的非独立抵销，则尽管其中一个请求权的时效期间已经届满，仍可作为主动债权抵销。对此存在支持观点，认为在原告起诉请求被告履行债务时，被告可能在对方不会起诉自己的隐含前提下未主张其对原告的债权。

---

〔1〕 参见最高人民法院执行局编著：《最高人民法院关于人民法院办理执行异议和复议案件若干问题规定理解与适用》，人民法院出版社2015年版，第241页。

〔2〕 参见杨勇：《法定抵销溯及力的反思与限缩》，载《华东政法大学学报》2023年第6期。

〔3〕 在最高人民法院（2017）最高法执监3号执行裁定书中，山东省高级人民法院即认为：“华港公司于2013年8月14日向贸易中心送达了债务抵销通知书……本案执行债权应认定于2013年8月14日产生抵销的法律效力，并基于抵销而消灭。”

〔4〕 参见朱虎：《债权转让中对债务人的延续性保护》，载《中国法学》2020年第5期；刘骏：《关联债权抵销的适用条件与体系效应——从〈民法典〉第549条第2项切入》，载《法学》2022年第6期。

因此，即使被告对原告的债权的诉讼时效期间已经届满，被告仍能以该债权作为主动债权主张抵销。[1] 但是，该观点值得商榷。举例而言，甲对乙享有付款请求权，乙对甲基于同一合同享有损害赔偿请求权。[2] 第一种可能性是甲对乙的付款请求权的时效先届满，之后甲主张抵销。此时，乙当然知道自己是否已经付款，如果乙想要向甲请求损害赔偿，乙也有充分的理由保存自己已付款的证据，诉讼时效所具有的减少义务人证据收集及保存成本的功能似乎并不明显。即使如此，乙仍可能因为时间所带来的事实模糊性而处于证据劣势，例如重要证人的去世或者记忆的消退。而且，即使在同一合同或者交易的情况下，要求甲通过成本较低的方式主张时效即将届满的债权也并不过分。第二种可能性是乙对甲的赔偿请求权的诉讼时效期间先届满，之后乙主张抵销。此时，乙当然知道自己付款义务的存在，没有理由允许其等到赔偿请求权的时效届满后再主张该债权。如果甲在乙的赔偿请求权时效届满后才首次知道该请求权，甲的利益就特别明显，其可能没有保存有利于自己对抗该赔偿请求权的证据。即使在乙以自己遭受损害为由拒绝付款这种最常见的情形中，甲知道乙要主张赔偿请求，同样没有理由认为乙可以不在时效届满前主张抵销。总之，在同一合同或者交易中，时效届满的债权作为主动债权抵销虽然更容易理解，但具体理由并不是非常有力。

另外，有观点认为，即使普遍承认抵销不具有溯及力，也应对此进行限缩，而在例外情况下承认抵销溯及力。具体而言，产生于同一合同的给付和对待给付之间可能构成同时履行抗辩，此时，基于对给付与对待给付之间对价关系的尊重，法定抵销应例外地具有溯及力，如此，抵销权的行使与同时履行抗辩权的行使一样可阻却债务人的迟延损害赔偿责任，可实现规则的一致性。[3] 举例而言，甲与乙约定，由乙为甲经营大厦，乙每年支付给甲租金 150 万元，甲有义务对大厦进行装修；其后，甲未履行装修义务，乙自行装修大厦并花费 931 万元。乙也未向甲上缴利润，共计 739 万元。[4] 上述观点即认为，甲违反了租赁物的装修义务，乙可以行使同时履行抗辩权而拒绝

---

〔1〕 Vgl. Frank Peters/Reinhard Zimmermann, Verjährungsfristen, in: Bundesminister der Justiz, Gutachten und Vorschläge zur Überarbeitung des Schuldrechts, band. Ⅰ, 1981, S. 266.

〔2〕 以下论述参见 Peter Bydlinski, Die Aufrechnung mit verjährten Forderungen: Wirklich kein Änderungsbedarf?, AcP 196 (1996), S. 300 – 302。

〔3〕 参见杨勇：《法定抵销溯及力的反思与限缩》，载《华东政法大学学报》2023 年第 6 期。

〔4〕 参见最高人民法院民事判决书，(2019)最高法民再 247 号。

支付租金,当乙实际上自行装修后,甲的装修义务就转变为装修款返还义务,这一义务与租金支付义务构成同时履行抗辩关系,法院承认抵销的溯及力具有合理性。

在合同关系中,如果一方当事人未履行合同义务,他方当事人享有履行抗辩权。如果没有先后履行顺序,双方当事人都可以行使同时履行抗辩权。根据同时履行抗辩权"存在效果说",那么双方当事人都不构成履行迟延。[1] 既然双方当事人都不构成履行迟延,那么双方都不负迟延损害赔偿责任,此时不发生抵销及抵销溯及力的问题。基于上述案例,可以作出进一步的说明。首先,如果甲未履行装修义务导致乙无法使用租赁物,乙当然可以拒绝支付租金,此时不产生抵销的问题。其次,如果甲未履行装修义务,乙自行装修,在装修完毕之前,乙无法使用租赁物,乙同样可以拒绝支付租金,此时也不产生抵销的问题。在装修完毕后,乙就能够使用租赁物,租赁物的瑕疵状态已经消灭,乙应当自能够使用租赁物时起支付租金,此后不产生同时履行抗辩权的问题。乙可以以其装修费用损害赔偿请求权与甲的租金请求权相抵销,但无权拒绝支付其余的租金。就该抵销而言,存在是否采取抵销溯及力的问题,但这与同时履行抗辩权无关。最后,甲的租金请求权与乙的装修费用损害赔偿请求权处于同时履行的关系下,此时根据"存在效果说",甲乙均不构成履行迟延,根本不产生迟延损害赔偿责任;因此,也就不存在抵销以及抵销溯及力的问题。

综上,同时履行抗辩权的存在效果与抵销的溯及效力存在类似之处,但不宜将两者混淆。如果当事人享有同时履行抗辩权,基于"存在效果说",其不构成履行迟延,不承担迟延损害赔偿责任。但如前所述,抵销溯及力最重要的问题之一就是抵销条件成就之日至抵销权行使之日的迟延损害赔偿,如果不涉及迟延损害赔偿责任,抵销有无溯及力就不会产生多大的实践结果差异,从而无须对此过多考虑。

四、结论

本文的整体结论是,较之抵销有溯及力,抵销无溯及力更具有正当性。具体而言,首先,支持抵销溯及力的理由通常包括制度史和比较法角度的理

---

[1] 参见韩世远:《合同法总论》(第4版),法律出版社2018年版,第399~400页;王洪亮:《债法总论》,北京大学出版社2016年版,第117页。

由,以及通常符合当事人的推定意图、保护信赖或者预期、有利于抵销人等理由。这些支持理由要么论证力度较弱,要么无法成立。抵销有无溯及力的实践差异主要在于是否计算自抵销条件成就至抵销权行使这段期间内的迟延损害赔偿,以及时效届满的债权是否仍能作为主动债权抵销。其次,抵销溯及力使抵销权产生至行使期间的迟延利息、违约金和损害赔偿等不应被计算,但从抵销的简化清偿和担保功能的角度来说,并没有充分理由证成抵销有溯及力与双方清偿、应收账款质押在结果上的不同。抵销的溯及力也使诉讼时效的功能在抵销中被削弱,并产生强制清偿的结果,这也导致其与诉讼时效的功能之间出现了无正当理由的矛盾。最后,抵销溯及力与通知抵销之间在法律关系的确定性方面存在目的背反,《民法典》欠缺协调抵销溯及力与法律关系确定性的相关配套规则,抵销溯及力也导致抵销抵充无法完全参照适用履行抵充规则。如果法定抵销有溯及力,而约定抵销、破产抵销和执行抵销均无溯及力,这就会在抵销制度内部产生不一致,而这种不一致在抵销无溯及力的情形下根本不会存在。主张非独立抵销具有溯及力的观点也并不有力。

此外,从抵销溯及力理论研究中也可以更明晰法学中历史研究和教义研究的妥当关联。对法的历史研究可以清晰地展现规范和理论为何而来和由何而来,并描述规范和理论的历史语境、基础性价值起点。教义研究需要历史研究,历史研究为教义研究提供思考的起点和基础,通过回溯历史,教义研究能够自我确定并反思;教义研究甚至以过往形成的法律文本为基础和对象,据此,历史研究和教义研究彼此相通。“民法科学如果不想失去科学的头衔的话,就必须是一门历史的民法科学。”[1]但是,历史是描述性而非规范性的,现在并非屈服于过去的永恒支配,教义研究也并非历史研究的附庸,其要从历史中相对可能的必然或自然中剥离出历史中的偶然,“分离出那些事实上已经不再重要的、仅仅是因为我们的误解而仍然继续着具有妨碍作用的虚假存在的那些元素,以便那些依然生机勃勃的罗马法元素获得发展和产生有益影响的更为自由一些的空间”[2]。同时,应将历史中的

---

〔1〕［奥］马丁·约瑟夫·舍尔迈尔:《“德国人亟需罗马人的研究……”——历史的法学作为〈德国民法典〉这个病人的治疗方法?》,张弘毅译,载《燕大法学教室》第7期(2022年)。

〔2〕［德］弗里德里希·卡尔·冯·萨维尼:《当代罗马法体系》(第1卷),朱虎译,中国人民大学出版社2023年版,“前言”,第Ⅳ页。

历时性转变为现在的共时性,将历史中所形成的规范和理论纳入整体体系并结合当前的实践予以审视和反思。基于过去、现在和未来的非线性关系而形成的法学,可能是有机结合了历史研究和教义研究的法学。

债之保全和转让规则的发展与创新*

龙　俊

摘要:《合同编通则司法解释》重新协调了代位权诉讼与仲裁协议的关系,既保障了债权人代位权的行使,又尊重了合同当事人的意思自治;在撤销权的效力问题上,通过引入强制执行规范和保全规范,间接确立了限定性入库规则,从而在实质上统一了代位权和撤销权行使的法律效果;删除了草案中规定的"连环交易中的撤销权",这体现了司法解释不承认物权行为无因性理论的倾向;在债权的多重让与中,明确了善意债务人的保护规则;在债权让与通知时间的确定上,明确了不能以造假成本极低的债务人认可的时间或者通知记载的时间为认定标准,而应以邮戳时间或者通讯电子系统记载的时间等为依据,从而保护交易安全。然而,对于争议最大的一般性债权多重让与规则,《合同编通则司法解释》仍采取了回避态度。

关键词:代位权;撤销权;债权转让;多重让与

一、引言

《民法典》确立了通过合同编通则发挥债法总则作用的编纂方案,没有再单设债法总则,将债的一般规则和合同的一般规则混编在合同编通则中。其中"合同的保全"和"合同的转让"的规则实为"债之保全"和"债之转让"规则,并非仅在合同领域发挥作用,而是可以通用于所有债之关系。最高人民法院《关于适用〈中华人民共和国民法典〉合同编通则若干问题的解释》(法释〔2023〕13号,以下简称《合同编通则司法解释》)第六节名为"合同的变更和转让",但是实际上只规定了转让的相关规则而未规定变更的相关规

* 原文发表于《中国法律评论》2023年第6期,收入本书时略有修改。

则。因此,对《合同编通则司法解释》第五节和第六节规范内容的准确概括应该是“债之保全和转让规则”。

二、《合同编通则司法解释》对既有规则的继承和发展

《合同编通则司法解释》关于债之保全和转让的规则主要承继自最高人民法院《关于适用〈中华人民共和国合同法〉若干问题的解释(一)》(法释〔1999〕19 号,以下简称《合同法司法解释一》)和最高人民法院《关于适用〈中华人民共和国合同法〉若干问题的解释(二)》(法释〔2009〕5 号,以下简称《合同法司法解释二》),并在此基础上根据《民法典》的规则做了相应调整。

第一,代位权规则中不得代位行使的权利。《民法典》第 535 条第 1 款但书规定,专属于债务人自身的权利不得代位行使。《合同编通则司法解释》第 34 条对此作出了进一步规定,该条承继自《合同法司法解释一》第 12 条,但具体改变有二:其一,就劳动报酬请求权增设了“超过债务人及其所扶养家属的生活必需费用的部分除外”的但书;其二,删去了基于继承关系产生的给付请求权。

第二,代位权规则的程序法处理。首先,在诉讼管辖方面,《合同编通则司法解释》第 35 条承继自《合同法司法解释一》第 14 条,遵循“原告就被告”原则,并在此基础上增加了专属管辖的例外规则和管辖协议异议的排除规则。其次,在债务人、相对人的诉讼地位,以及多名债权人起诉同一相对人时是否允许合并审理方面,《合同编通则司法解释》第 37 条承继自《合同法司法解释一》第 16 条。除在法条表述上将“次债务人”统一更改为“债务人的相对人”之外,《合同编通则司法解释》第 37 条第 1 款将《合同法司法解释一》第 16 条第 1 款规定的“可以追加债务人为第三人”更改为“应当追加债务人为第三人”,《合同编通则司法解释》并在第 37 条第 2 款增加了一项实体规则,即“债务人对相对人享有的债权不足以清偿其对两个以上债权人负担的债务的,人民法院应当按照债权人享有的债权比例确定相对人的履行份额”。这一规则相当于承认了同一诉讼程序中代位权执行的平等性,是债之平等性原则在代位权诉讼中的体现。该条但书中特别说明“法律另有规定的除外”,指的是不符合债之平等性的情形。例如,其中一名代位权人对债务人对相对人的债权设定有债权质,从而可以就该债权优先受偿。最后,在债权人和债务人之间的诉讼与代位权诉讼的关系方面,《合同编通则司法

解释》第38条承继自《合同法司法解释一》第15条,针对债权人起诉债务人后,又向同一人民法院对债务人的相对人提起代位权诉讼,属于该人民法院管辖的情形,在《合同法司法解释(一)》规定的“应当立案受理”的基础上,允许法院依法合并审理。

第三,撤销权规则中明显不合理的低价或者高价的认定标准。对此,《合同法司法解释二》第19条第2款分别采用了70%、30%的限制标准,《合同编通则司法解释》第42条承继了该规则,并在此基础上增加了第3款的规则:“债务人与相对人存在亲属关系、关联关系的,不受前款规定的百分之七十、百分之三十的限制。”

第四,代位权诉讼中,债务人起诉相对人的,有条件地允许合并审理。《合同编通则司法解释》第39条改变了《合同法司法解释一》第22条的规则。按照《合同法司法解释(一)》,债务人在代位权诉讼中,对超过债权人代位请求数额的债权部分起诉次债务人的,只能另行起诉;而《合同编通则司法解释》允许在两个诉讼均属于同一人民法院管辖的前提下合并审理。

第五,解决了代位权不成立时的程序问题与实体问题。在程序上,《合同编通则司法解释》第40条第1款规定,债权人的主张不符合代位权行使条件的,不影响债权人根据新的事实再次起诉。在实体上,该条明确了债权人与债务人之间的债权债务关系未经生效法律文书确认的,不影响债权人代位权的行使。

第六,解决了在代位权诉讼开启后,债务人无正当理由减免相对人的债务或延长债务履行期限的问题。《合同编通则司法解释》第41条专门对代位权诉讼中债务人的处分行为作出了限制。当然,即使没有该规定,这种情形也属于债权人撤销权可以调整的范畴。《合同编通则司法解释》在这里作出特别规定具有简化程序的意义,避免债权人正当行使的权利被无端干扰。

第七,列举了同样应适用债权人撤销权的其他不合理交易行为。《合同编通则司法解释》第43条在《民法典》第539条所规定情形之外,增加了互易财产、以物抵债、出租或者承租财产、知识产权许可使用等同样应适用债权人撤销权的不合理交易行为。“等”字保留了开放性。

第八,明确了撤销权诉讼的程序法处理。《合同编通则司法解释》第44条整合了《合同法司法解释一》第23条、第24条和第25条第2款的规定,将债务人的相对人的诉讼地位由《合同法司法解释一》中的无独立请求权的第三人变更为“共同被告”,并增设了专属管辖的例外规则。

第九,完善了债权转让通知的效力方面的规定。《民法典》第 546 条第 1 款明确债权转让通知仅是对债务人发生效力的条件,《合同编通则司法解释》第 48 条第 1 款是《民法典》第 546 条第 1 款的应有之义。第 2 款规定裁判确认债权转让事实的,起诉状副本送达时相当于溯及既往地通知了债务人,对债务人发生效力。基于《民法典》第 550 条,因债权转让增加的履行费用,由让与人负担。

《合同编通则司法解释》第 49 条第 1 款在《民法典》第 546 条的基础上解释了表见让与规则,该款明确了通知系债权转让对债务人发生效力的要件,在债权转让通知经受让人同意撤销前,债务人可以合理信赖通知,即使通知背后的基础关系不存在了其也应当对通知载明的受让人履行,而有权拒绝让与人的履行请求。

《民法典》第 763 条在保理领域确立了应收账款债务人“禁反言”规则,《合同编通则司法解释》第 49 条第 2 款将这一规则扩大到了一般性债权让与中。并且与保理领域不同的是,在一般性债权让与中,并不需要受让人“明知”,受让人“应知而未知”的情形也能否定债权的有效性。也就是说,相较于商业性较强的保理规则,一般性债权让与中受让人的注意义务有所增加。

第十,在加入债务人履行债务后与债务人关系方面,《合同编通则司法解释》第 51 条在《民法典》第 552 条的基础上更进了一步。其中,第 1 款规定第三人加入债务并与债务人约定了追偿权的,履行债务后可依约定向债务人追偿;没有约定的,第三人可援引不当得利等规定请求债务人向其履行,但是,第三人知道或者应当知道加入债务会损害债务人利益的除外。第 2 款则允许债务人向第三人主张其对债权人享有的抗辩,保障了债务人地位。

三、《合同编通则司法解释》重大制度创新

(一)代位权诉讼与仲裁协议关系的厘清

代位权诉讼与仲裁协议关系的问题在《民法典》编纂时就存在重大争议,争议的核心点就在于对债权人的保护与仲裁协议意思自治的冲突,以下设例说明。

例 1:债权人 A 对债务人 B 有一个 100 万元的到期债权,债务人 B 与相

对人 C 之间存在一个合同关系,基于该合同关系债务人 B 对相对人 C 也有一个 100 万元的到期债权。该合同约定基于该合同产生的一切争议由仲裁机构 X 裁决。现债务人 B 怠于履行自己的权利,不提起仲裁。

此时出现了两难:如果允许债权人 A 行使代位权,由于代位权只能在诉讼中行使,相当于打破了债务人 B 和相对人 C 之间的仲裁协议,相对人 C 基于合同纠纷必须通过仲裁程序解决的合理期待就被架空。[1] 如果不允许债权人 A 行使代位权,理由固然很充分,相对人 C 可以主张债务人 B 对债权人 A 的抗辩,但是在债务人 B 不提起仲裁的前提下,债权人 A 可能无法实现自己的债权。[2] 那么怎样解决这一矛盾呢?

在《民法典》编纂过程中,曾经考虑过将代位权的行使方式从诉讼扩张到仲裁。[3] 然而在征求意见中仲裁法专家指出,即使《民法典》规定了代位权仲裁,也会因为债权人 A 与相对人 C 之间缺乏仲裁协议导致超裁,仲裁机构无法受理。我国目前仅在司法解释中认可在债权转让或者债务承担这种特殊情形下,仲裁协议对受让人有效,[4] 但是代位权人的法律地位至少在形式上与债权受让人存在区别,难以直接适用该规则。虽然一直有学者主张立法应当扩张第三人参与仲裁程序的范围,[5] 但是目前的仲裁法律制度尚未变革。基于此,《民法典》从 2019 年的各个草案开始删除了代位权仲裁的相关规定,避免了与《仲裁法》的冲突,然而前述两难问题也就至此搁置下来。

在《合同编通则司法解释》的制定过程中,这一问题再次引发探讨。为了兼顾债权人的正当权利和债务人、相对人对仲裁程序的正当期待,最终形成了这样的思路:第一步,在代位权人 A 提起代位权诉讼时,债务人 B 或者

---

[1] 采取此思路的法院观点参见上海市第二中级人民法院民事裁定书,(2018)沪 02 民辖终 617 号。

[2] 采取此思路的法院观点参见上海市高级人民法院民事裁定书,(2017)沪民辖终 29 号;甘肃省庆阳市中级人民法院民事裁定书,(2016)甘 10 民终 111 号。

[3] 2018 年 8 月全国人大常委会法工委民法室在小范围征求意见的《民法典各分编(草案)》(室内稿)第 324 条规定"债权人可以向人民法院或者仲裁机构请求以自己的名义代位行使债务人的权利",也就是说草案明确了代位权仲裁的存在。

[4] 最高人民法院《关于适用〈中华人民共和国仲裁法〉若干问题的解释》第 9 条规定:"债权债务全部或者部分转让的,仲裁协议对受让人有效,但当事人另有约定、在受让债权债务时受让人明确反对或者不知有单独仲裁协议的除外。"

[5] 参见郭玉军:《论仲裁第三人》,载《法学家》2001 年第 3 期;萧凯、罗骁:《仲裁第三人的法理基础与规则制定》,载《法学评论》2006 年第 5 期。

相对人C以有仲裁协议为由提出异议的,人民法院不予支持,此时确保代位权诉讼能够顺利开启。可能有人会认为,这不就是以牺牲债务人B和相对人C对仲裁程序的期待来保护债权人A的债权吗?接下来还有第二步,当诉讼程序开启后,首次开庭前,允许债务人B或者相对人C提起仲裁。一旦仲裁程序开启,则代位权诉讼中止,待仲裁结果出来后再恢复诉讼。这样的制度设计相当于在倒逼债务人B或者相对人C主动提起仲裁。如果债务人B或者相对人C不提起仲裁,则代位权诉讼中,法院将直接审理债务人B和相对人C的债权债务关系,此时债务人B和相对人C对仲裁程序的期待将不受保护;相反,在一审开庭前,债务人B或者相对人C都有机会主动申请仲裁,一旦仲裁程序开启,则优先等待仲裁结果。这一方案兼顾了各方利益,最终形成了《合同编通则司法解释》第36条。[1]

(二)限定性入库规则在撤销权领域的确立

关于是否应当承认入库规则,《合同法》时代就存在争议,此后《合同法司法解释一》出台,《民法典》通过,直到如今《合同编通则司法解释》颁布,这一规则一直在变化。这里有必要先解释一下何为入库规则以及争议的由来。

例2:债权人A对债务人B有一个100万元的到期债权,债务人B对相对人C也有一个100万元的到期债权,债务人B怠于行使自己的权利。与此同时,债务人B还有其他债权人D、E、F。

在例2中,债权人A可以行使代位权,执行相对人C的财产。但是问题在于执行的效果归属于谁呢?从逻辑上看,代位权制度属于保全制度,保全的对象应当是债务人B的责任财产,所以执行的结果应当归属于债务人B。债权人A如果进一步想实现自己的债权,那么就必须再执行债务人B的责任财产。也就是说这100万元必须先由相对人C支付给债务人B,成为债务人B的责任财产后再执行到债权人A那里。严格遵循这一逻辑的制度设计就被称为"入库规则",所谓的"库"就是指的债务人的责任财产。

---

[1] 最高人民法院《关于适用〈中华人民共和国民法典〉合同编通则若干问题的解释》第36条规定:"债权人提起代位权诉讼后,债务人或者相对人以双方之间的债权债务关系订有仲裁协议为由对法院主管提出异议的,人民法院不予支持。但是,债务人或者相对人在首次开庭前就债务人与相对人之间的债权债务关系申请仲裁的,人民法院可以依法中止代位权诉讼。"

然而,入库规则有三点常被诟病。第一点很明显,就是执行效率低,必须要执行两次,程序太烦琐。第二点是,前述债务人 B 从相对人 C 处获得 100 万元后,债务人 B 可能会将这 100 万元花掉。也就是说,可能存在债务人挥霍财产的风险。第三点是,因为债务人 B 还有其他债权人 D、E、F,这 100 万元一旦成为债务人 B 的责任财产,债权人 D、E、F 可能会争先恐后地主张权利,于是债权人 A 费了好大力气打赢了代位权诉讼,最后"果实"却被大家平分了。可见,入库规则会导致其他债权人"搭便车"。与之相对,上述被诟病的第三个点恰恰也是主张入库规则者的核心理由。债权人 A 对债务人 B 的 100 万元债权只是一个普通债权,并没有优先效力。既然是普通债权,自然应当遵循债的平等性原则。入库规则允许债权人 D、E、F"搭便车",反而是债的平等性的体现。这就是传统民法理论中关于是否承认入库规则的争议点,本质上就是效率与公平之争。承认入库规则更加公平,但是缺少效率;不承认入库规则比较有效率,但是有违债之平等性原则,公平性上似乎欠妥。

实际上这一问题在日本法上也已经争论多年,争论到最后,日本学界和实务界发现这并非一个非此即彼的对立问题,可以在公平和效率之间进行一个折中。在例 2 中,日本法允许债权人 A 直接从相对人 C 那里获得这 100 万元,但是这 100 万元不能对债权人 A 的债务进行清偿,而只是由债权人 A 代收,性质上仍然是相对人 C 对债务人 B 债务的清偿。因此,债权人 A 代收了本来应该归属于债务人 B 的 100 万元,应当将这 100 万元归还给债务人 B,于是债权人 A 对债务人 B 有了 100 万元的债务;但是另一方面,债权人 A 对债务人 B 原本就有 100 万元的债权。于是,债权人 A 和债务人 B 的债权债务关系可以发生抵销。[1] 众所周知,抵销会发生事实上的优先效力,即使债务人 B 还有其他债权人 D、E、F,他们也不可能再与债权人 A 竞争。当然,肯定有人会有疑问,日本法表面上承认入库规则,但是绕来绕去,最后的结果不还是让债权人 A 取得了优先效力?这和不承认入库规则,直接让债权人 A 收取债权有何实质性差别?这就有必要讲到日本破产法。首先,一旦债务人陷入破产,那么债权人就无法行使债权人代位权。其次,债权人在债务人破产程序启动前便行使债权代位权,也会因为破产程序的

〔1〕 潮見佳男『新債権総論Ⅰ』(信山社,2017 年)690 頁。

开启,变为由破产管理人管理债务人的债权。并且出现以下两种情形时抵销将被视为无效:第一种情形是,破产债权人在破产人停止支付的情况下负担债务,且破产债权人对此知情的,此时抵销无效;第二种情形是,破产债权人在破产人申请启动破产程序后,对破产人负担债务,且破产债权人对此知情的,抵销无效。在符合上述条件的情况下,债权人必须将其他债务人偿还给自己的金钱,全部退还给破产管理人。将破产法中的这一规则和代位权的规则做体系解释,债权人基于抵销制度取得的事实上的优先效力在债务人的破产程序中荡然无存,入库规则的意义就体现了出来。笔者称这种在债务人已经陷入破产或者有破产风险的特定情形下才发挥作用的入库规则为"限定性入库规则"。限定性入库规则的优势就在于,当债务人没有现实破产或者存在破产风险时,承认代位权的行使能够发挥简易的债权回收效果,既有程序上的便利性,又避免了债务人挥霍财产或者其他债权人"搭便车"的风险,是一个最高效的选择。既然债务人没有破产,那么其他债权人应当"自力更生",自行寻找可执行财产。但是,当债务人现实破产或者存在破产风险时,就有必要进行公平层面的考虑,基于入库规则否定债权人代位权行使的优先效力,要求行使代位权的债权人和没有行使代位权的其他债权人就债务人的责任财产公平受偿,也就是说在最关键的时候仍然应坚持债的平等性原则。可见,这一模式在公平和效率之间找到了一个非常好的平衡点。[1]

日本的这种平衡思路在我国设计《民法典》的代位权制度时得到了借鉴。但是我国没有走日本法的抵销路线,而是在《民法典》第 537 条中将希望达到的最终效果直接写了出来。[2] 一方面,债权人可以接受债务人的相对人的履行,且这一履行可以直接发生两个债权在相应范围内消灭的法定效果,无须再借助抵销制度。另一方面,"债务人对相对人的债权或者与该债权有关的从权利被采取保全、执行措施,或者债务人破产的",前述法定消灭效果则不一定发生,要根据破产和执行相关法律制度处理,也就是说,此

〔1〕 参见龙俊:《民法典中的债之保全体系》,载《比较法研究》2020 年第 4 期。同旨参见金印:《债权人代位权行使的法律效果——以〈民法典〉第 537 条的体系适用为中心》,载《法学》2021 年第 7 期。

〔2〕 关于该条的意义阐释参见石宏:《合同编的重大发展和创新》,载《中国法学》2020 年第 4 期。

时可能就有必要遵循入库规则。具体而言:如果在债务人 B 破产前 6 个月存在“资产不足以清偿全部债务或者明显缺乏清偿能力的”情形,债权人 A 通过代位权诉讼直接从债务人 B 的相对人 C 处获得清偿,就属于个别清偿的情形,[1]破产管理人有权追回这些财产,[2]从而回归代位权制度保全债权的本质功能。

我国之所以如此设计制度,原因在于:其一,如果借助抵销制度,则要受抵销制度的固有限制。一方面要求代位权人必须主动行使抵销权,另一方面要求两个债权的标的物种类、品质相同,从而导致除了两个债权都是金钱债权外的情形,代位权制度无法有效发挥简易的债权回收的功能。其二,除了破产程序外,我国执行中也一直奉行“先下手为强”的原则。[3] 也就是说,虽然理论上我国一般都承认债的平等性,但是这里的平等不能简单地理解为结果意义上的平等,而应该理解为机会均等。当债务人有多个债权人时,哪一个债权人先申请执行,其债权就可能先获得清偿。相同的道理,在例 2 中,既然债权人 A 行使了代位权,在债务人 B 没有破产,且其他债权人 D、E、F 等也没有申请强制执行时,债权人 A 收取自己的债权本身应该无可厚非。

《民法典》第 537 条的限定性入库规则实现了公平与效率的平衡,但是该条的适用范围仅限于代位权。然而,在撤销权制度中也存在同样的价值平衡问题。

例 3:债权人 A 对债务人 B 有 100 万元的债权,债务人 B 在资产不足的情况下无偿给第三人 C 转让了 100 万元。与此同时,债务人 B 还有其他债权人 D、E、F。

在例 3 中,债权人 A 可以债权人撤销权撤销债务人 B 与第三人 C 之间的无偿转让行为,这没有问题,问题是撤销的后果是什么呢?最直观的效果当然是债务人 B 与第三人 C 之间的转让行为被撤销,这符合形成权说或者形成诉权说。[4] 但是,形成权说或者形成诉权说并不能终局性地解决问题:债务人 B 与第三人 C 之间的转让行为被撤销,但是这 100 万元仍然在第

---

〔1〕 参见《破产法》第 32 条。

〔2〕 参见《破产法》第 36 条。

〔3〕 参见最高人民法院《关于正确处理轮候查封效力相关问题的通知》(法〔2022〕107 号)。

〔4〕 二者的区别仅在于是否必须在诉讼中行使债权人撤销权。关于该类学说的代表性著作参见石坂音四郎「債権者取消権論」同『改纂民法研究下卷』(有斐閣,1920 年)209 頁。

三人C那里,债务人B的财产仍然没有得到保全。若要保全债务人B的财产,则还需要债权人A代债务人B之位请求第三人C返还这100万元。也就是说,如果撤销权采取形成权说或者形成诉权说,往往不能独立解决债务人的财产保全问题,还需要搭配形成权的行使。与形成权说以及形成诉权说相对,请求权说〔1〕、折中说〔2〕、责任说〔3〕均允许债权人A请求第三人C返还被转移的财产,无须搭配代位权的行使。这也是这些学说相较于形成权说或者形成诉权说的优势之一——可以简化程序。

然而,无论采取哪种学说或者制度的组合,都有一个共同的目标——允许债权人A请求第三人C返还被转移的财产,于是这也都产生一个相同的问题——第三人C返还的财产是否要遵循入库规则?讨论到这里大家都能发现,这一问题的价值权衡和前文讨论的代位权的情形并无二致。既然我国《民法典》第537条在代位权中采取了限定性入库规则,那么撤销权的法律效果也应当遵循相同规则。实际上,在《民法典》编纂过程中,起草者已经考虑到了该问题,曾经讨论过两种方案:第一种方案是将《民法典》第537条在债权人撤销权的部分再重复写一遍,但是这种方案在立法技术上缺乏简洁美感,没有被采纳;第二种方案是将债权人撤销权界定为形成诉权,只规定被撤销的行为自始没有法律约束力,但是不明文规定返还的效果,当事人若要主张返还则必须再行使债权人代位权,从而间接地将《民法典》第537条的法律效果适用于撤销权领域。最终《民法典》第542条采取了第二种方案。〔4〕

在《合同编通则司法解释》的起草过程中,起草者曾经也试图贯彻《民法典》所采取的方案,明确撤销权人若想主张返还财产,除了主张撤销权外还必须主张代位权。并且为了便于撤销权人主张权利,允许将两个诉讼合并审理。然而这一方案遭受了两个方面的批评:一是,即使允许两个诉讼合并,在程序上仍然过于烦琐,而且当事人还必须要知道提起两个诉讼,对当

---

〔1〕 潮見佳男『新債権総論1』(信山社,2017年)734頁。

〔2〕 参见[日]我妻荣:《新订债权总论》,王燚译,中国法制出版社2008年版,第154页。

〔3〕 潮見佳男『新債権総論1』(信山社,2017年)738頁。

〔4〕 在2018年2月25日全国人大常委会法工委在小范围征求意见的《中华人民共和国民法典合同编(草案)(征求意见稿)》(委内稿)中明确采取了此方案,即允许撤销权诉讼和代位权诉讼合并。此后因为《民法典》的实体法属性不宜规定纯程序内容而将合并诉讼的规定删除。参见该草案第82条规定:"债权人请求人民法院撤销债务人损害其利益的行为,人民法院依法撤销的,该行为自始无效。债权人请求人民法院撤销债务人行为的,可同时依法以自己的名义代位行使债务人在其行为被撤销后对相对人所享有的权利。"

事人的法律修养提出了过高的要求；二是，主张请求权说、折中说或者责任说的学者大都认为请求返还财产是债权人撤销权的当然效果，无须再提起代位权诉讼。

归纳各种争议后发现，起草者对于限定性入库规则本身没有争议，有争议的是实现这一规则的逻辑路线。而逻辑路线的问题是一个纯理论问题，司法解释可以搁置争议，将最终追求的法律效果用最简洁的程序加以实现，并直白地写出来。因此，最高人民法院在2022年11月4日公开征求意见的最高人民法院《关于适用〈中华人民共和国民法典〉合同编通则部分的解释（征求意见稿）》（以下简称《合同编解释征求意见稿》）第48条中规定："债权人依据民法典第五百三十八条、第五百三十九条规定请求人民法院撤销债务人与相对人实施的民事法律行为，同时依据民法典第一百五十七条规定请求相对人向债务人承担该行为被撤销后的民事责任的，人民法院依法予以支持。债权人同时请求债务人向其履行到期债务的，人民法院依法予以支持。依据前款规定获得胜诉生效法律文书后，债权人在不超过其债权数额的范围内，对相对人申请强制执行并用于实现其债权的，人民法院应予支持。债务人还有其他申请执行人，且相对人应当给付或者返还债务人的财产不足以实现全部申请执行人的权利的，依照法律、司法解释的相关规定处理。"也就是说，《合同编解释征求意见稿》一方面允许将债务人对第三人的请求以及债权人对债务人的请求合并审理，且允许债权人申请强制执行以实现自己的权利；另一方面在债务人存在破产风险或者竞争的强制执行时，要"依照法律、司法解释的相关规定处理"，意思是此时要遵循入库规则，与《民法典》第537条的意思相同。

在《合同编通则司法解释》的最终稿中，条文的表述再次进行了调整。一方面依然允许债权人在行使撤销权的基础上，"依据其与债务人的诉讼、撤销权诉讼产生的生效法律文书申请强制执行"；另一方面允许债权人在撤销权诉讼中，"申请对相对人的财产采取保全措施"。也就是说，仍然肯定了债权人直接针对债务人的相对人的财产受偿的权利，逻辑路线仍然是通过强制执行程序而非代位权程序。相比较于《征求意见稿》，最终稿将"相对人应当给付或者返还债务人的财产不足以实现全部申请执行人的权利的，依照法律、司法解释的相关规定处理"的表述浓缩为"依法"二字，表述上更为简洁。但是核心意思需要绕一个弯才能解读出来：债权人针对债务人的相对人的财产主张必须通过强制执行程序或者保全程序来实现,也就是说必须遵守强制执行程序或者保全程序的一般性规则(也就是"依法"),并没有给行使撤销权的债权人以任何优先性。

综上所述,从《民法典》的编纂到《合同编通则司法解释》的出台,尽管实现的逻辑路径发生了转变,但是限定性入库规则终于在撤销权领域也得到了确立,代位权和撤销权的最终法律效果实现了统一。

四、《合同编通则司法解释》涉及系统性理论争议问题的艰难抉择

(一)连环交易中的撤销权

《合同编解释征求意见稿》第46条曾规定了"连环转让中的撤销权行使"规则:"债务人无偿转让财产或者以明显不合理的低价转让财产后,相对人又将该财产无偿转让、以明显不合理低价转让或者为他人的债务提供担保,影响债权人的债权实现,且前后交易行为中以明显不合理的低价受让财产的人、担保权人知道或者应当知道上述情形,债权人请求一并撤销债务人的相对人的行为的,人民法院应予支持。"该规定旨在解决如下案型。

例4:债权人A对债务人B有100万元的债权,债务人B在资产不足的情况下无偿将一套住房赠送给C,C又将该住房赠送给D。

在例4中,债务人B在资产不足的情况下无偿转让财产,影响了债权人A的债权实现,债权人A对债务人B和C的行为行使撤销权没有疑义;《合同编解释征求意见稿》的连环撤销规则想进一步解决的问题是:C又将财产无偿转让给D,债权人A为了保全自己对债务人B的债权,是否可以进一步撤销C和D的行为;并且以此类推,只要符合债权人撤销权的构成要件,债权人A可以在连环交易中连续撤销。

这一处理方式本身的合理性并没有被质疑。然而,对于实现这一处理方式的路径是否有必要单设一项规则,则存在讨论的必要。笔者认为,如果我国没有承认物权行为无因性理论,那么即使不规定前述《合同编解释征求意见稿》第46条,通过既有的善意取得制度也能达到相同的效果。在例4中,只要债权人A撤销了债务人B和C之间的无偿转让行为,由于不承认物权行为的无因性,故无论该住房是否进行了过户登记,所有权依然由债务人B享有。此后C又将该住房赠与给D,无论D对前手交易的情况是否知情,也无论该住房在C和D之间是否进行了过户登记,因为没有"合理的价格",所以不符合《民法典》第311条善意取得的构成要件。此时无须再设置

什么特别的撤销制度,因为D没有善意取得该住房所有权,该住房所有权依然为债务人B享有,所以债权人A当然可以请求执行该住房,债的保全效果天然实现了。

为了进一步探讨“连环撤销”路径和“不承认物权行为无因性+善意取得”路径的异同,我们不妨做如下设例。

例5:债权人A对债务人B有100万元的债权,债务人B在资产不足的情况下无偿将一套住房赠送给C,C又以明显不合理的低价将该住房出售给完全不知情的D。

例6:债权人A对债务人B有100万元的债权,债务人B在资产不足的情况下无偿将一套住房赠送给C,C告知D原委后以略低于市场价的价格将该住房出售给D。

在例5中,C虽然以明显不合理的低价转让财产,但是因为D对前因后果完全不知情,通常也不可能知情,不符合《民法典》第539条规定的撤销权要件,所以即使规定连环撤销制度,也无法撤销C与D的交易。但是如果走“不承认物权行为无因性+善意取得”的路径,只要撤销了债务人B对C的赠与行为,则C与D的交易就构成了无权处分,并且因为缺乏“合理的价格”而不符合《民法典》第311条善意取得的构成要件,该住房所有权依然为债务人B享有,债的保全效果也实现了。

在例6中,C告知了D原委,D仍然受让该住房固然构成了恶意,但是受让价格只是略低于市场价,不属于“明显不合理的低价”,也不符合《民法典》第539条规定的撤销权要件,所以即使规定连环撤销制度,也无法撤销C与D的交易。但是如果走“不承认物权行为无因性+善意取得”的路径,只要撤销了债务人B对C的赠与行为,则C与D的交易就构成了无权处分,并且因为D构成恶意而不符合《民法典》第311条善意取得的构成要件,故该住房所有权依然为债务人B享有,债的保全效果也实现了。因此,在无偿或者以明显不合理的低价转让财产的场景下,“不承认物权行为无因性+善意取得”的制度设计不仅可以取代“连环撤销”的作用,甚至在债的保全效果上前者还要优于后者。

当然,《合同编解释征求意见稿》第46条规定的“连环撤销”中撤销的行为除了“将该财产无偿转让、以明显不合理低价转让”外,还包括“为他人的债务提供担保”的情形,前文只探讨了前者,对于后者又该采取哪种解释路径呢?

例 7：债权人 A 对债务人 B 有 100 万元的债权，债务人 B 在资产不足的情况下无偿将一套住房赠送给 C，C 为了担保 D 对 E 的债务将该住房抵押给知情的 E。

例 8：债权人 A 对债务人 B 有 100 万元的债权，债务人 B 在资产不足的情况下无偿将一套住房赠送给 C，C 为了担保自己对 E 的债务将该住房抵押给知情的 E。

例 7 属于《合同编解释征求意见稿》第 46 条旨在解决的“为他人的债务提供担保”的典型情形。然而即使不规定“连环撤销”制度，只要“不承认物权行为无因性”，当债权人 A 撤销债务人 B 对 C 的赠与后，住房所有权就溯及既往地恢复为债务人 B 的责任财产，因此，C 将该住房抵押给 E 的行为构成了无权处分，并且因为 E 的知情而阻却了善意取得的构成，故住房所有权仍然归属于债务人 B 且住房之上没有抵押权。例 8 中 C 为了“担保自己对 E 的债务”而为抵押，原本不符合《合同编解释征求意见稿》第 46 条构成要件，即使规定“连环撤销”制度，也不属于可撤销的行为范畴。然而如果走“不承认物权行为无因性 + 善意取得”的路径，因为 C 将该住房抵押给 E 构成了无权处分，无论是为谁的债务提供担保，只要 E 并非善意，都不能构成抵押权的善意取得，最终结果和例 7 相同。

因此，在“为他人的债务提供担保”的场景下，“不承认物权行为无因性 + 善意取得”的保全效果仍然优于“连环撤销”制度设计。

综上所述，《合同编解释征求意见稿》第 46 条所追求的法律效果可以全方位地被“不承认物权行为无因性 + 善意取得”的制度设计所取代，且债的保全效果不如后者。基于此，笔者曾多次建议删除《合同编解释征求意见稿》第 46 条。从结果来看，最高人民法院采纳了此建议，在最终稿中删除了“连环撤销”规则。

当然，笔者提此建议是以我国“不承认物权行为无因性”为前提的，这一前提却是我国近 30 年来民法学界的核心争议焦点之一。即使《民法典》已经颁布实施，这一论争仍未平息。最高人民法院删除了“连环撤销”规则，某种程度上是否间接表明了在此系统性理论争议问题上的倾向呢？[1]

---

〔1〕 对此问题的系统论证，笔者拟在于 2023 年 12 月 9～10 日召开的首届“中国民法青年论坛”上另文展开，此处不赘述。

(二)债权多重转让规则体系

围绕债权多重转让规则的争议由来已久,在《民法典》编纂阶段就存在多种模式的路线之争。从比较法上看,大体可以分为德国模式、日本模式和美国模式。以下设例说明。

例9:债权人A将对债务人B的债权,于1月1日签订合同转让给受让人C,于2月1日签订合同转让给受让人D并于当天通知了债务人B,于3月1日签订合同转让给受让人E并于当天办理了应收账款转让登记。

德国模式下,债权转让不需要公示,只要当事人意思表示达成一致,债权转让的效果即发生。因此在例9中,1月1日受让人C就已经取得了债权人A对债务人B的债权,此后债权人A再和受让人D以及受让人E订立债权转让合同,都属于无权处分。并且,因为债权转让不存在公示的问题,自然在逻辑上也就不存在对"权利外观"的信赖,善意取得等也就无从谈起。因此,在德国模式下,受让人C、D、E三人中只有受让人C是唯一的债权取得人,受让人D和E均不可能取得债权。[1] 当然,德国模式也承认债权转让通知对债务人的效力,不通知债务人则不能对抗债务人。因此,受让人C虽然确定性地取得了债权,但是因为债权人A没有通知债务人B已经将债权转让给了受让人C,所以此时受让人C对债务人B主张债权,债务人B可以提出有效的抗辩。并且因为债权人A通知债务人B债权转让给了受让人D,所以,假如债务人B对受让人D进行了清偿,会构成有效的清偿,债务人B的债务可以消灭。但是,此时相当于受让人D实现了本该归属于受让人C的债权,所以受让人D对受让人C构成不当得利,应当将收取的债权返还给受让人C。

日本模式下,债权转让以通知作为对抗债务人以及第三人的公示方式。因为日本在物权变动领域采取的是公示对抗主义,所以延续到债权转让领域也采取相同的逻辑:债权转让合同订立后即在当事人之间发生了债权转让效果,但是此时尚不能对抗第三人。若要发生对抗第三人的效果,必须通知债务人。与德国法不同的是,通知债务人不仅是对抗债务人的要件,还是

---

[1] 参见台湾大学法律学院、台大法学基金会编译:《德国民法典》,北京大学出版社2017年版,第360页;王泽鉴:《法律思维与民法实例:请求权基础理论体系》,中国政法大学出版社2001年版,第114页。

对抗其他债权受让人的要件。[1] 在例 9 中，由于在对债务人 B 的通知中唯一记载的受让人是 D，所以受让人 D 取得的债权可以对抗所有第三人，居于最优先的地位。

美国模式下，建立了统一的动产担保申明登记系统，关于动产和权利的担保以及债权转让等都可以在这一系统中登记，在发生债权多重转让时，按照登记的先后顺序给受让人的权利顺位排序。[2] 在例 9 中，尽管受让人 E 是最后订立债权转让合同的，但由于是唯一登记的受让人，受让人 E 居于最优先的地位。在《民法典》编纂过程中，对上述三种模式的优劣和适用情形展开了分析。

德国模式以合同订立时间作为判断唯一受让人的基准，非常符合形式逻辑，但是却带来两大弊病：一是债权转让缺乏任何公示，第三人完全无法得知是否发生过债权转让，导致债权人 A 的债权人可能会对债权人 A 的责任财产发生误判[3]；二是以合同订立时间为对受让人权利进行实际排序的依据，这就产生了纵容“倒签”合同的巨大风险，毕竟合同订立时间除当事人外其他人几乎无法查知和举证。例 9 中受让人 C、D、E 的合同签订顺序，是开着“上帝视角”进行的题设，而现实案例中都是当事人拿着合同文本记载的“签订时间”进行主张，实际签订时间真假难辨。

日本模式以债权让与通知为受让人权利排序的依据，于是仅仅债权出让人和受让人双方串通无法变更受让人的权利位次，相较于德国模式，这一模式解决了倒签合同的风险。然而，仅以通知作为排序依据，挡得住双方串通却挡不住三方串通。如果债权人、债务人和某一受让人一起伪造一个在先的债权让与通知，就可以将这一位受让人的权利位次提前。如何解决这一问题呢？日本债法改革后的方案是引入一个具有公信力的客观第三方作为通知时间的证据来源：只有日本邮政系统的邮戳所显示的时间才能作为

---

[1] 《日本民法典》第 467 条第 1 款规定：“债权让与，非经让与人通知债务人或者债务人承诺，不得对抗债务人及其他第三人。”

[2] 参见高圣平：《动产担保交易制度比较研究》，中国人民大学出版社 2008 年版，第 274 页；高圣平：《动产担保交易的功能主义与形式主义——中国〈民法典〉的处理模式及其影响》，载《国外社会科学》2020 年第 4 期；李永锋、李昊：《债权让与中的优先规则与债务人保护》，载《法学研究》2007 年第 1 期；李宇：《债权让与的优先顺序与公示制度》，载《法学研究》2012 年第 6 期。

[3] 参见李宇：《债权让与的优先顺序与公示制度》，载《法学研究》2012 年第 6 期。

债权让与通知的时间，债务人口头承认的通知时间或者通知文本上所记载的时间都不能作为通知时间的证据。据此，各方通过造假改变债权转让顺位的问题基本解决。如果说这一方案还存在缺陷，那么就是虽然解决了造假问题，但是没有解决公示问题，前述例 9 中债权人 A 的债权人，无法直观地知晓债权人 A 对债务人 B 的债权是否已经转让给了受让人 D 并完成了通知。

既能防范签订时间造假的问题，又能解决债权让与公示的问题，唯有美国的登记方案。债权让与事实一旦登记则时间就被固定，除非串通登记机构一起伪造时间，但是这一可能性基本为零。并且因为登记簿大家都可以查询，所以造假和公示的问题同时被解决了，这尤其符合商事交易的需求。在《民法典》编纂的讨论过程中，这一方案被列为最理想的方案。当然这一方案也存在一个问题：以交易中的主体有登记能力和登记意识为前提。

在《民法典》的编纂过程中，起草者以交易安全的保护为最重要的价值，于是将美国模式和日本模式相融合：在债权具有登记可能性的场合采取美国模式，确立了登记优先的规则；在债权无法登记或者没有登记的场合采取日本模式，确立了通知优先的规则。这也就是 2018 年的《民法典各分编（草案）》（民法典一审稿）的方案。[1] 然而一审稿的此方案受到了学界的批评，被认为与债权让与的一般理论相抵触。与此同时，在实务界的强烈要求下，《民法典》合同编增加了“保理合同”一章。考虑到前述融合规则尚未被广泛接受，而交易安全问题在商事交易中更为重要，于是从二审稿开始，前述融合规则被放到保理合同一章，作为多重保理时（高度商事化的一种债权转让）的优先顺位规则。这一规则最终也成为《民法典》第 768 条。

《民法典》虽然解决了多重保理时权利的优先顺位问题，但是却搁置了保理以外场合的债权多重转让问题，形成了明显的法律漏洞。于是从最高人民法院《关于适用〈中华人民共和国民法典〉有关担保制度的解释》开始，最高人民法院就开始了填补这一漏洞的作业。首先需要解决的一个问题是，被用作保理的债权也可能发生一般债权转让，保理人和一般债权受让人之间的顺位如何排序呢？如果一般债权转让可以不遵循《民法典》第 768

---

[1] 《民法典各分编（草案）》第 336 条规定：“债权人将同一债权转让给数人，债权转让可以登记的，最先登记的受让人优先于其他受让人；债权转让未登记或者无法登记的，债务人最先收到的债权转让通知中载明的受让人优先于其他受让人。”

条,那么即使保理人尽到了足够的注意义务,查询了登记簿或者问询了债务人,其仍然可能不能确定性地获得目标债权(或者说作为第一受让人),这就与《民法典》第768条保护保理交易的安全性和确定性的立法目的明显抵触。因此,至少在同时存在保理交易和一般债权转让交易时,应该目的性扩张适用《民法典》第768条。于是最高人民法院《关于适用〈中华人民共和国民法典〉有关担保制度的解释》第66条第1款明确规定:"同一应收账款同时存在保理、应收账款质押和债权转让,当事人主张参照民法典第七百六十八条的规定确定优先顺序的,人民法院应予支持。"

《担保制度司法解释》通过后,我国的债权多重让与规则就只剩下最后一块"拼图"尚残缺——与保理完全无关的一般性的债权多重让与规则,因此《合同编通则司法解释》也就致力于将这最后一块拼图补齐。然而,一旦涉足一般性的债权多重让与规则,学界当初的论争就再次"燃起":从民法的基础理论来看,毫无疑问德国模式在形式逻辑上最为严密,学界支持者最多;[1]然而从交易安全的保护视角来看,德国模式的弊端最大。当然,相比于和保理有关的领域,纯粹一般性的债权多重让与登记的可能性不大,因此,这一领域美国模式意义较小,争论主要集中在德国模式和日本模式之间。

《合同编解释征求意见稿》第51条规定:"债权人将同一债权转让给两个以上受让人,且债务人均未履行,最先到达债务人的转让通知中载明的受让人请求债务人履行的,人民法院依法予以支持。其他受让人依据相应的债权转让协议请求债权人承担违约责任的,人民法院依法予以支持。"可见基本采取了日本模式的思路。然而这一方案在学术界广受批评,最高人民法院此后数易其稿,仍然难以达成共识。在此背景下,笔者提出了一项折中方案:

"第1款:让与人将同一债权转让给两个以上受让人,债务人以已向最先到达的转让通知中载明的受让人履行债务为由主张其债务在履行范围内消灭的,人民法院依法予以支持;但是,债务人明知接受履行的受让人不是最先到达的转让通知载明的受让人的除外。

---

〔1〕 参见崔建远:《债权让与续论》,载《中国法学》2008年第3期;方新军:《债权多重让与的体系解释》,载《法学研究》2023年第4期。

“第2款：让与人将同一债权转让给两个以上受让人，债务人尚未履行债务，各受让人均向债务人主张权利，有确切证据可以证明各转让合同实际生效时间的，人民法院可以依法判决债务人向最先生效合同中的受让人履行；没有确切的证据可以证明各转让合同实际生效时间的，人民法院可以依法判决债务人向有确切证据证明最先到达的转让通知中载明的受让人履行。但是，当事人另有约定或者法律、司法解释另有规定的除外。

“第3款：合同中记载的时间或者通知中记载的时间均不构成证明前款中合同生效时间或者通知到达时间的确切证据。人民法院应该结合邮戳时间、通讯电子系统时间等不可更改的客观证据认定合同生效时间或者通知到达时间。

“第4款：未获清偿的受让人依据相应的债权转让协议请求让与人承担违约责任的，人民法院依法予以支持。”

笔者提出的这一方案首先肯定善意的债务人可以通过向通知中载明的受让人履行债务而消灭自己的债务，从而确保善意的债务人可以不用考虑过多的交易风险，保护其合理信赖。然而，在多个受让人之间，仍然明确第一合同受让人原则上是唯一受让人，但是需要有确凿证据，证据不足时以第一通知受让人为最优先受让人。这一方案相当于折中了形式逻辑与审判实践这两方面的需求。从形式逻辑出发，第一个签订债权让与合同的受让人就是唯一受让人，但是谁第一个签订合同非常容易造假，这也是司法审判的难处。《民法典》第768条完全不考虑合同签订时间，从根本上解决了这一问题；然而在一般债权让与中，该条的适用遭到了传统理论的挑战。为了化解这一矛盾，可以从另一个角度出发，通过提高合同签订时间证明标准的方式，解决这一问题。通常情况下，只有合同记载时间可以证明合同签订时间，但这一时间非常容易造假，所以可以通过司法解释明确排除其证明力。除非是有系统时间的电子合同，否则大多数情况下“最先签订合同的当事人排第一”只具有逻辑价值，更多的情况仍然是以有客观证据证明的通知时间为准。这一方案虽然略显迂回，但是从效果上看，既能满足司法实践的需求，又兼顾了形式逻辑，并且进一步明确了债权多重让与中通知的形式要求，将交易安全度再次提升。而且这一规则在逻辑上与《民法典》第768条不同也很好被理解：《民法典》第768条更加商事化，而一般债权让与规则更加民事化，但是二者的最终效果实际上非常接近。

从最终的选择来看,最高人民法院部分接受了笔者的建议:《合同编通则司法解释》第 50 条第 1 款吸收了笔者建议方案的第 1 款,肯定善意的债务人可以通过向通知中载明的受让人履行债务来消灭自己的债务,并将笔者建议方案的第 4 款也融入其中;第 50 条的第 2 款吸收了笔者建议方案的第 3 款,在债权让与通知时间的确定上,不能以造假成本极低的债务人认可的时间或者通知记载的时间为认定标准,应当以邮戳时间或者通讯电子系统记载的时间等为依据。然而,对于争议最大的一般债权多重让与的规则,《合同编通则司法解释》没有正面回答。

然而颇值玩味的是,《合同编通则司法解释》第 50 条第 1 款最后一句规定:"最先通知的受让人请求接受履行的受让人返还其接受的财产的,人民法院不予支持,但是接受履行的受让人明知该债权在其受让前已经转让给其他受让人的除外。"表面上看,这句说的是最先通知的受让人不能请求善意的受让人返还财产,可以请求恶意的受让人返还财产,这是很常规的规定。但是该句表述的正文和但书并不对应:一般来说,正文写的是通知的问题,那么但书中的判断善恶意的标准也应该与通知有关,然而该句但书中却未提让与通知,反而明知的对象是"已经转让给其他受让人"。也就是说明知有在先签订的债权让与合同时除外。这就意味着,即使接受履行的受让人明知其并非最先通知的受让人,只要其是最先签订合同的受让人,就可以拒绝最先通知的受让人的返还请求。司法解释至少在这种特殊情形下,肯定了最先签订合同的债权受让人的优先性。